国家社科基金项目“无居民海岛使用权研究”（项目编号12BFX130）的研究成果

华东政法大学65周年校庆文丛

无居民海岛使用权研究

马得懿 / 著

法律出版社
LAW PRESS·CHINA

崛起、奋进与辉煌

——华东政法大学65周年校庆文丛总序

2017年，是华东政法大学65华诞。65年来，华政人秉持着“逆境中崛起，忧患中奋进，辉煌中卓越”的精神，菁莪造士，棫朴作人。学校始终坚持将学术研究与育人、育德相结合，为全面推进依法治国做出了巨大的贡献，为国家、为社会培养和输送了大量法治人才。一代代华政学子自强不息，青蓝相接，成为社会的中坚、事业的巨擘、国家的栋梁，为社会主义现代化和法治国家建设不断添砖加瓦。

65年栉风沐雨，华政洗尽铅华，砥砺前行。1952年，华政在原圣约翰大学、复旦大学、南京大学、东吴大学、厦门大学、沪江大学、安徽大学、上海学院、震旦大学九所院校的法律系、政治系和社会系的基础上组建而成。历经65年的沧桑变革与辛勤耕耘，华政现已发展成为一所以法学为主，兼有政治学、经济学、管理学、文学、工学等学科的办学特色鲜明的多科性大学，人才培养硕果累累，科研事业蒸蒸日上，课程教学、实践教学步步登高，国际交流与社会合作事业欣欣向荣，国家级项目、高质量论文等科研成果数量长居全国政法院校前列，被誉为法学教育的“东方明珠”。

登高望远，脚踏实地。站在新的起点上，学校进一步贯彻落实“以人为本，依法治校，质量为先，特色兴校”的办学理念，秉持“立德树人，德法兼修”的人才培养目标，努力形成“三全育人”的培养管理格局，培养更多应用型、复合型、高素质的创新人才，为全力推进法治中国建设和高等教育改革做出新的贡献！

革故鼎新，继往开来。65周年校庆是华东政法大学发展史上的重要里程碑，更是迈向新征程开创新辉煌的重要机遇。当前华政正抢抓国家“双一流”建设的战略机遇，深度聚焦学校“十三五”规划目标，紧紧围绕学校综合改革“四梁八柱”整体布局，坚持“开门办学、开放办学、创新办学”发展理念，深化

"教学立校、学术兴校、人才强校"发展模式，构建"法科一流、多科融合"发展格局，深入实施"两基地（高端法律及法学相关学科人才培养基地、法学及相关学科研究基地）、两中心（中外法律文献中心、中国法治战略研究中心）、一平台（"互联网+法律"大数据平台）"发展战略，进一步夯实基础、深化特色、提升实力。同时，华政正着力推进"两院两部一市"共建项目，力争到21世纪中叶，能把学校建设成为一所"国际知名、国内领先，法科一流、多科融合，特色鲜明、创新发展，推动法治文明进步的高水平应用研究型大学和令人向往的高雅学府"。

薪火相传，生生不息。65周年校庆既是对辉煌历史的回望、检阅，也是对崭新篇章的伏笔、铺陈。在饱览华政园风姿绰约、恢弘大气景观的同时，我们始终不会忘却风雨兼程、踏实肯干的"帐篷精神"。近些年来，学校的国家社科基金法学类课题立项数持续名列全国第一，国家社科基金重大项目和教育部重大项目取得历史性突破，主要核心期刊发文量多年位居前茅。据中国法学创新网发布的最新法学各学科的十强排名，学校在法理学和国际法学两个领域排名居全国第一。当然我们深知，办学治校犹如逆水行舟，机遇与挑战并存，雄关漫道，吾辈唯有勠力同心。

为迎接65周年校庆，进一步提升华政的学术影响力、贡献力，学校研究决定启动65周年校庆文丛工作，在全校范围内遴选优秀学术成果，集结成书出版。文丛不仅囊括了近年来华政法学、政治学、经济学、管理学、文学等学科的优秀学术成果，也包含了华政知名学者的个人论文集。这样的安排，既是对华政65华诞的贺礼，也是向广大教职员工长期以来为学校发展做出极大贡献的致敬。

65芳华，荣耀秋菊，华茂春松，似惊鸿一瞥，更如流风回雪。衷心祝愿华政铸就更灿烂的辉煌，衷心希望华政人做出更杰出的贡献。

华东政法大学65周年校庆文丛编委会

2017年7月

目 录

第一章　问题的缘起与无居民海岛使用权审视

第一节　问题的缘起

作为海洋大国，我国无居民海岛资源丰富，[1]且分类、开发与管理情况复杂。我国无居民海岛分布南北跨越38个纬度、东西跨越15个经度的海域中，主要分布于浙江、福建、广东、广西、山东、辽宁、海南、河北、江苏、上海、天津11个省（市、区）。最北端的岛屿是辽宁省的小北架山，最南端的是海南省的南沙群岛，最东端的岛屿是台湾的钓鱼岛诸岛的赤尾屿。根据国家海洋局有关机构统计，我国大于500平方米的海岛共计6900多（不含海南本岛、台湾、香港以及澳门所属岛屿），其中无居民海岛占94%。[2]我国无居民海岛的数量以浙江最多，其后依次是福建、广东、广西、山东、海南、辽宁、台湾、河北、江苏、上海以及天津（见表1-1）。[3]表1-1基本反映了当前我国部分海域无居民海岛的数量及其所占比例。

---

〔1〕 参见孙超：《无居民海岛使用论证制度研究》，中国海洋大学2014年硕士学位论文。

〔2〕 参见张志卫：《无居民海岛生态化开发监管技术体系研究》，中国海洋大学2012年博士学位论文。

〔3〕 参见张志卫：《无居民海岛生态化开发监管技术体系研究》，中国海洋大学2012年博士学位论文。相关资料亦可以参见国家海洋局海域管理司主编：《海岛开发保护资料汇编之二：海岛的基本情况》1999年12月。

表1-1　我国部分海域无居民海岛数量统计

海域	海岛数量（个）	无居民海岛数量（个）	无居民海岛占海岛总数比例（%）
浙江	3061	2883	94.2
福建	1352	1250	92.5
广东	759	715	94.2
广西	651	642	98.6
山东	296	261	88.2
全国	6961	6528	93.8

注：表中所统计的单个海岛面积大于500平方米。

由于长时间以来我国对无居民海岛的名称管理、市场准入、开发监管以及法律监督等一直缺乏系统规制，导致无居民海岛开发与保护处于一种无序状态。根据我国相关机构对我国无居民海岛开发利用情境的调查结果表明，自20世纪80年代以来，我国无居民海岛开发利用的实际情况及其引发的法律问题是相当不容乐观的，一度呈现出“三无”的态势，即无居民海岛的开发形成了无偿、无度、无序的开发与管理境况。[1]无居民海岛开发利用实践这种令人隐忧的状况存在于《中华人民共和国海岛保护法》（以下简称《海岛保护法》）施行以前时期，其主要表现为：

其一，无居民海岛开发秩序混乱，某些无居民海岛遭到严重破坏，甚至消失。一般地，无居民海岛地理环境颇为独特，生态系统很脆弱，通常岛上淡水资源匮乏，交通等基础设施落后或者空白。从辽宁和浙江部分海域中无居民海岛的利用与管理实践看，相当多的无居民海岛利用模式与开发方式呈现了粗放的趋势，海岛治理理念比较落后。[2]根据有关资料显示，与20世纪90年代相比较，我国部分沿海地区的无居民海岛数量不断减少（见表1-2）。[3]其中，单纯数量上看，福建省的无居民海岛减少数量较大，而其减少比例仅为6%，这

〔1〕　参见张志卫：《无居民海岛生态化开发监管技术体系研究》，中国海洋大学2012年博士学位论文。

〔2〕　主要是一些地方随意在无居民海岛上开采石料、砍伐植被、滥捕、滥采海岛上的珍稀生物资源，随意修建连岛大坝、向无居民海岛随意倾倒垃圾和有毒有害废物以及盲目开发海岛旅游资源。参见林河山、廖连招：《从海岛的战略地位谈海岛生态环境保护的必要性》，载《海洋开发与管理》2010年第1期。

〔3〕　参见本书编写组主编：《中华人民共和国海岛保护法释义》，法律出版社2010年版，第166页。

说明了福建省海域无居民海岛的基数较大，但也反映出该省无居民海岛开发面临着“瓶颈”。与福建省无居民海岛情况相比较而言，河北省海域无居民海岛面临着加速减少的危险，说明该省无居民海岛开发秩序比较混乱。浙江省无居民海岛的分布、开发与管理情境更加复杂，该省也不断积极探索无居民海岛的管理与开发经验，为我国无居民海岛的管理与开发提供了有益的经验与实践。

表1-2　中国部分沿海省份无居民海岛数量减少数量及其比例

省份（海域）/减少数量（个）	辽宁省	河北省	福建省	海南省
减少数量（个）	48	60	83	51
减少比例（%）	18	46	6	22

其二，无居民海岛开发严重损害国家权益。一个时期以来，严重改变无居民海岛地貌、地形的事件时有发生，甚至某些作为领海基点的无居民海岛遭受毁灭性的破坏，从而损害了我国国家主权和安全。[1]特别是浙江省无居民海岛通常距离大陆比较远，面积大小迥异，无居民海岛数量较多，开发利用情况比较复杂，问题尤其突出。[2]由于管理力量和管理装备有限，对领海基点岛屿的有效保护难以实现，个别作为领海基点的无居民海岛不同程度地遭到了破坏。中国与东海和南海周边国家存在海洋划界争端，一旦某些作为领海基线点的无居民海岛遭到严重破坏，对于维护我国的海洋权益必将产生严重的负面影响。

其三，我国海域中很多无居民海岛治理方式与手段落后，海岛利用方式没有实现多元化，同时存在省与省之间无居民海岛权属争议问题。浙江、辽宁、山东、福建地区很多无居民海岛的利用囿于开发理念与开发手段的限制，而通常在无居民海岛上构建仓储房、海洋养殖看护房等。这说明我国部分海域无居民海岛的利用水平和方式亟须提升。[3]除此之外，由于历史遗留问题等复杂原因，导致无居民海岛在权属和管辖等方面存在冲突。以我国浙江省温州市无居民海岛情况为例，根据当地有关部门提供的资料，温州市存在权属矛

〔1〕参见莫万友：《无居民海岛开发利用的法律问题探析》，载《河北法学》2013年第8期。

〔2〕参见孙超：《无居民使用论证制度研究》，中国海洋大学2014年硕士学位论文。

〔3〕参见本书编写组主编：《中华人民共和国海岛保护法释义》法律出版社2010年版，第194页；同时也可以参见高洋：《中外海岛管理制度比较研究》，中国海洋大学2013年硕士学位论文。

盾的无居民海岛为93个，占温州海岛总数的24%，同时存在管辖权冲突的也很多。[1]可见，由于历史的、经济的以及其他方面的因素，导致我国无居民海岛的开发与管理水平各异，各个沿海地区实施的无居民海岛政策迥异。就无居民海岛的开发而言，某些沿海地区采取比较谨慎的做法；而某些沿海地区则相对积极。我国发布的《推进海洋经济发展》中提出了推进海洋经济发展的战略，其中重点提到“控制近海资源过度开发，加强围填海管理，严格规范无居民海岛利用活动”。[2]研究无居民海岛使用权法律问题，不仅具有反思和检讨海洋资源权属制度的理论价值，而且更是具有现实意义。

在实施海洋强国战略的背景下，深化无居民海岛使用权的理论与实践的研究，不仅是丰富海洋资源理论体系的需要，更是为实施海洋强国战略提供智力支撑的召唤。[3]在认真梳理我国无居民海岛开发与管理实践基础上，通过采用比较研究和历史研究的手段，形成我国无居民海岛开发的理论体系与实践模式，是完全可能的。无居民海岛利用与保护是海洋经济中的重要组成部分。

首先，研究无居民海岛使用权制度，是我国发展海洋经济的战略需要，更是践行“一带一路”倡议的需要。随着各国日益认识到建设海洋强国的重要性，20世纪70年代以来，各国都把开发和利用海洋作为增强综合国力的重要国策。同世界上其他海洋强国相比，我国在海洋经济、海洋科技、海洋军事以及海洋管理上都存在很大的差距。我国“十二五”规划是建设海洋强国的中长期规划，是实现将中国建设为海洋大国和强国的基础，毫无疑问，完善无居民海岛开发与管理制度，是决定我国海洋经济建设成败的关键环节。[4]正如前述，我国无居民海岛的开发与管理，不仅在制度上和开发理念上存在短板，而且我国无居民海岛开发与管理实践经验不足。[5]因此，不断在实践中探索完善

---

〔1〕 2010年3月19日施行的《海岛保护法》第4条规定“无居民海岛属于国家所有”。而由于历史原因，我国目前无居民海岛权属适用林权证、土地证以及房产证，为集体所有。由于长期以来复杂的社会变迁，相关地区同时主张对一些无居民海岛享有管辖权和使用权，进而演化为社会冲突。

〔2〕 参见我国《国民经济和社会发展十二五规划纲要》第14章的相关规定，更详细内容可参见第11届全国人民代表大会第四次会议关于国民经济和社会发展第十二个五年规划纲要的决议——《中华人民共和国全国人民代表大会常务委员会公报》2011年4月15日。

〔3〕 参见马得懿：《无居民海岛使用权阐释：海洋属性与海权发展》，载《河北法学》2014年第7期。

〔4〕 参见孟德花、刘家沂：《海洋生态环境保护的前沿问题》，载《北京政法职业学院学报》2008年第3期。

〔5〕 参见孙超：《无居民使用论证制度研究》，中国海洋大学2014年硕士学位论文。

无居民海岛使用权制度的理论基础，是本书研究的基本诉求。探索无居民海岛使用权的理论与实践，是发展海洋经济的战略需求。

其次，无居民海岛使用权的研究，是维护我国海洋权益的需要，也是强化宏观调控的需要。按照目前的国际海洋法体制，依据1982年《联合国海洋法公约》第121条规定，一个岛屿可以拥有诸如专属经济区和大陆架等海域资源，甚至一个国家可以进一步主张相关的主权性权利。[1]对于一个无居民海岛，不仅要正确地评价其在国防、资源生态环境、科研文化等方面的价值，还要关注其在维护海域权益方面的重要价值。[2]无居民海岛使用权制度的健全可以强化宏观调控能力，为国家有关机构管理无居民海岛提供了依据，有利于构建科学和合理的海洋资源利用与保护理论体系与制度框架，提高无居民海岛利用与保护的水平。[3]

再次，构建无居民海岛使用权制度是保护海洋生态环境的需要，更是提高监管水平的需要。作为海洋中独特的陆地区域，无居民海岛兼备海洋属性和陆地属性，同时无居民海岛的环境生态系统独特，为研究海洋环境生态提供了重要的平台和研究环境。另外，完善无居民海岛使用权制度也是提高各级海洋管理机构监管水平的需要。无居民海岛开发的市场化依赖于无居民海岛使用权属制度的完善，只有完备的无居民海岛使用权属制度，才能促进无居民海岛经济的健康发展。为此，近期国家海洋局明确了海岛管理工作方向，其中“规范使用秩序，引导海岛合理利用”是工作要点之一。[4]该规划要点明确了制定无居民海岛使用审批，招拍挂审批即监管办法，启动无居民海岛使用权审批、市场流转以及权属登记工作，并确立了逐渐解决无居民海岛利用遗留问题。[5]可见一个完善的无居民海岛使用权制度具有极强的现实价值，更是提高

〔1〕 参见苏婷:《上海市无居民岛资源环境现状及其开发适宜性研究》，上海海洋大学2011年硕士学位论文。

〔2〕 参见周学锋:《无居民海岛物权制度探析》，载《浙江海洋学院学报》(人文科学版)2010年第4期。

〔3〕 参见莫万友:《无居民海岛开发利用的法律问题探析》，载《河北法学》2013年第8期；亦可以参见马得懿:《无居民海岛使用权阐释：海洋属性与海权发展》，载《河北法学》2014年第7期。

〔4〕 参见http://www.soa.gov.cn/zwgk/gjhyjwj/hysygl/201211/t20121105_5297.html，2015年4月24日访问。

〔5〕 参见http://www.soa.gov.cn/bmzz/jgbmzz2/zcfzydyqys/201301/t20130109_23575.html，2015年6月21日访问。同时可以参见曲林静:《无居民海岛开发利用管理初探》，载《热带海洋科学学术研讨会暨第八届广东海洋湖沼、第七届广东海洋学会会员代表大会论文及摘要汇编》2013年5月。

无居民海岛管理水平的保障。

最后，对无居民海岛使用权的研究，实现以点带面，为进一步深入研究海洋资源开发的理论与立法提供了学术机遇。[1]在不断完善和构架无居民海岛使用权理论体系进程中，自然会面临种种争议与困惑，在努力探索以求得理论上突破之际，要不断丰富和重新审视传统理论和法学方法论。诸如，解释论的地位一直很突出。大批量的立法显然已经没有了传统立法的那份从容，而相关概念用语缺乏充分法理分析的结果，必然加剧法律自身的不确定性或开放性。[2]因此，面对无居民海岛使用权法律属性的种种争论，我们就有了运用解释论来考察无居民海岛使用权法律属性的必要性。[3]无居民海岛使用权制度亦随着无居民海岛开发利用与管理实践不断发展而时刻发生变更，这自然催生了海洋权利理论或者无居民海岛使用权属理论的更新甚至是突破。物权法以物权制度为基石，无论在理论上还是在实践中，物权法一直秉承着"权利归属，直接支配，排斥他人，享有利益"的绝对的物权观念。[4]然而，在现代经济社会发展中，这种"绝对"的物权观念遭遇了来自多个方面的挑战，最基础性的就是作为整体的环境利益与社会物权人所享有的经济利益开始产生冲突，这成为对物权的"绝对性"起限制作用的重要因素。特别是作为具有多元海洋价值体系的重要海洋资源的无居民海岛而言，在其利用和管理过程中，必须将经济效益、环境生态、军事价值以及国家安全等诸多因素融入无居民海岛使用权属中。[5]这实质是在主权的视野下无居民海岛使用权属的应有之义。[6]正如有的学者所描述的那样，在法学上，物权体系作为法学研究思考的问题，其内容比立法中所确定的物权类型的叠加还要广泛一些。这是因为，由于客观经济生活的复杂性，在实际生活中，会有一些新的物权类型产生出来，还有一些权利形式在保留其基本特征的情况下会吸纳物权的一些特点，还有一些根

〔1〕 参见马得懿：《无居民海岛使用权阐释：海洋属性与海权发展》，载《河北法学》2014年第7期。

〔2〕 陈甦：《体系前研究到体系后研究的范式转型》，载《法学研究》2011年第5期。

〔3〕 参见马得懿：《无居民海岛使用权阐释：海洋属性与海权发展》，载《河北法学》2014年第7期。

〔4〕 参见楚道文：《论物权法的环境关怀——基于物权法（草案）第七次审议稿的分析》，载《山东大学法律评论》2007年5月15日。

〔5〕 参见苏婷：《上海市无居民岛资源环境现状及其开发适宜性研究》，上海海洋大学2011年硕士学位论文。

〔6〕 孙宪忠：《中国物权法总论》(第2版)，法律出版社2009年版，第115页。

本无权利的状态需要借助于物权的保护方法去加以维持。

除此之外，无居民海岛使用权制度也激发了一个法学领域内永恒而普通的课题——权利冲突。然而，对权利冲突的诠释，采用不同的语境或手段或许得到不同的结论，这进而丰富了权利冲突的理论体系。正是由于人类利用海洋资源的多元化，才导致了传统法学理论体系之下所衍生的各种海洋权利的冲突，包括无居民海岛使用权属各种权利的冲突，而这种权利冲突的现实和实践，又的确深化了人们对权利冲突理论的认知，进而可能在权利冲突领域实现理论突破。

可见，无居民海岛使用权制度问题是一个核心问题。其实，无居民海岛使用权制度问题的重要性通过行政法与财产法之间的微妙关系可见一斑。考察行政法与财产法内关联性，更是彰显了研究《海岛保护法》之下的无居民海岛使用权制度的必要性。这是因为，行政法体系的构架，除了行政权之外，还需要考量极为重要的因素即财产权。[1]随着理论的发展，财产权观念也发生了极大的转变，随着人类征服海洋，开发利用海岛能力的增强，财产权支配的领域也发生了特别的变化，特别是海洋资源开发利用的新类型财产权不断涌现。正是带着这样的基本理念，笔者在后续的相关研究中，积极探讨了海权发展下的无居民海岛使用权的法律属性问题，同时也适度探讨了行政私法理论在无居民海岛开发与管理上的尝试。

第二节　无居民海岛的法律涵义

显然，从海洋学或者海洋经济学的角度看，无居民海岛属于海洋资源之一种类型。根据中外海洋学者的分类或者描述，无居民海岛属于海洋资源中及其重要的类型。根据阿兰·兰德尔（Alan Randal）在其所著的《资源经济学》对海洋资源的界定，认为海洋资源是指赋予存于海洋环境中可以被人类利用的物质和能量以及与海洋开发有关的海洋空间。[2]根据海洋资源的类型属性不同，可以划分出多种不同海洋资源的类别。阿兰·兰德尔认为将海洋资源分为

〔1〕 参见杨建顺：《行政程序法的构建及反思》，载《法学论坛》2002年第6期。
〔2〕 参见马得懿：《海洋资源权属制度的多维解读》，载《北方法学》2013年第3期。

海洋物质资源、海洋空间资源以及海洋能量资源是一种比较具有普适意义的分类方法。[1]依据我国发布的《中国21世纪议程——中国21世纪人口、环境与发展白皮书》的规划，海洋资源的界定与上述界定是类似的。根据海洋资源的类型和属性不同，可以划分出多种不同海洋资源的类别。本章的主要研究目的就是从宏观的视角对海洋资源权属制度予以系统性梳理，作为研究无居民海岛使用权的理论背景依托。尽管某些海洋学文献在阐释海洋资源将无居民海岛给予淡化的处理方式，然而由于无居民海岛具有的海洋属性与陆地属性兼备的属性，人为割裂无居民海岛的这种属性，显然不利于我们全面地认知无居民海岛。[2]

无居民海岛是大自然的杰作。无居民海岛的开发与保护历史中，人们每每给予非常富有浪漫色彩的描述，以至于产生了海岛文学，自成一派。无居民海岛作为一个地理存在，与大陆隔绝，被海洋包围，封闭的空间与凝固的时间成为现实世界的一个异化之地，或冒险而来，或避难而来，或自我逃避而来，都依赖一个岛屿继续人类的生存与生活，从人类文明史的开端到幻想的未来世界，无居民海岛都成为一个符号和宿命存在于时空的漩涡之中。[3]抛开文学视野，当我们将无居民海岛话题转向到法学领域，笔者受到研究无居民海岛使用权法律问题研究任务的驱动，近期查阅了大量关涉无居民海岛问题的文献，虽然在海洋资源某些文献中，没有将无居民海岛明确列为海洋资源之一种，但是由于无居民海岛本身所固有的自然属性（海洋属性）、社会属性以及法律属性，将其视为一种极其重要的海洋资源是无可厚非的。[4]而法学意义上的海洋资源通常指进入法律规范体系之中的，人们在开发、利用、保护海洋活动中形成的法律关系的客体。显然无居民海岛使用权属问题是其中重要内容之一。

---

〔1〕 参见［美］阿兰·兰德尔：《资源经济学——从经济角度对自然资源和环境政策的探讨》，施以正译，商务印书馆1989年版，第17页。

〔2〕 参见马得懿：《行政私法下无居民海岛管理机制的实证分析》，载《法学论坛》2014年第6期。

〔3〕 笔者查阅了中外文献家与无居民海岛有关的文献，从荷马到莎士比亚，从笛福到凡尔纳，从卡萨雷斯到戈尔丁，神话、史诗、小说、戏剧都包含了海岛的象征意象。文献作品里的无居民海岛，往往与封闭、隔离、寂寞、孤独、生存、生命、爱情、死亡、永恒等主题相关联。诸如《荷马史诗》《暴风雨》《鲁滨逊漂流记》《格列佛游记》《神秘岛》《金银岛》《莫罗博士的岛》《莫雷尔的发明》《蝇王》《一个岛的可能性》以及《珊瑚岛上的死光》等，都与无居民海岛（无人岛）有关。同时可以参见吴锡民：《鲁滨逊漂流记开创现代海洋小说先河论》，载《甘肃高师学报》2013年第6期。

〔4〕 参见张志卫：《无居民海岛生态化开发监管技术体系研究》，中国海洋大学2012年博士学位论文。

随着人类利用无居民海岛活动日益多元化和复杂化，由此所产生的无居民海岛的法律问题及其相关附带问题也日趋多样化和复杂化，[1]一个最明显的现象就是21世纪以来，人类开发资源的科学技术日新月异，导致陆地资源日益枯竭，而人类逐渐将开发资源的重点聚焦到海洋中，由此包括无居民海岛的海洋资源的国际立法日益多元化，而且晚近呈现由国际法与国内法交叉调整无居民海岛的局面。各个海洋国家的立法者开始对无居民海岛专门立法表现出很高的热情，无论是传统的海洋强国，还是海洋意识萌生的国家，都对海岛表达了"寸土必争"，甚至是垂涎三尺的态度。

人们认识无居民海岛总是以多元的角度展开。在海洋学、地理学、经济学以及法学视角下，对无居民海岛的界定都反映了无居民海岛的价值所在。无论是从地理学角度上，还是从法学意义上，对无居民海岛的定义没有达成统一的认识。根据《海洋学术语·海洋地质学》的规定："海岛是指散布于海洋中、面积在高潮发生时在500平方米以上的小块陆地。"[2]而根据国家质量技术监管局颁布的标准，海岛是"散布于海洋中，面积不小于500平方米的小块陆地"。[3]本章更关注法学意义上的无居民海岛的涵义。其实，法律意义上的海岛经历了一个过程。1930年海牙国际法编纂会议将海岛定义为"一块永久地高于高潮水位的陆地区域"。1956年国际法委员会的报告认为"海岛是四面环水并且在通常情况下永久地高于高潮水位的陆地区域"。为了区别于"人工岛屿"，凸显"自然形成的"立法目的，1956年《领海及毗连区公约》第10条第1款规定"岛屿是四周环水并且高潮时高于水面的自然形成的陆地"。1982年《联合国海洋法公约》第121条对海岛的界定是在综合各国意见的基础上而形成的，其基本上是各国国家诉求的折中。[4]目前1982年《联合国海洋法公约》对海岛界定的影响比较大，并导致各国日益关注无居民海岛法律问题。其最

---

〔1〕 参见马得懿：《海洋资源权属制度的多维解读》，载《北方法学》2013年第3期。

〔2〕 吴琼：《海岛及其周围海域监视监测指标体系研究》，中国海洋大学2013年硕士学位论文。

〔3〕 可见海洋学或者地质学意义上的无居民海岛的科学涵义并不是非常严谨的。参见刘敏、方如康编著：《现代地理科学词典》，科学出版社2009年版，第93页。

〔4〕 《1982年联合国海洋法公约》第121条第1款规定"岛屿是四周环水并在高潮时高于水面的自然形成的陆地区域。"公约的第2款规定："除了第3款另有规定外，岛屿的领海、毗连区、专属经济区和大陆架应该按照本公约适用于陆地的规定加以确定。"第3款规定"不能维持人类居住或其本身的经济生活的岩礁，不应有专属经济区或大陆架。"相关资料可以参见吴琼：《海岛及其周围海域监视监测指标体系研究》，中国海洋大学2013年硕士学位论文。

根本的动因是在1982年《联合国海洋法公约》框架下，无居民海岛的法律地位决定了无居民海岛不仅蕴含着各种各样的海洋资源，而且无居民海岛周边的海洋权益的取得与无居民海岛密切关联，这导致了无居民海岛的开发与管理日趋成为各国关注的敏感问题。[1]

笔者考察了世界上其他有关国家的立法，认为专门给予无居民海岛以定义的立法例并不多见。虽然美国和日本等国家的海岛立法中对于无居民海岛的立法规制很健全，但是鲜有对无居民海岛予以界定。根据我国《海岛保护法》第57条对无居民海岛的界定，无居民海岛是指“不属于居民户籍管理的住址登记地的海岛”。[2]我国《海岛保护法》在明确我国无居民海岛开发与保护的基本原则的同时，也细化了无居民海岛的法律含义。某种程度上看，该部法律的可操作性还是比较强的。无居民海岛是相对于《海岛保护法》下“有居民海岛”而言的，无居民海岛并不等于无人岛，无居民海岛也不排除人在岛上必要的生产、生活活动。[3]可见我国《海岛保护法》下的无居民海岛的法律界定，是与居民户籍管理有关的概念。[4]从这种角度看，我国法下的无居民海岛的法律涵义颇具有中国的户籍色彩。作为无居民海岛的上位概念的“海岛及其周边海域生态系统”，在我国《海岛保护法》下是指“由维持海岛存在的岛体、海岸线、沙滩、植被、淡水和周边海域等生物群落和非生物环境组成的有机复合体”。[5]海岛及其周边海域生态系统是海岛生物群落与其周边环境相互构成的，影响这种关系的自然因素主要有气候、水文、生物、地质以及地貌等。[6]因

〔1〕 参见马得懿:《无居民海岛使用权阐释:海洋属性与海权发展》，载《河北法学》2014年第7期。

〔2〕 以《1982年联合国海洋法公约》为代表的一系列国际法相关法律文件，一般将海岛称之为“岛屿”。笔者在收集文献资料过程中，注意到国际法文件往往采用“岛屿”的用法，而国内法通常采用“无居民海岛”的表述。本书中用语“无居民海岛”和“无人岛屿”并没有做出具有法律层面意义上的区别，而是统一以“无居民海岛”作出表述。

〔3〕 我国《海岛保护法》第2条规定“本法所称海岛，是指四面环海水并在高潮时高于水面的自然形成的陆地区域，包括有居民海岛和无居民海岛”。参见朱康对:《无居民海岛历史遗留产权问题的处置——以温州无居民海岛为例》，载《中共浙江省委党校学报》2013年第3期。

〔4〕 参见马得懿:《无居民海岛使用权阐释:海洋属性与海权发展》，载《河北法学》2014年第7期。

〔5〕 参见苏婷:《上海市无居民岛资源环境现状及其开发适宜性研究》，上海海洋大学2011年硕士学位论文。

〔6〕 参见本书编写组:《中华人民共和国海岛保护法释义》，法律出版社2010年版，第89页。也可以参见黄昊:《现代城市景观设计与生态系统的可持续发展》，载《绿色视野》2009年第11期。

此，从这个角度来看，无居民海岛开发与管理法律问题是一个比较复杂的系统问题。从涉海法律之间的内在逻辑关系审视，《海岛保护法》与《海域管理法》之间具有一定的关联性。

第三节　无居民海岛的价值体系与立法例简析

一、无居民海岛的价值体系

《海岛保护法》下的无居民海岛管理体制属于集中统一管理体制。[1]客观上，该管理体制适应了无居民海岛的实际情形。作为海陆兼备的陆地区域，无居民海岛的生态系统具有独立性、脆弱性以及易受干扰性。然而，无居民海岛具有多元的价值体系，其囊括了多元的价值等。[2]1982年《联合国海洋法公约》的生效，更是加剧了各国对无居民海岛的高度重视。无居民海岛的海洋属性、社会属性以及法律属性日益彰显，以至于有学者认为无居民海岛是"海洋中的政治性土地"。[3]西方学者很早便意识到无居民海岛所具有的丰富的价值体系。其中，以美国人艾尔佛雷德·塞耶·马汉（Alfred Thayer Mahan）为代表的海洋战略家，在其多部著作中鼓吹无居民海岛在发展国家海权中的价值和地位；并且马汉在其名著《海权论》中花费大量笔墨阐释了海岛的经济价值和军事价值，勾勒出维护美国国家利益的海岛战略图景。[4]作为海洋战略家，马汉的理论和学说在世界范围内产生了深远影响，同时也为美国的海洋政策奠定了理论支撑和导向。

毫无疑问，我国海洋学学者早已认识到无居民海岛的价值，并做了深入的研究。根据我国学者的研究，我国无居民海岛具有复杂的价值体系。众多的

---

〔1〕 参见我国《海岛保护法》第5条的规定。

〔2〕 参见刘容子、齐连明：《我国无居民海岛价值体系研究》，海洋出版社2006年版，第5页。同时参见马得懿：《行政私法下无居民海岛管理机制的实证分析》，载《法学论坛》2014年第6期。

〔3〕 Clive Schofield : The Trouble with Island: The Definition and Role of Islands and Rocks in Maritime Boundary Delimitation, Maritime Boundary Disputes, Settlement Processes, and the Law of the Sea, Martinus Nijhoff Publishers, 2009, p.45.

〔4〕 参见［美］马汉：《海权论》，萧伟中、梅然译，中国言实出版社1997年版，第123页。

无居民海岛是我国国土的重要组成部分，具有非常重要的多元价值体系，对我国国民经济建设和社会的可持续发展具有重要的价值。根据相关研究，无居民海岛蕴藏着极为丰富的生物资源、矿物资源、海洋能资源、港口资源、旅游资源、生态环境资源等。[1]与此同时，无居民海岛所具有的海洋属性和特殊的地理位置，还造就了我国无居民海岛在维护国家领土完整、维护海洋权益等关系到民族生存与发展的大是大非问题上的独特价值。[2]在海洋资源开发与管理活动中，大量的无居民海岛具有重要的多元功能。从社会和经济可持续发展的角度看，无居民海岛的价值意义在于包括自然资源价值、生态经济价值、科学研究价值、军事利用价值和维护权益价值等多元价值。[3]

不仅如此，我国学者展开无居民海岛价值的研究，不仅有宏观的，而且亦有微观层面的。无居民海岛的自然资源的种类与类型多，复杂且区位特点各异。从生态环境的经济价值角度研究考察这类无居民海岛，具有很大的生态环境和生态经济价值。由于受到人类活动的影响比较小，无居民海岛形成了其独具特色的生态系统与地理特征。[4]无居民海岛的生态经济价值既包括可度量的市场价值，还包括非市场价值。无居民海岛保存有较好的历史发展痕迹，诸如地质地貌、生物进化的痕迹以及化石等，这些都具有重大的科学研究价值，是教学研究的"实验室"。散布于辽阔海域之中的无居民海岛，在军事上战略上具有重要意义。从人类海战角度看，无居民海岛在海战中具有阵地与据点的军事功能，在海战实例中发挥了重要的军事作用。我国从北到南绵延万里海疆，由无居民海岛所构成的海上第一道防线是世界上不可多得的天然屏障。在1982年《联合国海洋法公约》框架下，依据一个无居民海岛可以主张一定范围海域的主权权利。我国对南海诸岛的主权，不仅是岛屿本身主权的归属问题，而且是南海诸岛周边海域的管辖权及其自然资源的主权权利的获得问题。不仅如此，无居民海岛在国家间海域划界中的地位尤为重要。对相邻或相向国家间的海域划界问题，海域划界的国际实践表明，除非国家间另有

---

〔1〕 参见冯孝杰、杨琴、李永青、敖漉：《南沙珊瑚礁生态系统的调查与保护对策》，载《后勤工程学院学报》2011年第4期。

〔2〕 参见齐兵：《舟山市主要岛屿分布开发研究》，辽宁师范大学硕士学位论文，2007年5月。

〔3〕 参见马得懿：《行政私法下无居民海岛管理机制的实证分析》，载《法学论坛》2014年第6期。

〔4〕 苏婷：《上海市无居民岛资源环境现状及其开发适宜性研究》，上海海洋大学2011年硕士学位论文。

协议，在划中间线时所有岛屿应予以考虑。由此确定了无居民海岛在海域划界中的特殊地位。[1]

我国《海岛保护法》实施后，国家海洋局先后出台了与该法配套的部门规章。无居民海岛利用的市场化是我国面临的薄弱环节，为了逐步构建我国无居民海岛利用的市场化机制，合理评估和收取无居民海岛的使用金，[2]根据《海岛保护法》和《中华人民共和国预算法》(以下简称《预算法》)等法律规定，财政部、国家海洋局联合制定了《无居民海岛使用金征收使用管理办法》。该办法的附件2即根据不同类型的无居民海岛的价值体系区别，界定了无居民海岛的不同用岛类型(见表1-3)。随着无居民海岛开发与管理的不断完善，我国无居民海岛的类型划分、用途界定以及开发方案的确定，都日益科学和合理。

表1-3　无居民海岛用岛类型界定

类型编码	类型名称	无居民海岛的界定
1	填海连岛用岛	指通过填海造地等方式将海岛与陆地或者海岛与海岛连接起来的行为用岛
2	土石开采用岛	指以获取无居民海岛上的土石为目的的用岛
3	房屋建设用岛	指在无居民海岛上建设房屋以及配套设施的用岛
4	仓储建筑用岛	指在无居民海岛上建设用于存储或堆放生产、生活物资的库房、堆场和包装加工车间及其附属设施的用岛
5	港口码头用岛	指占用无居民海岛空间用于建设港口码头的用岛
6	工业建设用岛	指在无居民海岛上开展工业生产及建设配套设施的用岛
7	道路广场用岛	指在无居民海岛上建设道路、公路、铁路、桥梁、广场、机场等设施的用岛
8	基础设施用岛	指在无居民海岛上建设除交通设施以外的用于生产生活的基础配套设施的用岛
9	景观建筑用岛	指以改善景观为目的在无居民海岛上建设亭、塔、雕塑等建筑的用岛

〔1〕参见刘容子、齐连明:《我国无居民海岛价值系统研究》，海洋出版社2006年版，第5～6页。

〔2〕参见马得懿:《无居民海岛使用权阐释：海洋属性与海权发展》，载《河北法学》2014年第7期。

续表

类型编码	类型名称	无居民海岛的界定
10	游览设施用岛	指在无居民海岛上建设索道、观光塔台、游乐场等设施的用岛
11	观光旅游用岛	指在无居民海岛上开展不改变海岛自然状态的旅游活动的用岛
12	园林草地用岛	指通过改造地形、种植树木花草和布置园路等途径改造无居民海岛自然环境的用岛
13	人工水域用岛	指在无居民海岛上修建水库、水塘、人工湖等用岛
14	种养殖业用岛	指在无居民海岛上种植农作物、放牧养殖禽畜或水生动植物的用岛
15	林业用岛	指在无居民海岛上种植、培育林木并获取林产品的用岛

通过表1-3中对无居民海岛类型的划分，可知无居民海岛的类型极为复杂，因此构建无居民海岛使用权制度亦不是一蹴而就的。

二、我国无居民海岛立法例简析

当下我国无居民海岛的法律体系日益完善。事实上，由于历史的、立法上的各种因素，导致我国无居民海岛的立法一度滞后。近年来，我国有关部门日益意识到无居民海岛开发与管理上的令人堪忧的现状，并且达成逐步强化无居民海岛立法重要性的共识。[1]无居民海岛现状以及利用上的无序情形，人们首先想到的是应该坚持可持续发展理念开发与利用无居民海岛，迫切渴望通过海岛专门立法来终结无居民海岛利用的令人忧虑的局面。为此，我国在不同历史时期颁布了不同层次的规制无居民海岛保护和利用的法律和法规。

为了遏制我国无居民海岛利用的“三无”状态，我国第一部规制无居民海岛管理的规章《无居民海岛保护与利用管理规定》，由国家海洋局、民政部、总参谋部联合发布，并于2003年7月1日起施行。该部法律法规不仅规范了我国无居民海岛利用秩序，而且也遏制了当时我国部分海域无居民海岛治理的不

〔1〕 参见郭院：《浅谈无居民海岛的开发与保护》，载《中国海洋大学学报》（社会科学版）2004年第3期。

足。这是我国海洋事务中的一件大事，是我国无居民海岛利用活动逐步纳入法制化轨道的重要标志。[1]《无居民海岛保护与利用管理规定》的法律效力比较低，但是该部规章以比较先进的立法技术而具有一定的立法前瞻性。《无居民海岛保护与利用管理规定》基本上形成了以无居民海岛的法律涵义、保护与开发原则、具体措施以及法律责任为基本框架和体系的完备体系。同时，该法也从资源开发的法理上提出了无居民海岛属于国家所有和无居民海岛使用权等概念，为进一步完善我国居民海岛的开发与管理提供了法律手段和法律依据。[2]然而，该规定毕竟在法律层次上比较低，加之我国无居民海岛开发利用实践日益复杂，导致该规定日趋不能适应我国无居民海岛保护与开发的实践。

就地方立法而言，我国沿海地区的地方立法取得不俗的成绩。作为海洋大国，我国部分沿海地区不断探索无居民海岛开发与管理的模式，并且形成了各具地方色彩的地方立法例。厦门市于2003年1月1日开始施行《厦门市无居民海岛保护与利用管理办法》，该地方立法是我国沿海地区中较早实现无居民海岛开发与管理的规范化的典范，是基于厦门市无居民海岛的现实情况制定的，具有较强的针对性和可操作性，为我国《海岛保护法》的颁布和其他地方相关立法提供了借鉴和蓝本。随后我国宁波市和青岛市分别于2005年1月1日和2009年1月1日颁布并施行了《宁波市无居民海岛管理条例》和《青岛市无居民海岛管理条例》等地方立法。[3]我国各个沿海地区无居民海岛地方立法的风格和水平，基本上是该地区无居民海岛开发、管理与保护实践在法律上的反映，从上述几部地方立法，亦可以领略到不同地区在无居民海岛开发与保护上的差异性。上述地方立法是对本地区无居民海岛开发与管理实践的总结，同时为我国后来颁布《海岛保护法》积累了有益的立法素材。

随着国人日益意识到无居民海岛立法的重要性，以及国家层面立法的必

---

〔1〕《无居民海岛保护与利用管理规定》的法律层次比较低，但是该法在很多领域开创了我国海岛专门立法的先河，形成了具有较强可操作性的海岛开发与管理法律体系。该法对《海岛保护法》产生了积极影响，为后者的出台奠定了有益的立法基础和经验。详尽资料可以参见赵永新：《环保海洋气象三部规章今起实施》，载《人民日报》2003年7月1日。

〔2〕参见马得懿：《行政私法下无居民海岛管理机制的实证分析》，载《法学论坛》2014年第6期。

〔3〕参见马得懿：《无居民海岛使用权阐释：海洋属性和海权发展》，载《河北法学》2014年第7期。

要性，我国立法者开始着手对海岛的开发与保护进行立法。经过若干年的论证、调查、审议和讨论，《海岛保护法》于2010年3月1日开始施行。该法是我国强化无居民海岛保护与管理的大胆立法尝试，以可持续发展为基本理念，明确了国家对海岛实行科学规划、保护优先、合理开发以及永续利用的原则。可见我国《海岛保护法》对海岛资源的保护优先为立法宗旨。纵观我国的海岛资源，其中大多数属于无居民海岛，由于各种原因，在《海岛保护法》施行前相当长时期内，我国的无居民海岛开发利用和保护情境相当令人忧虑。因此，《海岛保护法》特别突出了对无居民海岛的保护与管理，构架了比较健全的无居民海岛的保护与规划的管理制度。《海岛保护法》第3章第3节专门规定了无居民海岛的申请程序、提交项目论证书、开发利用方案制定、专家审查、审批、缴纳使用金等一系列管理举措。〔1〕

《海岛保护法》的实施具有多重的含义。该法不仅为我国无居民海岛的管理与保护提供了法律依据，而且更为重要的是该法宣告了我国强化无居民海岛管理的决心，向世界表明我国无居民海岛管理与保护的法律根据。该法不仅规范了我国海岛管理与保护的秩序，而且也宣示了我国开发和保护海岛的法律依据。《海岛保护法》作为一部行政法，其立法的基本目的是规范我国海岛的保护与利用活动，但是该法所隐含的内容是相当丰富的。《海岛保护法》虽定位于没有主权争议的无居民海岛的保护与管理，但是，维护国家海洋权益也是该法的重要目标之一。目前我国与周边国家存在无居民海岛主权争议面临严峻局势，根据国际法相关原理，强化无居民海岛开发与管理的举措立法与措施，是国际法上盛行的获得无居民海岛主权的重要证据之一。近期国际法院在相关判例中无不显示了有效控制无居民海岛的重要性和深远的法律影响力。无居民海岛的海洋属性与地理区域属性，在国家海洋权益保障中占有重要的战略地位。不仅如此，我国大部分领海基点都在无居民海岛上，作为领海基点的无居民海岛一旦被破坏或消失，将直接危及国家主权和海洋权益。〔2〕

---

〔1〕 我国《海岛保护法》于2009年12月26日在第11届全国人民代表大会常务委员会第12次会议上通过，2009年12月26日中华人民共和国主席令第22号公布，自2010年3月1日起施行。国家海洋局根据该部法律和其他有关法律，相继出台和施行了一系列无居民海岛开发、命名、管理以及保护的标准、规定以及办法。

〔2〕 参见贾宝金：《我国海岛保护法存在的问题及修改完善》，中国海洋大学2014年博士学位论文。

通过法律手段加强对无居民海岛的保护，对于维护国家海洋权益具有重要的意义。《海岛保护法》从某种意义上宣示了我国对无居民海岛的管理是“有效的”。本书第六章将专门深入研究海岛主权争端适用有效控制规则的理论与实践。

《海岛保护法》的立法技术和体例值得探讨。《海岛保护法》所隐含的另一层意思是，该法作为无居民海岛保护与管理的基本行政法律，也意味着无居民海岛保护与管理的对立面——无居民海岛使用权属同样也是重要的研究领域。[1]关于这一点，其实在《海岛保护法》有所隐存，即该法设定或隐含着私权制度。综观《海岛保护法》第4条、第30条、第31条，表明该法以私权的概念手段来完成无居民海岛保护与管理的使命。事实上，《海岛保护法》第4条最大的特色在于抛开了自然资源国家所有权理论上的纷繁复杂的争议，以立法形式明确了无居民海岛属于国家所有的立法例，以基本的法理概念构建了无居民海岛使用法律关系乃一种具有平权性质的民事关系。该法具有浓郁的私权色彩，表明该法在继承海域权属和使用理论上，与我国前期实施的《海域使用管理法》具有很强的继承性。

当然，在海洋权属和使用的法律关系方面，在我国通说认为，可以将物权理论或者准物权理论引介到海洋资源领域。在国家管理海洋事务中，我国曾一度陷入了公权力与私权利不分、互为混淆的局面，甚至是公权力一度霸占了私权利的合法性。在我国物权法和《海岛保护法》施行以前，上述情形尤为突出。政府相关机构在管理无居民海岛的开发使用中，更多是以公共事务管理者的形象出现。诚然，从公法范畴的行政管理角度，行政机关代表国家对无居民海岛使用予以审批管理是正常的，是国家管理权力的正常行使。然而，由于某些政府机构管理者对依赖私法理论构架的无居民海岛所有权与无居民海岛使用权的私权属性认识不足，对本来属于平权性质的国家管理机构与无居民海岛使用权人之间的关系曲解为一种不平等的关系。实践中，常常出现政府相关机构混淆国家作为无居民海岛所有者的权利主体和享有公共行政管理的公权主体的双重身份的情形。[2]从法理角度看，事实上也有学者认为存在公法中的私权和私法中的公权，甚至也有国际法意义上的物权之说。公法规范的

---

〔1〕 参见马得懿：《行政私法下无居民海岛管理机制的实证分析》，载《法学论坛》2014年第6期。
〔2〕 参见张惠荣主编：《海域使用权属管理与执法对象》海洋出版社2009年版，第59页。

基本出发点是以实现公共利益为目的，而私法中的公权表现为民事主体的“私益”，即自然人和法人等民事主体直接支配物的权利。[1]正是从这种角度来看，强化完善无居民海岛使用权法是非常必要的。该问题表面上是从私法意义上考察无居民海岛使用权制度，其实，更为深层次的意义是从另一角度来强化无居民海岛的保护与管理，因为无居民海岛的管理与利用是一个问题的两个方面，两者只是从不同的角度来考察同一个问题。

第四节　无居民海岛使用权的多角度审视

一、“体系后研究范式”下无居民海岛使用权审视

研究无居民海岛使用权的理论与实践，须明确其前提与背景。随着我国法律体系已经形成，法学研究不能继续奉行立法中心主义，不可能继续挤在这条曾经卓有成效的学术之路上来实现法治康庄之路图景。法律体系形成之后的法治建设重点在于法律实施。在体系后研究中，研究的核心和焦点应该集中于或归结为中国问题中心主义。故而，应该提倡“立足于中国场景中寻找中国问题。”中国问题的寻找与认定，只能在中国的法治实践中进行与完成。所谓中国问题并不是研究对象范畴导出的解读，而是包括研究主体及其与研究客体关联方式导出的解读。[2]应该说，在我国海洋法中，规制海洋资源权属和无居民海岛使用权制度的立法相当健全，法律效力层次亦是相当合理。我们绝不能轻言无居民海岛使用权的法学理论不厚重，[3]然而，无居民海岛使用权的理论与实践的确值得高度关注。

既然我们研究无居民海岛使用权属的理论基础是成熟的，那么我们展开无居民海岛使用权法律问题研究时，必须“基于平等心态拓展法学知识的域际交流”。在体系后研究中，域外法学资源和法律资源仍是重要的理论来源与经

---

〔1〕 参见孙宪忠：《中国物权法总论》，法律出版社2009年版，第92页。

〔2〕 参见陈甦：《体系前研究到体系后研究的范式转型》，载《法学研究》2011年第5期。

〔3〕 参见马得懿：《海洋资源权属制度的多维度解读》，载《北方法学》2013年第3期。

验参考，寻找和解决中国问题并不是在知识封闭系统中的自说自语。[1]在目前的理论框架下，无居民海岛使用权问题的确是有争议的课题，因为我们似乎根本不能将传统物权理论套用在无居民海岛使用权上。一个自然的想法可能是我们去寻求业已成熟的中国的物权法系统，试图对无居民海岛使用权法律问题做出一个具有说服力的解释。[2]诚然，一个国家现行法律承认的物权，不论是基本法规定的物权类型，还是特别法规定的物权类型，在法学上形成一个系统，这就是物权体系。毫无疑问，一个国家现有的物权体系，应该首先具有完整性，能够满足实践的要求；其次应该是一个和谐统一的整体。这就是研究物权体系的意义所在。我国物权法下的物权的法律渊源并不仅仅只有物权法，因此，中国的物权法体系还应该包括其他法律所承认的物权类型。这些物权类型之中，有着科学而且协调的逻辑规律。[3]无居民海岛使用权理论的深入研究，或许在丰富中国物权法体系方面产生积极的法学价值。

在体系后研究中强调以中国问题为中心，并不意味着“一直沉湎和陶醉于法律的地方性知识或本土资源”，而是强调在研究西方法律时，进行平等和自主的解读与分析，理性和批判地评价及借鉴。要形成利用域外资源的平等心态，首先要立足我国实践，样板在先的外审式研究范式应该转换为实践导引的内省式研究范式。[4]任何一个国家的物权体系系统，都是自己本国独特的历史背景的产物。中国社会，有自己特殊的政治制度、经济制度和法律文化传统，因此，中国的物权系统，必然会有鲜明的中国特色。历史上，其他国家的物权体系也是如此。物权体系产生的国情背景，当然也是需要研究的问题。[5]

无居民海岛使用权属作为一种比较复杂的权属形态，是人类利用海洋资源过程中衍生的一种新型财产权。根据行政法理论的变迁，显示了财产权本身并不仅仅属于私法，而是属于整个法律领域的论断的可能性。行政法具有公益性这一基本特质，但公共利用从来不是虚无的，而应该是实实在在的，最

〔1〕 参见陈甦：《体系前研究到体系后研究的范式转型》，载《法学研究》2011年第5期。

〔2〕 参见马得懿：《无居民海岛使用权阐释：海洋属性和海权发展》，载《河北法学》2014年第7期。

〔3〕 孙宪忠：《中国物权法总论》（第2版），法律出版社2009年版，第115页。

〔4〕 参见陈甦：《体系前研究到体系后研究的范式转型》，载《法学研究》2011年第5期。

〔5〕 孙宪忠：《中国物权法总论》（第2版），法律出版社2009年版，第115页。

终将落实到公民的财产权或其他具体权利之上，[1]大多行政行为其公益性将通过具体的财产权或其他权利实现。正是基于如此简朴的认识，从物权法的逻辑进路来认知和完善《海岛保护法》具有相当的价值。

根据财产权与行政法互为关联度原理，财产权对行政法影响不仅仅表现在行政法对财产权的介入上，还体现在当代行政法理论与执法观念的转变上。这样必然导致财产权成为行政法体系完善中不可或缺的重要内容。[2]就无居民海岛使用权而言，一个不容忽视的核心问题是无居民海岛使用权的定位和制度构架问题。或许存在许多主张来支持强化无居民海岛使用权属的重要价值，单就财产权与行政法之间的关联性而言，其昭示了无居民海岛的利用与保护需要融入财产权的理念与理论诠释的必然性，各国管理无居民海岛的实践表明，市场机制等财产权理论体系不仅与完善《海岛保护法》密切相关，而且更是具有实践意义的话题。[3]故而，在体系后研究范式之下，研究无居民海岛使用权问题要形成具有本土色彩和本土优势的理论体系。行政法的财产权属性，无不给无居民海岛这种海洋资源的利用与保护规则，提供另类的制度构架视角。进而，以完善和细化《海岛保护法》为视角、进路和基础，提出和构建具有可操作性的无居民海岛使用权制度。

二、无居民海岛使用权的多角度考察

体系后研究范式下无居民海岛使用权的审视多是以物权法为理论背景的，然而，无居民海岛集海洋属性、社会属性与法律属性于一身，对其考察可以轻易地寻求到不同的视角。除了从物权视角来审视无居民海岛使用权之外，可以从其他视角来考察无居民海岛使用权法律制度。对无居民海岛使用权属问题的考察，我们可以基于研究目的，选择不同的切入点为研究视角。事实上，在海洋资源包括无居民海岛的保护与管理之中，人们习惯于用传统的物权法体系之下的概念构架无居民海岛的开发利用制度。我国物权法、海域使用管

〔1〕 例如行政征收、征用等强制性行政行为中，其公益性将不得不以财产补偿为前提。参见施建辉:《财产权与行政法》，载《财产权与行政法保护——中国法学会行政法学研究会2007年年会论文集》2007年8月。

〔2〕 同上。

〔3〕 参见马得懿:《无居民海岛使用权阐释：海洋属性和海权发展》，载《河北法学》2014年第7期。

理法以及《海岛保护法》几乎都创设了海域物权概念，诸如海域使用权或者无居民海岛所有权或者无居民海岛使用权等。

目前，根据笔者所掌控的材料，学者多是从物权法视野下去探讨无居民海岛使用权问题，这也是一种常见的认识思维。在传统物权法的价值观指导下，人们对自然资源的开发和利用具有掠夺性，是一种赤裸裸的私法关系。然而，近现代由于环境因素被纳入传统的物权法理论体系之内，环境保护和可持续发展的理念日益深入人心，故而在环境法或者环境权的逻辑进路中，自然资源的权属制度逐渐显示出一定的公益性，无居民海岛使用权属的公法属性越发强烈。正如有学者在质疑“自然资源物权”这一说法时认为，在自然资源权属制度中，除自然资源所有权外，与自然资源利用有关的权利主要分为两种类型，一类是属于传统物权法的用益物权，另一类是准物权。〔1〕而对本来就应该属于用益物权的权利类型要“正本清源”“去公留私”，必须使之“物权化”，即恢复其传统民法的本来面目。〔2〕而对于准物权，则不能一味地“物权法”，对自然资源物权这一提法应该持谨慎态度。其实，在自然资源的物权法理论框架下，构建自然资源物权体系一直存在各种理论上的争议，而且此种争议很难得到厘清。根据传统私法诸如物权法的基本原理，自然资源物权强调自然资源的支配和和排他性的属性，这显然与自然资源开发与保护实践产生困惑。然而，欲将构架完善的无居民海岛使用权制度寄希望于私法范畴的理论体系之下，恐怕是无法达到相应目的。

正是基于上述认识，笔者一直努力寻求一种传统理论上的突破，或者试图寻求解决问题的另类逻辑进路，作为构架无居民海岛使用权机制的理论支撑。既然纯粹在私法的范畴寻找理论突破点以及寻找解决问题的思路无法达到理顺海洋资源权属关系、实现海洋资源可持续利用和提升管理水平的目的，〔3〕笔者认为，应该在考察无居民海岛基本属性的基础上，结合无居民海岛的主要价值，尝试一种主权逻辑或者管理的进路上来认知无居民海岛使用权制度，应该

---

〔1〕 谭柏平：《自然资源物权质疑》，载《首都师范大学学报》（社会科学版）2009年第3期。

〔2〕 同上。

〔3〕 参见马得懿：《海洋资源权属制度的多维解读》，载《北方法学》2013年第3期；亦可参见谭柏平：《自然资源物权质疑》，载《首都师范大学学报》（社会科学版）2009年第3期。

也是可行的。[1]

笔者坚持认为，基于无居民海岛的海洋属性与地缘区位特点的考虑，完全可以从国家主权或者自然资源的公益属性视角来理解和构架无居民海岛使用权属制度，主要的理由在于：第一，以无居民海岛的海洋属性和特殊区域属性为主权逻辑进路理解无居民海岛使用权制度，这是物质基础和前提。[2]第二，无居民海岛的重要价值需要国家主权或者管理权来维系。无居民海岛具有的自然资源价值、生态经济价值、科学研究价值、军事价值以及国家海洋权益价值等，都需要国家实施有效的管理来实现。第三，在现有国际法框架下，特别是1982年《联合国海洋法公约》为岛屿（无居民海岛）使用权属提供了国际法的基础保障。第四，财产权和主权具有一定的通约性，将无居民海岛使用权这种财产权置于国家主权逻辑进路中去考量，具有可行性和经验性。更何况有学者以为国际法其实是比私法还私法的体系。[3]综上所述，笔者在确定所要解决的问题以后，在考察传统的无居民海岛使用权属的理论进路之后，重点是在主权或者管理权的视域下构架无居民海岛使用权体系，进而为我国《海岛保护法》的实施提供更加细腻的制度框架。

〔1〕 参见马得懿：《无居民海岛使用权阐释：海洋属性和海权发展》，载《河北法学》2014年第7期。

〔2〕 同上。

〔3〕 上海社会科学院法学研究所：《国际公法》，知识出版社1981年版，第46页。

第二章 无居民海岛使用权的法律属性

第一节 审视无居民海岛使用权的多维逻辑进路

一、多维进路与研究范式

系统地把握无居民海岛使用权的理论体系，审视无居民海岛使用权的多维逻辑进路成为必要。通过整理前人的相关研究文献，笔者认识到在物权法和环境法视域下来考察无居民海岛使用权问题具有普遍性。海洋资源权属制度的历史变迁更是昭示了界定和认识无居民海岛使用权属性的艰难，因为无居民海岛立法与开发实践，显示了无居民海岛使用权兼具公私法的混合属性。无居民海岛属性的复杂性，[1]决定了运用国家主权逻辑或者管理权的逻辑来考察无居民海岛使用权问题，[2]可以成为诠释无居民海岛使用权的新范式，特别是能够克服传统私法模式下海洋资源权属制度的病垢。在国内法和国际法的框架下，无居民海岛使用权的不同进路不仅有利于完善无居民海岛使用权的管理，而且或许可以催生相关理论的成熟。为此，笔者以为欲系统地诠释无居民海岛使用权的理论与实践，应该将无居民海岛使用权所依赖的理论背景、理论基础来作为研究的

---

〔1〕 参见穆治霖：《海岛权属制度研究》，中国政法大学2009年硕士学位论文。

〔2〕 参见马得懿：《无居民海岛使用权阐释：海洋属性和海权发展》，载《河北法学》2014年第7期。

切入点，进而研究无居民海岛使用权的法律属性。明确无居民海岛使用权的法律属性，为构建无居民海岛使用权制度奠定理论基础。

研究问题须以一定的研究范式作为依靠，因为“在一定意义上说范式的实质是科学活动中的整合和升华，范式的转变实质就是提出一套全新的发现问题和解决问题的方法”。[1]然而，研究范式的确定是相当艰苦的事情。有学者认为，当前中国的法学研究范式业已实现了“体系前研究到体系后研究的范式转型”，而体系前研究范式的主要特征是以功能设计与规范构建为路径的立法论研究范式、大规模引进域外立法材料导致的外源性研究范式以及基于立法引导型建构的学术导向范式。而体系后研究范式的构建要点将集中于确立中国问题中心主义的趋势，立足于中国场景寻找中国问题以及开展问题导向的新综合研究。[2]或许不同人对于所谓的“体系后研究范式”的构建要点的领悟是不同的，然而，面对海洋资源权属制度及其相关立法基本话题而言，笔者认为，应该将我国海洋资源权属确立为“中国问题中心主义”的范畴，因为我国海洋资源权属制度确实需要深化研究，确实需要“立足中国场景”去探讨海洋资源包括无居民海岛的保护、开发和利用规则。[3]当我们静下心来梳理我国海洋资源的法律规制发展脉络，其呈现在我们面前的并不是泾渭分明的路径，而是其间充满着曲折和漫漶不定。具体而言，目前至少存在三种不同的视角来考察我国海洋资源权属的法律规制路径，即传统物权法逻辑进路、环境法逻辑进路以及国家主权的逻辑进路。笔者认为，海洋资源权属制度演进的不同逻辑进路本身并不具有孰优孰劣的问题，其所隐含的价值在于从每种不同的逻辑进路中，可以对海洋资源权属制度的发展脉络予以明晰，以达到检验海洋资源权属制度的价值是否能够实现的目的，进而适时地对海洋资源权属制度予以修正和反思。[4]在理解和构架无居民海岛利用与保护制度框架上，在充分享用传统法学资源与法学手段过程中，必须高度重视无居民海岛的多元价值体

---

〔1〕 参见程乃胜：《论类型学研究范式在法制现代化研究中的运用》，载《法学评论》2006年第1期。

〔2〕 所谓“体系前研究”，是指在我国法律体系形成之前的法治环境中，为寻找、分析和解决当时主要法治问题而依相应范式所展开的法学研究。参见陈甦：《体系研究到体系后研究的范式转型》，载《法学研究》2011年第5期。

〔3〕 如果借用陈甦先生所谓的“体系”，本书所言的体系是指关于海洋资源权属的法治体系。

〔4〕 参见马得懿：《海洋资源权属制度的多维解读》，载《北方法学》2013年第3期。

系，唯此才能构建一个理性的无居民海岛使用权属体系。

二、海洋资源权属制度演变的物权法逻辑

（一）作为“公有物”的海洋资源

一般地，海洋资源权属制度是规制海洋资源归谁所有和使用，以及由此产生法律后果并承担法律责任的一系列法律规范和原则的总称，其关涉无居民海岛等海洋资源保护与管理问题。〔1〕正是基于这样的认识，无论理论上还是立法实践上，人们都一度从物权法（私法）的角度来考量海洋资源权属问题。考察海洋资源的法律调整的历史变迁，其呈现的是一段颇为不平静的法律演变过程。根据相关资料，罗马法并没有直接记载关于海洋资源法律制度的内容，然而，中世纪罗马法的前期注释法学派学者们提出了沿海国可以对邻近海域资源享有所有权或主权的法律思想。一般地，此时期并没有标志着海洋法或者海洋资源权属法的完全成型，但是这些关于海洋的法律思想为日后现代意义上的海洋法或海洋资源权属制度奠定了思想基础。这种海洋资源的法律基础反映了当时人们对海洋的认识水平。

法律对海洋资源调整的日趋强烈和完善是人类日益意识到海洋资源对人类的重要性的结果。〔2〕正如学者所提出的，且不提地球上的生命来源于海洋，即便考察人类文明史与海洋资源的关系，亦可以洞察到海洋资源对人类文明的战略作用。人类文明之初，海洋便开始为人类提供舟楫之利和食物之源。然而，海洋资源作为一种有用之物，却长期游离于私法的范畴之外。17世纪，荷兰人格劳秀斯在其名著《论海洋自由或荷兰参与东印度贸易的权利》中，满怀激情地鼓吹海洋作为一种“公有物”不为任何人所有，而为某个社会共同体的全体成员所共有。〔3〕格劳秀斯对海洋资源法律地位的论述，对海洋资源法律制度的发展轨迹产生了重大影响。故而，人们形成了海洋资源等“公有物”不能成为私法调整的固有共识。这种理念其实在欧陆国家的立法上得到明

---

〔1〕 谭柏平：《海洋资源保护法律制度研究》，法律出版社2008年版，第45页。

〔2〕 鹿守本：《海洋法律制度》，光明日报出版社1992年版，第49页；同时亦可以参见马得懿：《海洋资源权属制度的多维解读》，载《北方法学》2013年第3期。

〔3〕 参见周柯、吴国刚：《海域物权立法的若干理论与实践问题》，载《海域管理工作通讯》2005年第1期。

证。[1]1804年《拿破仑民法典》以立法形式宣扬了某些类型财产的特殊性。[2]可见在《拿破仑民法典》下的海洋资源包括海域和岛屿属于公有财产的范畴，其法律调整是借助于行政法等公法规范进行的，而与私法无关。[3]早期欧陆国家的相关立法例无不表明了此种倾向。

无居民海岛等海洋资源进入物权法的调整视域之所以呈现出一种艰难的历程，其主要原因在于传统物权法下强调法律意义上的物"需要能够为人所支配，不能被人支配的东西，诸如海洋，虽然对人类有用，但是非法律上的物"。[4]对无居民海岛的支配由于受到人类征服海洋、控制海洋能力的影响，故而形成了本属于私法范畴的物权法没有进入或完全进入海洋资源的领域。基本上，在海洋之上设定私权既无必要，也无可能，导致海洋资源长期以来不属于民法的规范对象。然而，随着人类对于海洋资源利用方式的变化，利用程度的加深和科学技术的发展，上述论断不再成立。海洋资源诸如海域、无居民海岛等开始成为私法的调整对象和私权的客体。[5]海洋资源的法律规范方式发生革新，为无居民海岛使用权属的完善奠定了基础。

无居民海岛所具有的自然属性和社会属性，导致无居民海岛成立独立的物权成为可能。[6]在我国《海岛保护法》框架下，分别采用无居民海岛所有权与无居民海岛使用权等概念，虽然具有一定的理论与实践支持，但是《海岛保护法》立法进程表明了这具有很大的争议性。通过外国无居民海岛立法和权属制度规定的分析来看，各国不管是进行海岛专门立法还是分别规定，均是在明确海岛所有权的基础上，建立起一套完整的海岛使用权制度体系，从而实现科学合理地开发利用无居民海岛和保护无居民海岛使用权人的合法权益的目标。海洋大国一般均建立了无居民海岛有偿使用制度，通过出让或出租的方式，将无居民海岛由开发者使用，国家通过收取无居民海岛使用金等途径来实

---

〔1〕 参见马得懿：《海洋资源权属制度的多维解读》，载《北方法学》2013年第3期。

〔2〕 1804年《拿破仑民法典》第537条第2款规定："不属于个人所有的财产的管理与让与，仅仅得按照与之相关的特别法形式与规则进行。"参见《海域物权立法的若干理论与实践问题(1)，民法学论文》，载http://www.reader8.com，2014年1月2日访问。

〔3〕 参见周柯、吴国刚：《海域物权立法的若干理论与实践问题》，载《海域管理工作通讯》2005年第1期。

〔4〕 周枏：《罗马法原论》(上册)，商务印书馆1996年版，第276～277页。

〔5〕 参见马得懿：《海洋资源权属制度的多维解读》，载《北方法学》2013年第3期。

〔6〕 参见穆治霖：《海岛权属制度研究》，中国政法大学2009年硕士学位论文。

现所有者利益。[1]

（二）海洋资源上设立私权的勃兴

21世纪是海洋世纪。种种迹象表明，各国逐渐重视海洋资源的归属和利用规则的立法。20世纪下半叶制定的一些民法典，虽然规定领海海域及其中的自然资源属国家所有，[2]但未辅之以更为具体的他物权制度，使该规定流于形式，其效果仅仅相当于对于已经确立的公法规范进行重申，并未创设新的可资利用的私权，民事主体无法通过取得海洋资源的私权利而对其加以有效的占有、支配和利用。[3]由于人类利用海洋资源的范围日益广泛、程度日益加深，各国逐渐意识到加强对海洋资源的利用和管理的必要性。就无居民海岛而言，法律更是彰显了一种强烈的以私权手段来调整无居民海岛所有权和使用权轨迹。[4]自从2003年施行《无居民海岛保护与利用管理规定》时起至今，已经先后有国家立法或者地方立法凸显了无居民海岛属于国家所有的重要性。[5]上述立法无一例外都是以采用私法下的概念来实现海洋资源包括无居民海岛的权属制度的构建。台湾地区学者苏永钦认为，社会的发展使民法规范愈趋复杂，对此民事立法者不应有畏惧情绪，市场经济有无穷的变化，应当通过创设新的规则为交易活动的展开提供制度保障，切忌用简单的规则去扼杀交易者的空间。[6]上述先进的物权法理念，一定程度上反映了复杂交易的现实对法律的新要求。

---

〔1〕　参见穆治霖：《海岛权属制度研究》，中国政法大学2009年硕士学位论文；同时可以参见马得懿：《海洋资源权属制度的多维解读》，载《北方法学》2013年第3期。

〔2〕　参见《智利民法典》第589条、第593条及第598条；类似的规定亦可参见《俄罗斯民法典》第209条、第214条。

〔3〕　参见吴昊：《海洋石油勘探开发权及其与航行权的协调》，载《海商法研究》2006年第12辑。

〔4〕　参见马得懿：《海洋资源权属制度的多维解读》，载《北方法学》2013年第3期。

〔5〕　参见2003年1月1日施行的《厦门市无居民海岛保护与利用管理办法》第3条规定："无居民海岛属国家所有，法律法规另有规定的，从其规定。"2005年1月1日施行的《宁波市无居民海岛管理条例》第4条规定："无居民海岛属于国家所有，林地或者土地依照法律规定已经属于集体所有的除外。"2009年1月1日施行的《青岛市无居民海岛管理条例》第5条规定："无居民海岛属于国家所有。本条例施行前，无居民海岛上的林地或者耕地已依法确定属于集体所有的，仍归集体所有。"2003年7月1日施行的《无居民海岛保护与利用管理规定》第3条规定："无居民海岛属于国家所有。国家施行无居民海岛功能区划和保护与利用规划制度。"2010年3月1日施行的《海岛保护法》第4条规定："无居民海岛属于国家所有，国务院代表国家施行国家所有权。"

〔6〕　参见苏永钦：《物权堆叠的基本原则》，该文为苏先生在清华大学的演讲稿，未刊稿。亦可以参见马得懿、於嘉：《海域使用权权能的合理性膨胀：海洋环境损害救济之维》，载《中国海洋大学学报》（社会科学版）2008年第4期。

第一，在海洋资源上设立私权已经变得必要而紧迫。现代科技使人类征服海洋和利用海洋资源的能力大增，人类利用海洋资源的形式早已触及海水养殖、无居民海岛旅游开发、海底矿产资源开发等领域，这样导致海洋资源的稀缺性日见凸显。在此情形之下，不仅要通过公法维护国家对海洋资源的主权和管辖权，也应通过私法确认海洋经济活动中主体或者海洋资源利用者对于特定海域的支配。在此种需要下，各国相关立法涌现出采用传统私法下的概念或者手段去规制海洋资源利用的趋势。〔1〕由于人类利用海洋资源技术的提升导致了海洋资源利用形式的空间化、多元化，这样便产生了海洋活动的互相滋扰。故而民法的介入，对海洋资源利用活动予以定分止争，明确其权利界限。创设完善的海洋资源权属制度规范海洋资源所有人与海洋资源利用者之间以及海洋资源利用者之间的法律关系，能够为权利人提供合理的制度预期，〔2〕由此导致了海洋权利群的勃兴。

第二，对海洋资源的公益性及其国家的战略价值而言，设立海洋私权也是一种具有现实基础和理性基础的选择。海洋资源的开发利用与一个国家主权和国家海洋权益相关联。由国家所有并且管理海洋资源是一种很现实的需求。作为具有重要经济价值的海洋资源，法律上仅仅明确其属于国家所有是完全不够的，恐怕这也不是立法的终极目标。故而在明确海洋资源属于国家所有之后，更重要的是如何构建一种海洋资源的使用规则，以便实现“物尽其用”。因此，依据传统物权的法理，人们基于国家的海洋资源所有权创设相应的他物权，使海洋资源的利用规则得到法律的规范。〔3〕反之，则很容易出现海洋资源要么处于无人开发的限制状态，要么处于众人竞相开发的无序状态，这无疑不利于对海洋资源进行最有效的保护和利用。为了规避经济学所描述的“公地的悲剧”(tragedy of commons)在无居民海岛开发与利用领域上演，适度地确立海洋资源财产权利的约束机制，让私人从政府之手取得对特定海洋资源的开发利用权利合法化、规范化，达到确保海洋资源的合理及适度开发是

〔1〕 参见马得懿:《海洋资源权属制度的多维解读》，载《北方法学》2013年第3期。

〔2〕 参见周柯、吴国刚:《海域物权立法的若干理论与实践问题》，载《海域管理工作通讯》2005年第1期。

〔3〕 参见马得懿:《海洋资源权属制度的多维解读》，载《北方法学》2013年第3期。

立法者最关注的。[1]作为使用海洋资源获得经济效益的一种对价，政府可以要求海洋资源使用者交纳相应的权利金或者出让金，并对各种海洋经济活动进行征税，将前述所得用之于公共支出，从而还富于民，使全体国民都能够享受到海洋资源开发的成果和利益，确保海洋资源的公益性不因海洋权利的私权化而受到减损。

由于受海洋资源属于"共有物"观念的制约，以私法方式或以私法概念来描述海洋资源权属制度的构建是颇为受人非议的。晚近我国施行的法律中，凡是涉及有关海洋资源权属的，一般都是以公法色彩较重的形式予以公布，从国家主权或者管理权的角度来规制海洋资源。[2]根据笔者所掌握的相关资料，在立法上明确海洋资源属于国家所有当属1982年国务院施行的《对外合作开采海洋石油资源条例》，该条例开创了海洋资源属于国家所有的法律规定之先河。而后在我国施行的一系列涉及资源的法律中，都作了相同或类似的规定。1993年国家海洋局联合财政部共同颁布的《国家海域使用管理暂行规定》，则是我国海洋权利私权化的进一步发展。虽然该规定属于部门规章，其效力层次不高，但是该条例却首次界定了海洋资源权属制度——海域所有权和海域使用权，这实属海洋权利立法上的创新，也是一种以私权概念来表达海洋资源权属制度的尝试。而上述立法技术和思想完全为2001年的《中华人民共和国海域使用管理法》(以下简称《海域使用管理办法》)所继承。[3]与此同时，在海洋资源领域之外，也有相类似的制度。1986年施行的《中华人民共和国矿产资源法》(以下简称《矿产资源法》)及其《矿产资源法施行细则》，赋予了民事主体可以经行政许可而取得海洋资源的探矿权和采矿权。[4]2007年物权法分别规定了海域属于国家所有和依法取得的海域使用权受法律保护。[5]可见，我国基本上构建了体系颇为丰富的海洋资源权属法律体系(见图2-1)。图2-1以历史脉络勾勒了一幅我国海洋资源权属立法发展的图景。

---

〔1〕 参见马得懿：《海洋资源权属制度的多维解读》，载《北方法学》2013年第3期；也可以参见吴昊：《海洋石油勘探开发权及其与航行权的协调》，载《海商法研究》2006年第12辑。

〔2〕 诸如1992年和1998年分别通过的《中华人民共和国领海及毗连区法》《中华人民共和国大陆架法》以及《中华人民共和国海域使用管理法》等。

〔3〕 该法第3条规定："海域属于国家所有，国务院代表国家实行海域所有权。"

〔4〕 参见《矿产资源法》第2条和第3条。

〔5〕 参见《物权法》第46条和第122条。

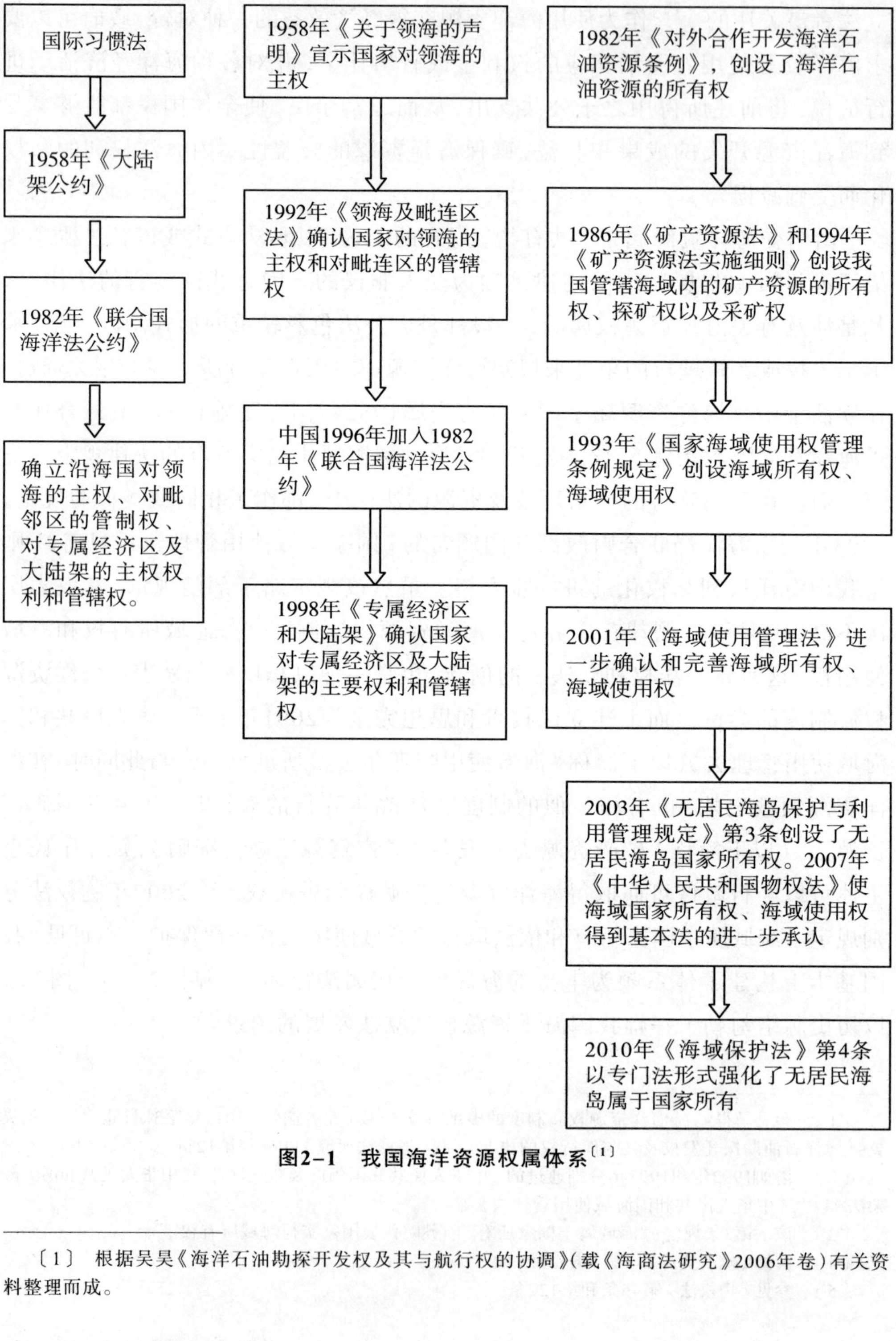

图2-1　我国海洋资源权属体系[1]

---

〔1〕 根据吴昊《海洋石油勘探开发权及其与航行权的协调》(载《海商法研究》2006年卷)有关资料整理而成。

三、海洋资源权属制度的环境权之维

（一）海洋资源权属制度的环境法理念

基于环境法视野下的海洋资源权属制度理念的核心是海洋资源所有权及使用权的运行要兼顾人类利益和海洋生态、当代人权利和后代人利益之间的平衡。环境法视域下的海洋资源权属理念追求义务本位、环境正义以及生态安全。[1]20世纪中后期环境问题日益严重，环境危机成为影响经济发展、人类生存发展和社会和谐稳定的主要因素，而与之相关的环境权理念亦随之得到了迅速发展。环境权不能禁锢于传统法学的樊篱，在人类与自然和谐发展的基础上构筑环境权理念可以成为一个新的尝试路径。[2]环境时代的到来要求法律摒弃以前忽视环境和生态保护，而以追求经济效益为单一目标的法律目标和诉求。新时期所诞生的环境法的基本原则，不仅是对旧日经济法价值的修正，而且也是在发展经济与保护环境生态之间构架的一种平衡。虽然新时期的环境法融入了西方法哲学和法理学甚至伦理学的知识体系，但是其所具有的当代社会价值，从某种意义上具有一定的普适性。中外海洋国家在发展无居民海岛经济的实践中，不断反思和探索新的法律模式和体系。然而无论是宣布一切环境资源公有，还是以保护公共利益为由[3]于一定限度内不行使所有权权能的义务，都不能解决所有权的私人支配属性与环境资源的公共性即所有权对物的矛盾。

（二）基于环境法理念的海洋资源权利

前述海洋资源私法调整的立法例，表明了人类利用海洋资源获取利益的急迫愿望。市民社会理论下所建立起来的民法基本原则排斥政府干预，将追求财富增长的最大化作为终极关怀。显然这一理论只强调个人权利自由价值，忽视社会利益价值，当然更否定海洋资源和环境对于人类生存的价值。[4]人类开发资源的贪婪性与可持续发展理念之间产生了巨大的矛盾，因此，在追

〔1〕 程功舜：《论海洋资源权属制度创新》，载《广西政法管理干部学院学报》2010年第5期。

〔2〕 参见陈德敏、董正爱：《环境权理念：从“人与自然和谐发展”的视角审视》，载《中国人口·资源与环境》2008年第1期。

〔3〕 参见周辉：《论可持续发展新视界下的物权法变革》，福州大学2004年硕士学位论文。

〔4〕 参见孙法柏：《环境民法保护的反思与创新》，载《长安大学学报》（社会科学版）2002年第3期。

求自然资源给人类带来的福祉的同时，必须构建遏制人类开发资源的贪婪性的制度。这种崭新的环境观实属人类的一大幸事，其不断推动人类将可持续发展理念融入海洋资源开发活动之中。

综观各国资源法律的制度与实践，各国根据本国的开发自然资源的实践，不断完善本国的相关法律制度。大陆法系国家虽然形成了德国、法国以及意大利等不同的资源法律分支，但是在构建资源法体系中亦形成了某些共性，这些国家的民法典对资源立法做出了卓越贡献。同时期，英美法系国家以其独特的判例法风格，也构架了具有生命力的自然资源法律理论与实践。在现代社会，重视物的利用的思想已经为人们所普遍接受。〔1〕在民事法律关系中，海洋资源无疑是法律关系的客体，在本质上是一种“物”，故此，其往往具有“物权”的性质。在行政法律关系中，海洋资源往往是以“聚合体”的形式出现，其性质也是属于行政法律关系的客体，作为行政管理的对象，成为行政管理权的重要指向，往往不使用“物权”的概念，而是直接将其纳入国家管理的视野。〔2〕在我国海洋资源权的设置中，过分地给国家设置了权力，而在民事领域中设置的权利还不够丰富和合理，在一定程度上阻碍了海洋资源效用的发挥，并且伤害了一部分主体的资源利益。然而，从海洋资源物权属性理论与实践上看，其表现出明显的公权属性。按照现行的法律和相关理论，海洋资源使用权主体本可以是自然人、法人和非法人团体。然而，由于海洋资源物权的基本权利属性，法律严格限制进入海洋资源市场的主体资格，一方面是经济实力的限制，海洋资源的开发利用需要大量资本的投入才能产生规模效应。〔3〕另一方面海洋等资源的开发需要巨大的财力作为基本支持，海洋资源开发市场秩序的主体具有一定的受限性，特别是晚近西方国家多以社会伦理为标准来衡量资源开发法律秩序的优良。20世纪60年代，在生态主义运动的助推下，作为解决环境问题的专门性基本法律——环境法首次在美国出现，环境法诞生之日起就饱受争议与诟病，其所倡导的体系构架与制度设计严重冲击产业化时代所形成的传统思维与制度模式，其所主张的价值理念和研究范式颠覆了传统

〔1〕 参见房绍坤：《论用益物权制度的发展趋势》，载《河南省政法管理干部学院学报》2003年第3期。

〔2〕 马得懿：《海洋资源权属制度的多维解读》，载《北方法学》2013年第3期。

〔3〕 参见马得懿：《海洋资源权属制度的多维解读》，载《北方法学》2013年第3期；同时参见章鸿：《资源物权制度研究》，福州大学2006年硕士学位论文。

法学理论的体系范式与构建。环境法根植于传统法又有别于传统法，包含人类的自省精神同时彰显人类的首创精神。[1]

西方产生了诸多理论来诠释和拯救人类开发资源进程中面临的种种困惑和艰难。环境权作为环境法学理论与环境法律体系的基石性范畴，是人类在开发自然资源过程中逐渐形成的必然结果。环境权的产生与环境问题尤其是工业革命以来日趋严重的环境问题密切相关。人类开发利用海洋资源过程中的环境问题与海洋资源权属制度的内涵的不断发展有内在的关联度，从环境权的理论基础可窥见一斑。一般地，人们通常运用公共信托理论、可持续发展理论、代际公平理论以及自然的权利理论来诠释环境权的本质及其法律功能。其中我们只要简单地考察一下公共信托理论的发展脉络，我们即不难发现海洋资源权属制度的环境权逻辑进路。[2]环境权的公共信托理论是创造性地将英美法中的公共信托理论运用于环境权的视野中所不断形成的结果。狭义上的公物（res publicae）是属于万民法的范畴，人们可以自由利用。公共信托理论在11世纪被引入英国后，经过不断修正，其被用来限制国王对海洋等国家所有物的权利。在各式各样的环境权纠纷和维权中，逐渐衍生和发展出一种被人们普遍接受的理论——公共信托。[3]20世纪70年代，萨克斯教授正是针对当时美国政府行为中存在环境管理行政决定过程公众参与程度低，环境诉讼中存在的当事人资格等问题，根据公共信托原理，首次提出了“环境权”理论。萨克斯教授认为，用“在不侵害他人财产的前提下使用自己的财产”这句古老的法格言作为环境品质之公共权利的理念。[4]显然，海洋资源权属制度深受西方公共信托理论的熏陶和影响。

四、传统理论框架下海洋资源权属制度的反思与检讨

（一）海洋资源权属制度立法例上的病垢

其实，海洋资源权属制度从表面上看是一种属于传统物权法体系下的制

〔1〕 刘洪岩：《环境法的肇起：自然理性的回归与法学革命》，载http://www.iolaw.org.cn/showArticle.asp? id=3309，2014年6月13日访问。同时可以参见马得懿：《海洋资源权属制度的多维解读》，载《北方法学》2013年第3期。

〔2〕 陈德敏：《环境法原理专论》，法律出版社2008年版，第172页。

〔3〕 参见梁莹：《我国环境公益诉讼原告资格研究》，北京工业大学2011年硕士学位论文。

〔4〕 参见马得懿：《海洋资源权属制度的多维解读》，载《北方法学》2013年第3期。

度，然而，根据学者的研究，人们倾向于将此类权属制度与矿产资源制度、探矿权制度以及水权等制度相类比，受特别法或者准物权法来调整。但是，从目前相关的立法例来看，立法例给人的一种直觉就是将本来很复杂的海洋资源权属制度放到私法体系之下来调整，这至少让人产生误解：海洋资源权属制度全然受到私法的调整。其实海洋资源权属法律制度是非常复杂的。[1]

根据我国物权法的相关规定，我国国有财产按其不同的经济和社会功能可分为三种类型：第一种类型是国有自然资源，诸如矿藏、水流以及海域等；第二种类型是国有公共财产，例如国家所有的铁路、电力设施等；第三种类型属于国有营运资产，即指那些能够由国务院和各级政府代表国家出资并取得收益的财产。在我国，国家所有权作为一种特殊财产，应该针对不同的财产类型，根据国家和人民群众的长远发展和现实需要，遵循和适用不同的法律原则和规范。自然资源虽然是人类生存和发展的物质基础，但它不同于传统民法上的“物”，以有体物为基础构建的物权体系，已经不能完全实现对自然资源的法律调整。国家在开发利用自然和改造自然的过程中，大多数自然资源可以在市场经济条件下进行有偿配置和转让，具有一般商品的使用价值。[2]但是，并非所有的自然资源都可以市场机制进行资源配置，自然资源的整体性和公共性特征，使有些自然资源不宜作为商品进行交易，由此发生的财产关系也不宜接受私法性规范的调整。[3]这充分说明了法学理论学者和立法者意识到，无居民海岛等自然资源的公共属性挑战了传统私法体系和理论。

所以，从我国相关海洋资源立法上的措辞来看，海洋资源权属制度是一种比较特殊的财产权制度。根据传统民法上权属制度的应有之义，物权本身根源于社会分工和商品交换，是自然法学与启蒙运动相结合的产物。一般是通过商品交易过程中自愿的契约安排，其客体是某种具体的物品或者服务，具有可转让性、可分割性和可依法剥夺性等。而海洋资源国家所有权则不同，它已经明确包含行政权力，部分地体现了国家权力的本质特征。[4]如此一来，在理解无居民海岛国家所有权和无居民海岛使用权等基本概念时，必须要有一种

---

〔1〕 参见马得懿：《海洋资源权属制度的多维解读》，载《北方法学》2013年第3期。

〔2〕 参见马俊驹：《国家所有权的基本理论和立法结构探讨》，载《中国法学》2011年第4期。

〔3〕 参见马俊驹：《国家所有权的基本理论和立法结构探讨》，载《中国法学》2011年第4期；同时可以参见马得懿：《海洋资源权属制度的多维解读》，载《北方法学》2013年第3期。

〔4〕 参见马得懿：《海洋资源权属制度的多维解读》，载《北方法学》2013年第3期。

超脱的模式，意识到无居民海岛权属制度在特定国家经济制度之下的固有属性。

(二)海洋资源权属制度具有不周全性

1982年《联合国海洋法公约》确立了不同法律地位的海域制度。该公约不仅勾勒了具有世界海洋法宪章性质的海域规则，而且也对海洋资源开发制度进行了详尽的描述。古罗马哲学家西塞罗坚信“谁控制了海洋，谁就控制了一切”。[1]海洋与陆地不同，通常论及国土主要包括领海和内水，在一定意义上还包括专属经济区和大陆架。由于意识到大陆架以外的深海海底要进行商业开发，各国开始了对海洋资源权利的竞争。1967年11月1日，马耳他常驻联合国代表帕多大使在联合国大会第一委员会上提出议案称：“深海海底蕴含着非常丰富的资源，随着技术革命的迅速发展，其勘探和开发已经成为可能，而这种资源不属于任何国家所有。这一区域的开发和利用只限于和平目的并造福于全人类。”[2]这一提案最终在1982年《联合国海洋法公约》中得到反映。任何国家、自然人或法人，都不应该将“区域”的任何部分据为己有。[3]

从这种角度来看，海洋资源权属制度并非覆盖了所有海洋资源的范畴，对于国际海底区域并没有形成以国家、自然人或法人为主体的所有权，更是没有形成具有物权法意义上的使用权制度。这便是海洋资源制度中的不周全性，或者称之为海洋资源权属制度的例外情形。从此种意义上看，以传统私法或者物权法的理论框架来构建海洋资源权属制度，并不是“万无一失”的，[4]其理论影响力不能涵盖所有海洋资源的种类和内容。

(三)海洋资源物权质疑：准物权视角下的检讨

我国学者崔建远先生基于“思维方法的反思”和“物权客体的特定性理论的反思”，[5]认为民事权利的分类应该增加新的类别，进而提出了准物权的概念。准物权(Quasi-property)的界定具有很大的争议性，其很难从传统的私法

---

〔1〕参见[美]艾尔佛雷德·塞耶·马汉：《大国海权》，熊显华编译，江西人民出版社2011年版。

〔2〕参见王金强：《国际海底资源分配制度演变与美国海底政策的转向》，载《美国研究》2012年第3期。同时参见马得懿：《海洋资源权属制度的多维解读》，载《北方法学》2013年第3期。

〔3〕参见1982年《联合国海洋法公约》第136条和第137条。相关文献可以参见蔡从燕：《论国际法的财产权逻辑》，载《法律科学》2011年第1期。

〔4〕参见马得懿：《海洋资源权属制度的多维解读》，载《北方法学》2013年第3期。

〔5〕相关论述参见马得懿：《海洋资源权属制度的多维解读》，载《北方法学》2013年第3期。

理论来展开诠释。通常认为准物权是由矿业权（mineral rights）、水权（water rights）、渔业权（fishing rights）和狩猎权（hunting rights）等组成。准物权系一个集合概念，包含一组差异颇大的特殊物权，其客体难以整齐划一，主张以多视角模式、时空结合观、宽严相宜的弹性标准以及注重客体内部构成因素变化的方法来观察和界定准物权客体的思维模式和方法。准物权的权利构成具有复合性，兼具公权性和私权性的特征。[1]在准物权理论的支配之下，海洋资源权属制度实在是应该值得重新审视。[2]

海洋资源权属制度的健全是国家对海洋资源实施有效管理的基础，同时更是人们有序开发利用海洋资源的关键。作为私法体系下的物权制度，其设计的根本机理是追求功利主义的目标。在物权法的根本理念之下，人们对海洋资源进行掠夺性开发得到纵容。这种利用传统物权制度去规范和调整海洋资源的权属和利用关系，其所产生的负面影响已经由实践所证明。海洋资源不仅不同于一般的物，更不同于一般的自然资源。海洋资源不仅自身具有其独特的多元价值，更是在维护国家、民族的公共利益方面承担着重要作用。故而，完全依赖传统的私法制度如物权制度对规范海洋资源权属制度进行理论诠释是值得进一步商榷的。将传统物权法下的物权分类模式即所有权和他物权，生搬硬套地引入海洋资源权属制度的机械做法是不科学的。因为源自海洋资源的利用而形成的某些权利，诸如采矿权，无论在理论上还是在立法上都很难将其当然地认定为用益物权的范畴或者准物权的范畴。[3]这是因为，海洋资源权属制度其实具有自己的独特体系，而且属于极为复杂的制度体系。有学者认为，自然资源权属制度应该包含自然资源权利归属的各种权利形态。从性质上看，自然资源权属制度既有私法的因素，也有公法的成分，带有公私法兼顾的性质。从内容上应该包括两个方面："一是自然资源所有权制度，二是与自然资源利用有关的权利制度"。[4]一般地，海洋资源所有权属于国家是有其正当性的。国家即是海洋资源的管理者，也是海洋资源的所有者，更是海洋资源的经营者。

---

〔1〕 参见崔建远：《准物权研究》，法律出版社2003年版，第33页以降。

〔2〕 参见马得懿：《海洋资源权属制度的多维解读》，载《北方法学》2013年第3期。

〔3〕 同上。

〔4〕 参见谭柏平：《自然资源物权质疑》，载《首都师范大学学报》（社会科学版）2009年第3期，以及马得懿：《海洋资源权属制度的多维解读》，载《北方法学》2013年第3期。

我国现行自然资源权属制度虽然有了长足的进展，但是在指导思想、思路设计、管理体制、权属登记、流转、有偿使用以及物权纠纷处理等方面仍然存在不少问题，严重制约了自然资源的保护与可持续利用。在传统民法理论基础上，同时又突破传统民法理论的思维定式，对有关自然资源权属关系所有涉及的一些支配性和排他性的权利类型进行合理化的解释和论证，提出自然资源物权的理论观点，是学者作出的一种有益尝试。〔1〕海洋资源物权化就是在尊重自然资源的自然属性和经济规律的基础上，通过国内立法赋予自然资源物权人依法或者以合同取得，在法律规定的范围内按照自己的意志支配法定自然资源，享有其利益并排除他人干涉的特定民事权利的过程。〔2〕

综上所述，有学者不赞成准物权仍然属于物权的范畴这一观点。其依据主要有准物权依据特别法而设定、准物权的取得比较特殊、准物权是一种公私法兼顾性质的权利类型以及作为准物权标的物的资源，在法律上视为不可消耗物。〔3〕所以，在没有特定背景的情况下论及海洋资源物权化是缺乏理论支持的简单化行为，是不值得提倡的，是值得反思的。〔4〕纵然努力构建契合物权属性与环境保护价值的海洋资源权属制度是值得期待和令人向往的，但是海洋权属制度现实中存在的各种困境让人们感到海洋资源权属制度具有进一步完善的空间。

第二节　无居民海岛使用权的国家主权逻辑

一、1982年《联合国海洋法公约》框架下无居民海岛使用权的主权逻辑

1982年《联合国海洋法公约》明确了海岛的国际法地位，而且法律对无居民海岛的调整随着人类逐渐认识到无居民海岛的重要价值而日益丰富健全。

---

〔1〕 周柯、翟勇、阎东星：《中国和平崛起与自然资源物权化》，北京市法学会环境资源法研究会第一届学术会议论文集，未刊稿，2004年6月5日。

〔2〕 参见谭柏平：《自然资源物权质疑》，载《首都师范大学学报》（社会科学版）2009年第3期，以及马得懿：《海洋资源权属制度的多维解读》，载《北方法学》2013年第3期。

〔3〕 参见谭柏平：《自然资源物权质疑》，载《首都师范大学学报》（社会科学版）2009年第3期。

〔4〕 马得懿：《海洋资源权属制度的多维解读》，载《北方法学》2013年第3期。

500年之前哥伦布发现新大陆，诱发了当时一些海洋强国控制诸多海岛，但是也只是扩大了自己的势力范围而已，并未增加海岛的身价。随着无居民海岛法律制度的日益健全，各国特别是海洋大国开始高度重视无居民海岛的战略地位。[1]从荷兰人格劳秀斯的海洋资源论学说问世，到联合国第三次海洋法会议之前，尽管海洋法作为国际法的一个重要分支有了日新月异的发展，但是海洋法公约在海洋资源开发问题上仍然具有诸多不足，也未能就海岛建立相应的法律制度。1982年《联合国海洋法公约》不仅规定了海岛的定义，而且也明确了其法律地位，虽然海洋法实践证明其规定存在严重缺陷。[2]

1982年《联合国海洋法公约》第121条界定了海岛的法律涵义和法律地位。国际法对海岛定义作出规定的必要性是基于两个事实：第一，为赋予海岛本身的海洋区域，解决办法是将海岛同陆地作类比；第二，确定海岛等海洋地形对划定陆地海岸的海洋区域及两个陆地海岸之间的海洋划界的影响。[3]可见，1982年《联合国海洋法公约》赋予了无居民海岛的法律地位，必然导致海岛主权争端的加剧。

一个主权国家控制了一个无居民海岛进而在领海、专属经济区和毗邻区上具有管辖权，这样无居民海岛在海洋划界上具有极为重要的价值。同时，无居民海岛周边蕴藏着巨大的资源，对无居民海岛的治理也具有重要的意义。所以从无居民海岛治理中可以发现一种非常重要的因素在起着至关重要的作用——一个民族的海权力量。[4]无论从近代美国对海岛的控制，还是当代无居民海岛之纷争，事实上，海权能力的大小一直在无居民海岛的权属界定上起着重要的作用。

1992年联合国环境与发展会议通过的《联合国可持续发展二十一世纪议程》在关于“小岛屿的可持续发展”中要求，“各国本身致力于解决发展中国家的可持续发展问题”。1994年联合国发布的《小岛屿发展中国家可持续发展行动纲领》，要求各国采取切实的行动措施，加强对岛屿资源开发的管理。沿海各海洋大国相继开展了海岛立法活动。韩国、日本、美国、加拿大、英国、荷

---

〔1〕 参见恩波：《海岛为何备受青睐》，载《海洋世界》1996年第4期。

〔2〕 参见疏震娅：《试论我国海岛立法的必要性》，载《政府法制》2008年第15期。

〔3〕 参见张海文主编：《联合国海洋法公约释义集》，海洋出版社2006年版，第235页。

〔4〕 参见马得懿：《无居民使用权阐释：海洋属性与海权发展》，载《河北法学》2014年第7期；以及马得懿：《海洋资源权属制度的多维解读》，载《北方法学》2013年第3期。

兰、法国、瑞典、澳大利亚等国家也相继制定了有关海岛开发与保护的管理法规，这些法规的制定为这些国家在世界海洋权益争夺战中抢得了先机。[1]这些都显示了海洋意识在海洋权益维护中的重要地位。

二、强化无居民海岛管理是海岛主权的最佳法律昭示

近年来，中国在领土问题上与邻国纷争不断，与周边多国存在海岛主权争端。我国开发无居民海岛进程中，部分海域中作为领海基点的无居民海岛遭到不同程度的损害，这给我国领海基线的起算造成了威胁，导致我国合法海洋权益和国家安全面临损害。在建立无居民法律制度过程中，我们应注意坚持优先保护我国领海基点岛屿及其他关涉国家主权和安全的海岛的原则。对于领海基点所在无居民海岛及其周围海域，禁止可能改变其地形地貌的活动；对于尚未确定和公布的领海基点所在无居民海岛，可以纳入海岛保护名录予以特殊保护。[2]故此，无居民海岛使用权的主权逻辑进路，更是体现了国际法上国际领土主权的取得理论，即有效管理或控制是一个国家主张拥有领土主权的有力根据。而如何对外彰显一个国家对无居民海岛的有效管理或者控制呢？笔者认为，构建完善的无居民海岛使用权管理制度是最理想的模式。而在构建无居民海岛使用权管理制度过程中，适当地融入国家主权的理念则是理性的选择。[3]我国《海岛保护法》虽然比较系统地构架了我国海岛的规划和保护法律制度，但是该法没有明确或者强烈明确国家主权的规定，或许这是该部法律所隐含的内容，需要我们去挖掘。然而，无论如何，在1982年《联合国海洋法公约》的框架下，从国家主权的角度来强化无居民海岛使用权的完善，是非常有价值的。

虽然《中国21世纪议程——中国21世纪人口、环境与发展白皮书》中对海洋资源的界定并没有直接强调提及无居民海岛，但是，无居民海岛是极其重要的海洋资源之一是毫无疑问的。故而，海洋资源权属制度对无居民海岛应该是适用的。然而，无居民海岛的保护和利用实践，无论在我国《海岛保护法》

---

〔1〕 参见王忠：《我国海岛法制建设探究》，载《太平洋学报》2006年第4期；马得懿：《海洋资源权属制度的多维解读》，载《北方法学》2013年第3期。

〔2〕 参见王忠：《我国海岛法制建设探究》，载《太平洋学报》2006年第4期。

〔3〕 马得懿：《海洋资源权属制度的多维解读》，载《北方法学》2013年第3期。

施行之前还是之后，都令人感到忧虑。而加强无居民海岛的管理，一直以来是需要强化的工作。这促使人们反思如何构建无居民海岛使用权制度的问题。其实，无论前述物权理念下考量海洋资源权属制度，还是环境法视域下对海洋资源权属制度的反思，海洋资源权的实质都是一种财产权，或者是一种受到限制的财产权。按照传统的私权理论，财产权逻辑一直是人们理解海洋资源包括无居民海岛的所有和利用制度的基本进路。然而，在财产权逻辑进路以外，可能存在另外一种逻辑进路去把握无居民海岛的使用权制度，这种逻辑进路是基于无居民海岛的自然属性和社会属性以及在国家海权中的重要地位所决定。[1]所以，从国家主权的逻辑来审视无居民海岛使用权制度，是一种有益的尝试。

三、无居民海岛使用权之财产权逻辑的局限性

（一）财产权逻辑所依托的理论与概念体系并不具有普遍性

作为一种重要的海洋资源类型，无居民海岛使用权的行使依赖于财产权逻辑进路是情理之中的事情。因为，无论是大陆法系的物权理论，还是英美法下的财产权机制，都为无居民海岛的开发利用奠定了基本的制度基础。在人类对海洋资源的开发利用日益深入之际，人们依靠财产权或者物权的理论与概念来设计无居民海岛使用权属制度成为一种理性的选择。然而，当人们在开发利用海洋资源遭遇到环境保护、可持续发展等社会本位思潮干预的时候，这种私权性质的财产权便受到了限制。特别是环境法理论系统的成熟，导致完全依赖于物权概念来构建海洋资源的权属和利用制度显得力不从心。从这种意义上看，无居民海岛的财产权逻辑进路所依托的理论与概念体系并不具有普遍性和全面性，属于例外情形。

不仅如此，从1982年《联合国海洋法公约》的框架来看，其也充分显示了单单以物权制度或者财产权制度来构建包括无居民海岛在内的海洋资源的权属和利用机制，亦是具有不周全性的。以该《公约》框架下的国际海底区域制度为例，根据《公约》第137条的规定，任何国家不应该对国际海底区域的任何部分或资源主张行使主权或主权权利。这表明，国际海岛区域这一比较特殊

〔1〕 参见马得懿：《无居民使用权阐释：海洋属性与海权发展》，载《河北法学》2014年第7期，以及马得懿：《海洋资源权属制度的多维解读》，载《北方法学》2013年第3期。

的区域不能依靠财产权等私法概念来规制。同时，1970年第25届联大通过著名的第2749（XXV）号决议，[1]规定了国家管辖范围以外深海海床、底土以及该区域的资源为全人类的共同继承财产，任何国家或个人不得以任何方式将其据为己有，任何国家不得对该区域之任何部分主张或行使主权。[2]这更是说明了并非所有的海洋资源都可以适用物权法或财产法的概念来获得支持，这其中是存在“真空”地带的。

（二）无居民海岛的属性决定了财产权逻辑权威性的缺失

一般来说，无居民海岛属于重要的海洋资源，当然属于自然资源，由此导致了人们习惯于运用准物权的理论来构建无居民海岛的使用制度。然而，准物权的理论并没有形成稳定的体系，关于准物权的法律属性乃至基础理论的争议性很大。更为重要的问题是，无居民海岛的海洋属性和社会属性，单纯以财产权逻辑进路来构思无居民海岛使用权制度，缺乏一定的权威性。关于自然资源权利特别是自然资源利用权关系，学者的观点众说纷纭。以梁慧星教授为代表主张“非物权主义”观点，认为自然资源国家所有，本身缺乏有体物特征，不应当在物权法上解决，要通过特别法来解决。以崔建远教授为代表的“准物权说”，认为自然资源在符合物权属性前提下具有特殊性，公权力干预是其主要的属性。与此同时，有学者倡导的“无形财产权主义”强调自然资源开发权和专用权属于特许经营权，是典型的无形财产的权利形态。[3]特别是比较流行的准物权学说，更是没有形成稳定的理论框架来支撑海洋资源包括无居民海岛的制度构架。由此观之，在富有争议的理论体系之下，构建和理解无居民海岛使用权的制度框架，决定了其财产权逻辑权威性的缺失。

四、无居民海岛使用权主权逻辑的内在动因

（一）财产权与国家主权具有通约性

近代国际法的产生深受罗马私法的熏染和影响，这使主权被打上了深深的财产权烙印。虽然被称为“国际法之父”的格劳秀斯没有讨论财产权对主

---

〔1〕参见1970年《关于各国管辖范围外海床洋底与下层土壤的原则宣言》第1条。

〔2〕参见蔡从燕：《论国际法的财产权逻辑》，载《法律科学》2011年第1期。

〔3〕参见汪劲：《环境法律的解释：问题与方法》，人民法院出版社2006年版，第122～123页。

权的影响，但是他承认二者之间的密切联系。[1]主权和财产权都蕴含经济因素，虽然主权不是财产权，但它对于经济权与财产权具有重要影响，主权和财产权都包含权力因素。事实上，财产权也蕴含着权力，这是因为财产权不仅体现为人对物的关系，也体现为人与人之间的关系。[2]上述财产权和国家主权的通约性，为我们理解无居民海岛使用权的属性提供了强有力的逻辑支撑。这也是无居民海岛的自然属性和社会属性所决定的。无居民海岛在开发利用中，将国家主权的理念融入无居民海岛的利用制度中，这也是国家主权与财产权的通约性的表现。

不仅如此，从物权法的一些基本概念来看，财产权与国家主权也具有通约性的痕迹。其实，也的确存在国际法范畴上的物权。一般地，国际法从国家主权意义出发对社会事务的控制，与物权法上所说的民事权利主体对物的控制，这两者是不同的。在国际法上，领空、领海以及领陆均为国家主权支配的物，[3]然而领空和领海在法学上属于人类“公有物”或者“共有物”，依法理不得在这些公有物设置属于私权体系的物权。即使在领陆上可以存在国家主权和物权，但是这两者权利可以同时存在，并无互相排斥的现象。[4]一个国家可以宣告某一海岛归属其所有，但是这种意义上的“所有”，只是主权意义上的管理，并不是物权法上的所有，因此，国际法上所说的所有权与属于国内法的物权法上所说的所有权，意义不大一样。[5]随着人类自身文明程度的不断提高，代际公平和可持续发展理念的普通接受，土地资源属性的强化已经迫使传统所有权的纯私权性质发生变化。21世纪以来，随着科学技术的进步和陆地资源的日益枯竭，海域也由国际法调整逐渐转向由国际法与国内法分别调整，成为物权法规范的又一重要物质资料。[6]

---

〔1〕 参见蔡从燕：《论国际法的财产权逻辑》，载《法律科学》2011年第1期；以及马得懿：《海洋资源权属制度的多维解读》，载《北方法学》2013年第3期。

〔2〕 参见蔡从燕：《论国际法的财产权逻辑进路》，载《法律科学》2011年第1期；马得懿：《海洋资源权属制度的多维解读》，载《北方法学》2013年第3期；以及马得懿：《无居民使用权阐释：海洋属性与海权发展》，载《河北法学》2014年第7期。

〔3〕 参见马得懿：《海洋资源权属制度的多维解读》，载《北方法学》2013年第3期；以及马得懿：《无居民使用权阐释：海洋属性与海权发展》，载《河北法学》2014年第7期。

〔4〕 参见马得懿：《海洋资源权属制度的多维解读》，载《北方法学》2013年第3期。

〔5〕 参见马俊驹、龚向前：《论能源法的变革》，载《中国法学》2007年第3期。

〔6〕 马俊驹：《国家所有权的基本理论和立法结构探讨》，载《中国法学》2011年第4期；同时参见马得懿：《海洋资源权属制度的多维解读》，载《北方法学》2013年第3期。

或许有学者将1982年《联合国海洋法公约》框架下的国际海底区域制度视为该公约在海洋资源权属制度领域内的缺失或者例外，从而否认了国际法与私法的通约性。然而该《公约》第136条和第137条果真是完全将国际海底区域拒海洋资源权属制度门外吗？质言之，海洋资源权属制度真的没有普遍性即不适用于国际海底区域吗？其实，如果我们认真考察该《公约》不难发现公约建立了所谓的"先驱投资者制度"赋予了一种特殊的财产权，据此一些拥有先进技术的国家或者跨国公司获准从事包括探矿权在内的经济活动，在开发特定区域方面具有专属权利，在获得生产许可方面具有优先权。[1]由此观之，即便是基本上属于"人类共同继承财产"的国际海底区域，在某种情境之下也是一种财产权的客体，亦是自然属于海洋资源权属制度之范畴。因此，笔者认为，海洋资源权属制度基于物权法逻辑是一种颇具普遍性的稳定机制。

（二）无居民海岛在国家发展海权的地位和提升海洋意识的重要性

在被奉为"海军圣经"的《海权论》中，作者认为海上商业对于国家的财富及其实力的深远影响早已被有识之士洞察无余："一个有机体绝不可能自己养活自己，它要消化、吸收、分配那些得自外部的东西，而这些不可或缺的外来养分就等同于政治或经济团体的对外商业活动，它使国家获得外部资源的支持。海上商业就是这种资源的主要流通渠道。"马汉清楚而又深刻地揭示了海洋对一个国家民族强大的重要价值。[2]马汉进一步指出，从政治和社会的观点来看，海洋自我呈现出的首要与最为明显的特征就是如同一条大马路，在更好的情况下，则如同一块宽阔的公地，人们可以朝着任意一个方向行走。[3]

如果我们把目光从国内无居民海岛治理转移到国际层面上，无居民海岛经常是国家在海洋划界中的重要依据，无居民海岛从而成为国际海洋争议的焦点。在2010年我国《海岛保护法》实行之前，我国已有《中华人民共和国宪法》《中华人民共和国土地管理法》等法律对无居民海岛有不同程度的规制，并不能解释无居民海岛利用令人隐忧的现状。假设我国早已实施了完备的无居民海岛立法，那么是否就意味着我国无居民海岛的治理就一定令人满意

〔1〕 参见蔡从燕：《论国际法的财产权逻辑》，载《法律科学》2011年第1期。

〔2〕 ［美］马汉：《海权论》，萧伟中，梅然译，中国言实出版社1997年版，第25页。

〔3〕 参见http://www.360doc.com，2015年4月24日访问。

呢？[1]实际上我们完全可以从另一种比较特殊的海洋资源——沿海滩涂的治理得出一定的启示。我国学者曹正汉曾经采用实证分析的研究范式对我国南方沿海滩涂的纠纷进行了系统的研究，其研究结论是，在珠江三角洲地区，政府制定了法律以控制滩涂地权，但是，这些法律并没有成为界定滩涂地权的主要依据。实际的滩涂地权是以传统的沙骨权为基础，以围垦投资形成的既成事实为依据，并依靠当事人自身的政治力量作为实施手段。导致这种现象的原因是法律的制定缺乏充分竞争的政治市场，因而法律不是以社会共识或利益平衡为基础，同时，我国的政治领域与法律领域连为一体，使政治力量能够绕开法律直接争取地权。[2]其实，我们完全可以从中得出某种启迪：无居民海岛治理何尝不是如此呢？种种关于无居民海岛治理之纠纷表明，中国目前无居民海岛治理的现状并非完全是由于法律的缺乏造成的，而是由于无居民海岛治理过程中非常重要的因素——海洋意识和海洋权力没有融入无居民海岛的法律机制之中去。[3]

马汉在其所著的《海军战略》中认为，海洋独特的物理性质，使海岛在控制海洋中占有特殊的地位。控制海洋，最重要的是控制海岛。[4]当今，世界各国特别是海洋国家都认识到无居民海岛的重要价值。海岛不仅构成一个主权国家的陆地领土，而且在国家利用海洋资源汲取财富、控制海洋，国家由海洋向陆地发展的海洋能力的培养、保持等方面具有国家发展海权不可替代的战略作用。如何利用海岛获得和维持现代海权，是21世纪中国所面临的一项重大战略任务。[5]由此观之，我国无居民海岛管理中存在隐忧并不单纯是由于规制无居民海岛的法律缺失形成的，而是由于有两大历史性因素在起着关键性的制约作用：海洋意识与国家的海权力量。

然而，对一个文明的法治国家而言，如果将民众的海洋意识和国家的海权

---

〔1〕 参见马得懿：《无居民使用权阐释：海洋属性与海权发展》，载《河北法学》2014年第7期。

〔2〕 曹正汉：《地权界定中的法律、习俗与政治力量——对珠江三角洲滩涂纠纷案例的研究》，载张曙光主编：《中国制度变迁的案例研究》（第6集），中国财政经济出版社2008年版，第23～34页；也可参见马得懿：《无居民使用权阐释：海洋属性与海权发展》，载《河北法学》2014年第7期。

〔3〕 参见马得懿：《无居民使用权阐释：海洋属性与海权发展》，载《河北法学》2014年第7期；以及参见马得懿：《海洋资源权属制度的多维解读》，载《北方法学》2013年第3期。

〔4〕 ［美］马汉：《海军战略》，蔡鸿干，田常吉译，商务印书馆2003年版，第66页。

〔5〕 刘新华：《论海岛对国家发展海权的战略意义》，载《中国海洋大学学报》（社会科学版）2007年第4期。

能力发挥得淋漓尽致的话，其最具有理性的途径应该是通过立法来表达，即通过法律机制将民众的海洋意识和国家的海权力量隐存在法律之中。就我国《海岛保护法》而言，其立法的主要基调是对主权确定之下的海岛及其周边海域生态系统的优先保护。我国海岛作为国家领土不可分割的一部分，在我国《领海及毗连区法》中已作明确规定。我国《海岛保护法》通过法律手段加强对海岛的保护，对维护国家海洋权益具有非常重要的意义。其对维系国家海洋权益虽然有所提及，但并不是笔墨浓厚的表达。这也是我国《海岛保护法》所隐存的范畴，需要我们进一步研究。而作为行政法的《海岛保护法》一味强调对无居民海岛的"保护"，然而这样"保护"的效果如何，其实将取决于无居民海岛的利用规制情况。笔者认为，在厘清无居民海岛权属性质的基础上，勾勒出无居民海岛使用机制，特别是融入了民众的海洋意识和国家海洋海权能力的无居民海岛利用机制，将是我国实施《海岛保护法》后应该关注的焦点之一。[1]

五、无居民海岛国家所有权为无居民海岛使用权的主权逻辑提供了基础

我国无居民海岛开发实践积累了相关经验。无居民海岛属于国家所有的法律规定为我们提供了理解无居民海岛使用权的理论途径。作为重要的海洋资源，无居民海岛国家所有权从公法和私法的双重角度为无居民海岛的使用和管理奠定了理论根基。正如前文所述，无居民海岛使用权是比较特殊的财产权。有学者认为，在提供无居民海岛使用权的法律关系中，政府同时兼有公益政治代表和财产所有者双重身份，在无居民海岛开发利用中同时兼顾公共利益和经济利益。我国《海岛保护法》第31条规定了作为无居民海岛使用的对价即缴纳无居民海岛使用金，然而，在某些情形下，单纯的无居民海岛使用金并不能体现国家与无居民海岛使用者"交易"的"对价"，国家是将使用金与基于公共利益的考量而对使用者附加限制性义务。[2]在海洋资源领域，无居民海岛所有权恰恰同时蕴含权利与权力双重因素。这实际上为无居民海岛使

〔1〕 参见马得懿：《无居民海岛国家所有权之考察》，载《中国政法大学学报》2011年第6期。

〔2〕 参见赵红梅：《论无居民海岛使用权的法律属性》，载《中国海洋报》2005年9月27日，第3版。

用权的主权逻辑提供了法理基础。[1]无居民海岛国家所有权之所以成为理解无居民海岛使用权的主权逻辑进路的基础，主要是因为在无居民海岛国家所有权中，既有私权又有公权，特别是其中隐存的强烈公权色彩。

传统民法一般认为，国家所有权是私权，是物权的一种，应受民法调整。然而，这种观点具有很强的片面性。所有权不是民法的专有名词，也不仅仅是民法上的权利。在不同的含义中，所有权指政治法律制度中的所有权制度，是调整财产所有关系的法律规范的总称。在行政法、经济法、刑法等公法领域也强调所有权。[2]国家所有权理论变迁历史表明，近代的国家所有权在法律形式上得以确立。在市场经济条件下，国家通过其行政机关可以运用那些经营性财产从事工商活动而获取收益，这时国家是民事主体，其权利的性质是私权，但在管理大多数资源性和公共性财产时，国家承担着维护社会公共利益的职责，原则上不能从中获得收益或权利的行使应该受到严格的限制，这时的国家是行政主体，其权利的性质是公权。[3]无居民海岛国家所有权权能的发挥，必然通过无居民海岛使用权来彰显。故而，从国家主权的角度来审视无居民海岛使用权，也是由无居民海岛国家所有权的权利性质决定的。[4]

第三节　无居民海岛国家所有权之考察

在我国调整无居民海岛保护与管理的法律法规体系之下，就无居民海岛的归属等权属问题，不约而同地规定“无居民海岛属于国家所有”。[5]立法者之所以作如此规定，就法律功能而言，是因为人们容易达成的共识是法律上明确无居民海岛属于国家所有有利于无居民海岛权属的确定，从而为无居民海岛的保护和管理提供法律根据或制度保障。特别是我国于2010年3月1日施行

---

〔1〕 参见马得懿：《无居民使用权阐释：海洋属性与海权发展》，载《河北法学》2014年第7期。

〔2〕 参见马俊驹：《国家所有权的基本理论和立法结构探讨》，载《中国法学》2011年第4期；同时参见马得懿：《无居民海岛属于国家所有的法理分析》，载《海洋经济》2012年第2期。

〔3〕 马俊驹：《国家所有权的基本理论和立法结构探讨》，载《中国法学》2011年第4期。

〔4〕 参见马得懿：《无居民使用权阐释：海洋属性与海权发展》，载《河北法学》2014年第7期。

〔5〕 我国法律法规在规定无居民海岛所有权制度时几乎都以相同或相似的表达方式，即“无居民海岛属于国家所有，国务院代表国家行使无居民海岛所有权”。除了法律以外，我国早先的地方立法也是采用了相同的表达。

的《海岛保护法》，更是以海岛专门立法的形式建立了我国无居民海岛的国家所有权制度。

然而，无居民海岛属于国家所有的充分的法理理由或者理论依据何在？笔者认为，在法律上明确无居民海岛属于国家所有，可以为我国在国际上维护无居民海岛的权益提供私法救助的方式。本章的主旨是在考察无居民海岛国家所有权的理论依据的基础上，探幽索隐，试图探讨法律上明确无居民海岛属于国家所有的正当性所在。[1]

一、无居民海岛国家所有权的理论基础考量

（一）自然资源的国家公共信托责任理论

无居民海岛作为海洋资源的重要组成部分，探寻其在法律层面上明确为国家所有的理论渊源似乎并不难。笔者认为，由于我国的自然资源权属法律理论体系基本承袭了物权法或者财产法的衣钵，因此，考察西方自然资源的法律规制脉络，可以对无居民海岛国家所有的正当性提供理论支持。从罗马法的源头开始，英国普通法发展了公共信托的概念。这种普通法上的公共信托被美国司法实践所充实和发展。在美国1892年的Illinois Central Railroad Co. v. Illinois案件中得到了很好的阐述。该案件的主审法官裁决州政府受Illinois全体公民的信托管理芝加哥港口，因此，其无权将该港口转让给私人，该州立法机构无权转让该水下土地等自然资源。[2]与上述判例相类似，1967年的科尔伯格公司诉加利福尼亚州案件中，主审法官基于公共信托原理裁定加利福尼亚州加入联邦时，就作为受托人取得了对这些土地和航道的所有权。[3]渊源于美国判例法的公共信托理论，表明了政府等机构是受大众的委托而对水下土地资源进行管理。该理论被广泛应用到有关生态环境的保护和具有休闲价值的土地上。[4]

公共信托理论为某些特定自然资源的公共属性或者国家所有属性提供了

---

〔1〕 参见马得懿：《无居民海岛国家所有权之考察》，载《中国政法大学学报》2011年第6期。

〔2〕 J. Gordon Hylton, David L. Callies, Daniel R. Mandelker, *Property Law and the Public Interest*, Lexis Law Publishing, p.27.

〔3〕 参见刘俊：《土地所有权国家独占研究》，法律出版社2008年版，第115页。

〔4〕 [英]约翰·E.克利贝特、科温·W.约翰逊等：《财产法：案例与材料》，齐东祥译，中国政法大学出版社2003年版，第613页。

基本的理论支持，并且该理论随着实践而不断得到丰富。特别是海洋资源的稀缺性和海洋环境污染的严重性日益明显和国际化，公共信托理论被广泛地引入对特定资源的保护领域。这在1993年丹麦诉挪威的一个海洋划界案中得到了明证。[1]主审法官威伦莫特认为，现代环境法的最重要原则就是“地球资源的信托原则”。国家对自然资源的公共信托责任表明，土地等自然资源是家国之所在，生计之根本，不能沦落为个人的所有物，也不能在人们之间让渡。

国家公共信托理论催生了海洋等自然资源日趋国家所有化。发达国家土地等自然资源国家所有的比例越来越高，关于这一点，美国土地政策的转变是最能说明这一变化的有力证据。美国从独立以来相当大部分土地是公共所有的，直到19世纪90年代，其对长期的公共土地资源管理计划还没有给予足够的重视。然而进入20世纪，美国社会对无限制的个人经济主义丧失了大量的热情，社会把重心从经济发展转移到个人权利和公共利益价值上来。[2]事实上，许多国家不约而同地以不同方式和手段在奉行自然资源国有化政策，特别是在黄金等稀有资源逐渐被国家控制以后，20世纪中叶以来，自然资源国有化浪潮风起云涌，这强烈地表明公共信托理论的影响力日益强大，有力地矫正了自然资源私人所有的不足。

（二）自然资源财富取得思想为自然资源国家所有提供的经济学路径

当我们放眼西方各种纷繁复杂的经济学学说之际，着实令我们备感其漶漫不定。纵然如此，我们还是可以领略到西方各式各样的经济学基本路径为自然资源的国有化提供了一种另类的诠释机制——这就是自然资源财富取得思想。西方近代经济学者魁奈很早就认识到了劳动与土地资源财富之间的关系，意识到了劳动对于土地财富取得的重要性。[3]真正地表达土地财富取得思想的是亚当·斯密，而西斯蒙第则发展和丰富了这种思想。西斯蒙第正确地指出了土地财富的取得需要通过“开发”这一劳动才能把它变成自己的财富和财产。一切民族最初都处于一种“土地的共同体”之中，但不是一种法律的占

---

〔1〕 参见刘俊：《土地所有权国家独占研究》，法律出版社2008年版，第118页。

〔2〕 Eric. T. Freyfogle, “Land use and the study of Early American history”, *Yale Law Journal January*, 1985, p.736.

〔3〕 ［英］威廉·汤普逊：《最能促进人类幸福的财富分配原理的研究》，商务印书馆1986年版，第31页。

有共同体，因而也不是使用土地的或土地所有者的共同体。[1]上述几种关于自然资源财富取得思想实则为自然资源国家所有奠定了思想基础。这必然容易得出一个基本结论：土地的公有制是某些享有特权的机构比如国家所固有的偏好。

土地财富取得思想引发了土地国家所有的各种主张。英国人洛克第一次从哲学高度上阐明了土地资源国有思想。洛克从自然权利观点出发，在分析人类劳动与土地财产关系上，提出了劳动说。劳动说认为只要人有劳动依附在自然物之上，则其对该自然物就享有所有权。[2]后来法国学者卢梭第一次将土地所有权与主权关系进行了分析。卢梭把个人在土地上的权利视为一种从属性的权利，从属于其所谓的集体国家的土地所有权，同时揭示了国家土地所有权的职责。

（三）公法对海洋资源权属的干涉日益加重

在公法对自然资源所有权限制的视野下，国家权利具有天然的扩张性，各国纷纷改变资源所有权的国家政策，放弃以前固守的土地所有权私权至上的理念，不失时机地通过征收、征用将私人所有的土地转变为国家所有。近代工业革命开始，人类对自然资源的过度开发与利用，使人与自然的尖锐矛盾首先在石油、天然气等能源领域显现出来。石油、天然气等重要能源危机与人类生存和正常生产秩序的现实性与直接性，推动了资源性财产所有权制度向着其最终归属——国家所有发展方向迈向了实质性的一步，根深蒂固的私人财产所有权在自然资源领域首先被突破。[3]公法对海洋资源权属的干涉其实是自然资源社会化思潮的一种直接反映。自然资源所有权社会化的思想源自现实的需要，[4]这一点在海洋资源领域表现得淋漓尽致。

自由资本主义时期，由于实行所有权绝对原则，所有权被赋予绝对效力，结果造成社会财富日益集中于少数人手中，贫富悬殊，劳资对立，财富浪费等社会问题纷至沓来，并有愈演愈烈之势。在这种背景下，唯有对个人主义的所有权制度进行检讨和修正，方能缓解上述社会问题日趋激烈之程度。[5]随着

---

〔1〕［德］康德：《法的形而上学原理》，沈叔平译，商务印书馆2005年版，第188页。

〔2〕参见刘俊：《土地所有权国家独占研究》，法律出版社2008年版，第189页。

〔3〕同上书，第252页。

〔4〕参见马得懿：《无居民海岛国家所有权之考察》，载《中国政法大学学报》2011年第6期。

〔5〕参见马俊驹、江海波：《论私人所有权自由与所有权社会化》，载《法学》2004年第5期。

人类活动范围扩大，一个人在土地上行使权利将对他人产生重大影响。因此，在民法领域产生的所有权社会化思想，反映在政府的经济行为中就是国家干预理论。如果我们认真地考察一下西方稀缺自然资源国有化之路，那么就不难理解无居民海岛属于国家所有的必然性。第二次世界大战后，西方国家先后开展了一系列自然资源的国有化运动，以矫正自然资源私人所有带来的阻碍。[1]海洋国家的立法与国际海洋法的发展规律和发展脉络，昭示了立法矫正的努力。

（四）无居民海岛国家所有权是一种特殊的财产权：私权与公权共存

作为国家职能的履行者，政府机构既代表国家行使经济政权，又代表国家行使国家所有权，如果行政权与国家所有权一体结合，就使国有产权管理职能与政府行政管理职能不分，国家所有权呈现权力化的趋势，并且借用行政权限结构系统来实现所有权的流转，导致所有权权能的畸形与异化。[2]西方学者对自然资源所有权的研究，在逻辑上的分析有两条路径：一是道德评价视角，二是历史评价视角。道德评价视角的研究集中于自然资源所有权归属个人是否合理，是否公平，是对所有权发展的历史考察，往往与公平分配无关。历史评价视角则是充分梳理土地等自然资源所有权制度的历史变迁历程，对自然资源权属制度的实然考察。

故此，给予土地等自然资源所有权以富有理性的认知，则不能脱离中国的自然资源体制的现实，特别是不能对我国无居民海岛的权属制度和利用情境不了解。我国《海岛保护法》第4条虽然明确了无居民海岛属于国家所有，但是由于长期以来无居民海岛开发利用的混乱，导致了无居民海岛海洋资源性资产流失严重。[3]甚至在《海岛保护法》颁布之后，国家对无居民海岛等海洋资源的收益权也未得到充分体现，一部分无居民海岛资产的收益被企业或个人取得。其主要原因之一是法律明确无居民海岛国家所有权之后，我国至今没有构架起完整的无居民海岛产权配置制度。我国无居民海岛开发利用的实践和经验表明，仅仅在法律上明确无居民海岛属于国家所有是不够的，受到各

---

〔1〕 参见刘俊：《土地所有权国家独占研究》，法律出版社2008年版，第91页。

〔2〕 参见单飞跃：《论行政权限结构与国家所有权》，载《法学评论》1998年第6期。

〔3〕 所谓海洋资源性资产流失，是指海洋资源的所有者对海洋资源性资产的收益权未得到充分体现，从而使其一部分或全部应收的海洋资源性资产收益被其他单位或个人所取得的现象。

种历史、法律上各种因素的制约，构架完备的无居民海岛使用权属制度，才是有效遏制无居民海岛资产流失的有力途径。

民法学者一般认为国家所有权是私权，属于物权的一种，故而应该受到民法的调整。然而，"所有权不仅是民法的专有名词，也不仅仅是民法上的权利。在不同的语境下，所有权指政治法律中的所有权制度，是调整财产所有关系的法律规范的总称"，[1]但因为不同法律体系调整的社会关系不同，所以各自对所有权基本特征的理解及其设定的相关规则也有差异。如行政法上的所有权就可以对公用物和共用物作出规定，也可以对国家强制征收私人财产作出规定。随着社会的发展，所有权的界定越来越困难。所以我国《海岛保护法》第4条的规定是不值得奇怪的。正是从这个意义上看，无居民海岛所有权是一种比较特殊的财产权。这是因为：国家所有权在权利结构上，全体人民是权利主体，政府是权利的行使主体，而每一个社会成员对国有财产享有自由使用权，国家所有权对人民群众不应是法律的神话。国家所有权针对不同的财产客体，其权利的性质是不同的，他们既有私权利，又有公权力，但所维护的都是社会公共利益。国家所有权已与传统所有权的概念相去甚远，它是一种特殊的财产权，我们不可能再以传统物权和所有权的构成原理去规范它。[2]根据我国《海岛保护法》的立法宗旨，无居民海岛国家所有权并不是由国家行使，而是由国务院和各级政府代其行使。无居民海岛国家所有权的客体是无居民海岛上的各种自然资源的总括和周边的海域，并不具备特定物和独立物的特征。因此，考虑到物权法的一般法理，无居民海岛国家所有权还是具有很强的特殊性的。

从实际情况来看，无居民海岛归国家所有更有利于海岛资源的最大化利用和海岛的管理。从政治角度看，无居民海岛只有归国家所有，才是符合社会公共利益和政治利益的最优状态。作为重要海洋资源的无居民海岛属于国家所有是开展无居民海岛开发利用的基础，而构架完善的无居民海岛使用权属制度则是无居民海岛保护、开发利用以及管理的途径。实践表明，无居民海岛有偿使用实施的前提是无居民海岛资源产权的清晰。如果产权没有得到明确的界定，无居民海岛资源使用的排他性、可转让性和合法控制性则无从实现，

---

〔1〕 参见胡康生主编：《中华人民共和国物权法释义》，法律出版社2007年版，第97页。

〔2〕 马俊驹：《国家所有权的基本理论和立法结构探讨》，载《中国法学》2011年第4期。

更不能保证无居民海岛资源持续地产生经济效益。[1]

二、无居民海岛基本属性对无居民海岛所有权制度的影响

(一)无居民海岛在国家发展海权力量中的战略作用对无居民海岛使用权的影响

无居民海岛的基本属性不仅包括其自然属性,而且还包括社会属性和法律属性。无居民海岛的自然属性及其海洋资源属性,具有独立性、完善性和脆弱性。而其社会属性则囊括了其在维护国家海洋权益中的作用和保障国家安全以及促进经济发展中的功能。[2]无居民海岛的法律属性则往往与其社会属性相互融合和作用,这是国内法和国际法所赋予的属性。[3]国家的海权是指国家分配海洋战略资源的效率,这些资源被有目的地整合在一起,以达到国家在海洋或者滨海地区的一种预想的最终状态。海权的获得是通过海洋的有形资源和无形资源的不断融合而产生,它使国家能够利用其海洋基础资源并利用外部机会,建立有利于国家发展并且提高国家国际地位的持久性海洋竞争优势。一般地,国家的海洋能力通过控制海洋的能力、利用海洋汲取财富的能力以及由海制陆的能力体现出来。有学者认为,无居民海岛对国家发展海权战略的意义具有以下几个方面。其一,无居民海岛在国家利用海洋汲取财富能力方面的意义。第二次世界大战以后,世界上掀起了新的“蓝色圈地”运动。国际社会对这场圈地运动的应对是1982年《联合国海洋法公约》的通过和生效,从国际法的角度规范了这场“蓝色圈地”运动的方式和规则,海岛以及海岛附近的海洋本身成了国家领土的一部分。由于无居民海岛在海洋权属和海洋划界中具有重要作用,海洋中的无居民海岛的重要价值无疑十分巨大。其二,无居民海岛在国家控制海洋能力方面具有极为重要的价值。这种价值早在19世纪即被美国海洋战略家马汉所深刻意识到。海洋的物理性质使海岛在控制海洋中占有特殊的地位。从军事上讲,一个自然条件较好并且适合驻军的海岛就是一个海上据点和军事基地,借助现代化的舰队和空中技术力量的发展,它可以直接控制海岛周边的海域,且在海战乃至现代化局部战争中具有攻守的双

---

〔1〕 参见马得懿:《无居民海岛国家所有权之考察》,载《中国政法大学学报》2011年第6期。
〔2〕 参见穆治霖:《海岛权属制度研究》,中国政法大学2009年硕士学位论文。
〔3〕 参见马得懿:《无居民海岛属于国家所有的法理分析》,载《海洋经济》2012年第2期。

重作用。其三，无居民海岛在国家由海向陆能力中的作用。位于大陆边缘和大洋结合部的海岛的作用是双向的，是大陆的天然屏障，又是大陆向海洋发展的基地，同时也可以作为大洋向边缘海和大陆扩展势力的跳板。综上所述，无居民海岛除了本身构成国家的陆地领土之外，还在国家利用海洋汲取财富、控制海洋、国家由海向陆的海洋能力的培育方面具有不可替代的战略作用。[1]无居民海岛不仅具有强烈的资源属性，而且也在国家发展海权能力中具有不可替代的重要的战略价值。这为无居民海岛国家所有制度的巩固和发展奠定了基础。在此背景之下，以法律明确无居民海岛属于国家所有，是无居民海岛的战略性价值在私权领域内的反映，也是为了保护无居民海岛的有效方式和手段之一。

（二）无居民海岛开发利用现状对无居民海岛所有权的影响

无居民海岛令人忧虑的开发利用现状也是影响无居民海岛国家所有权的另一重要因素。无居民海岛开发利用中“无序、无度、无偿”必须终结，而在法律上明确无居民海岛国家所有权，也是构建合法有序的无居民海岛开发利用的法理基础。从国家行使管理公共财产的角度看，无居民海岛一般远离大陆，不适宜居住，与陆地和大多数近岸的有居民海岛有很大的差异。无居民海岛具有很强的海洋自然属性，在法律上属于典型的国家统一不可分割的“自然行政公共财产”，故而，无居民海岛应该属于国家所有，在法律制度中应当体现行政公共财产的特殊管理制度。[2]

我国无居民海岛属于国家所有，而每个自然人和法人都有权利去开发利用无居民海岛资源。因此，从这种意义上看，无居民海岛具有准公共物品的属性。无居民海岛的这种基本属性使无居民海岛的使用具有竞争性。而英国学者哈丁于1968年提出的“公地悲剧”理论，形象地道出了在资源稀缺情境下，个体追求个人利益最大化所导致的所有人的毁灭的经济学后果。无居民海岛在现实中的无度和无序利用以及造成的海洋环境污染则是“公地悲剧”的真实写照。根据巴泽尔产权理论，初始产权分配虽然和最终达到资源优化配置

---

〔1〕　刘新华：《论海岛对国家发展海权的战略意义》，载《中国海洋大学学报》（社会科学版）2007年第4期。

〔2〕　参见马得懿：《无居民海岛属于国家所有的法理分析》，载《海洋经济》2012年第2期；马得懿：《无居民海岛国家所有权之考察》，载《中国政法大学学报》2011年第6期；马得懿：《无居民使用权阐释：海洋属性与海权发展》，载《河北法学》2014年第7期。

的结果无关，但是绝对与达到这一结果的过程有关。[1]无居民海岛权属的重中之重是国家对无居民海岛权属的界定和管理。无居民海岛所有权内涵并不是一种单一权利，更不是一种虚幻的权属，而是隐含无居民海岛的使用权、占有权、处置权、监管权以及收益权等各种权利的权利群。

（三）无居民海岛国家所有的中国情境之分析

作为独立的地理单元，无居民海岛是一种特殊类型的土地。我国《海岛保护法》第4条明确了无居民海岛属于国家所有。下面的任务应该是诠释无居民海岛国家所有权的应然性和合理性，至少从某一角度来看可以明晰无居民海岛国家所有权在中国的必然性。依据我国相关法律，我国土地所有权有两种情形，即国家土地所有权和集体所有权，我国的《海岛保护法》规定了无居民海岛属于国家所有权的基础性规定。无居民海岛国家所有权的合理路径和基础是什么呢？

1.我国法下无居民海岛国家所有权是历史的选择

从历史的角度看，由于无居民海岛不具备产生集体主义土地所有权的制度成因，认为无居民海岛归属集体所有的观点缺乏法理依据。所有权为社会之产物，故其为历史的观念，而非逻辑的观念。任何一项所有权制度的形成，总有其历史成因。我国实行的农村集体所有权制度是随着中华人民共和国成立后所推行的一系列社会改革而确立起来的，是国家基于社会政策的考量，逐步改造农民私人土地所有权的结果。无居民海岛不同于有居民海岛，没有居民在那里世代耕作，一直被排斥于农村土地所有权制度的视野之外，在历史上法律也没有赋予任何主体对其享有所有权，无居民海岛在法律属性上应该被看作无主地。因此，无居民海岛属于国家所有完全符合法理要求。

2.无居民海岛国家所有权制度具有制度上的优越性

集体土地所有权权利主体的虚位和权利内容的残缺，是长期困扰众多法学家和经济学家的问题，犹如一把悬挂在集体所有权制度之上的“达摩克利斯”之剑。如果我们赋予无居民海岛以集体所有权的法律地位，权利主体虚位和权利内容残缺的问题将会接踵而至。在自然资源的管理实践中，由于缺乏必要的组织制度保障，它维护农民利益的可行性大打问号。“谁代表集体”问

〔1〕 参见乔俊果：《海洋资源过度利用的经济学分析及其对策探讨》，载《渔业经济研究》2006年第2期。

题的不明确，再加上“谁是集体”也存在争议。由于集体成员缺乏对土地的有效介入和控制，集体所有陷入了“人人所有、人人没有，谁都应负责，谁都不负责”的混乱境地，集体成员难以产生对土地的主人翁感，从而造成集体土地利用不足和使用不当的后果。[1]

3.无居民海岛国家所有权制度在我国社会经济体制下的可操作性问题

无居民海岛一般距离大陆较远，地理位置的特殊性决定了集体组织的控制力较差。无居民海岛的开发需要较大的投入，短期回报低，缺乏对无居民海岛的开发，农村土地承包制在无居民海岛上难以推行。这种情况就决定了无居民海岛比有居民海岛更不适合采用集体土地所有权制度。无居民海岛往往事关国家的重大政治、经济和国防利益，对无居民海岛的利用和开发将会受到大量的禁止性规范和义务性规范的限制。[2]因此，实行对无居民海岛的国家所有，有利于国家出于公共利益的考量对无居民海岛进行统一的规划和长远的建设。无居民海岛特殊的土地资源类型，其所有权性质属于一项重要民事制度，只能由全国人大及其常务委员会通过行使国家立法权，以法律形式规定。无居民海岛国家所有权制度的建立，对于改变因所有权归属不明导致的“无居民海岛无人管”的现状，对于防止“无度、无序、无偿”使用无居民海岛的发生，具有积极意义。

三、无居民海岛所有权制度的域外法考察

海洋国家无一不高度重视无居民海岛的立法，以规范无居民海岛的保护与管理。英国土地法下对于海洋资源包括无居民海岛的权属界定极为复杂。英国本属于一个岛国，根据英国的法律，英国本岛及其周边岛屿都属于英国国王所有，英国将土地分封给臣民，形成了独具特色的英国土地权属体系。通常，英国法下的海岛与其他土地一样，无居民海岛在权属流转上遵循不动产相关法律，除了大量的制定法外，还有更多的判例法和衡平法。而在美国法下，无居民海岛在美国并不是一个独立的自然资源类型，因此，美国联邦法体系中并不存在统一的无居民海岛专门立法。美国法侧重于将无居民海岛的所有权

〔1〕 参见税兵：《集体所有，还是国家所有？——我国无居民海岛所有权性质之辨》，载《中国海洋报》2005年9月27日，第3版。

〔2〕 同上。

与一般土地所有权视为相同。[1]但是从近年来美国通过的一系列相关单行法来看，美国将大部分无居民海岛或者特别类型的海岛进行非常严格的管理，并进行立法。[2]无论是美国联邦法律还是州法律对海岛特别是无居民海岛的立法，非常重视无居民海岛管理和环境治理以及生态保护等事项。但是对于在军事、科研、生态保护等方面具有重要价值的无居民海岛，美国法律则反映出强烈的国家意志和公共利益取向。而在亚洲的日本和韩国，由于独特的海岛国国情和国民强烈的海洋意识，法律对无居民海岛的调整十分健全。有关岛屿权属的法律规定集中在国土资源法律体系中。日本和韩国特别关注特殊用途无居民海岛的立法，诸如韩国实施了《岛屿开发促进法》。

从外国特别是海岛国的海岛立法可以看出，外国的无居民海岛的立法主要集中于行政管理或者经济开发层面，而有关无居民海岛权属问题特别是海岛所有权问题，一般遵循土地权属相关法律的规定，而无居民海岛是否允许私人所有则遵循一般不动产权属的一般规定。虽然各国法律将无居民海岛视为土地之一部分，导致海岛权属制度一般是构成土地资源权属制度的一部分，但是各国的土地资源国家所有的趋势日益显著，特别是无居民海岛国有化已经是不争的事实。尽管在西方部分国家无居民海岛属于私人所有，但是关于无居民海岛的治理被置于非常严厉的法律之下。[3]

四、无居民海岛所有权制度的中国法考察

我国相关法律不约而同地规定了无居民海岛属于国家所有。[4]这既是历史的必然，也是符合我国的立法价值取向的。《海岛保护法》基本属于行政法律，属于我国第一部专门规制海岛的保护与管理秩序的法律。该法是否可以立竿见影地实现立法目的和宗旨，这不仅取决于该法的立法技术，而且也需要未来一段时间的实践检验。笔者虽然不完全否认通过专门的无居民海岛立法

---

〔1〕 参见胡加强、宋洋、刘大海：《无居民海岛使用权流转法律问题探析》，载《海洋法开发与管理》2013年第2期。

〔2〕 例如1966年《美国资源和工程发展法》、1972年《美国海岸带管理法》、1978年《美国外大陆架土地法修正案》、1995年《美国国家儿童岛法》以及《鸟粪岛法》。

〔3〕 参见穆治霖：《海岛权属制度研究》，中国政法大学2009年硕士学位论文。

〔4〕 我国的《宪法》《海岛保护法》等法律以及部门法规都着如此类似的规定。不仅如此，我国的地方性法规也做了类似的立法表述。

以实现无居民海岛的治理具有必要性，但是笔者对于将无居民海岛治理中令人隐忧的局面仅仅归结于海岛立法不健全的做法，是持有一定程度的怀疑的。笔者认为，将我国无居民海岛主要问题的原因归结为相关法律制度不健全的说法是不严谨的。曾几何时，在我国盛行一种趋同的认识，即凡是某一领域出现问题，往往归咎于该领域的法制不健全。其实，这是值得反思和检讨的。事实上，规制无居民海岛的法律并非是一片空白，我国在《宪法》《土地管理法》《矿产资源法》《海洋环境保护法》以及《海岛保护法》等法律法规中都直接和间接规定了无居民海岛的治理规则，只不过某些法律法规的原则性比较强而可操作性比较差。

历史上，我国无居民海岛专门立法的缺少，事实上导致了无居民海岛保护与管理制度的不足，同时也形成了一些历史遗留问题。根据权威资料显示，我国无居民海岛的开发利用一度混乱无序。我国海岛开发并没有遵循可持续发展原则。我国《海岛保护法》虽然明确规定了无居民海岛属于国家所有，但是由于历史原因，也导致了法律上互相冲突的问题。20世纪50年代和80年代，我国浙江省的一些无居民海岛已经分别依法按照土地管理类法律或者林地等法律，由县级人民政府确权给了农村集体经济组织，并核发了土地证和林权证。根据我国《宪法》《土地管理法》《森林法》的规定，对这些已经确权给农村集体经济组织的无居民海岛，其所有权应该属于经济组织所有。这样自然导致了其与我国《海岛保护法》的相关规定互相抵触的情形。

我国无居民海岛使用权属的更为深层次的问题除了立法层面以外，还在于海洋意识的缺失。长期以来我国一直提倡以大陆经济为主，文化上也是以农耕文化为代表，因此无论是一般国民是历任统治者，大多认为只要通过陆权，国家的主要利益就能得到，甚至认为经济上也不需要海洋经济资源，因此历史上曾经出现过“禁海”时期，而这段历史与我国走向衰落的时期几乎同期。现在我国已经成为海洋大国和航运大国，海洋资源的综合利用将成为我国国民经济发展的一个极为重要的方面。[1]我国《物权法》和《海岛保护法》都先后创设了海域物权、无居民海岛所有权等。其实，在立法过程中，学者从理论的角度对有关海洋资源物权的设立持有不同观点。在传统民法理论下，

---

〔1〕 韩兴勇、郭飞：《发展海洋文化与培养国民海洋意识问题研究》，载《太平洋学报》2007年第6期。

民法上的物是物权法的核心和基本范畴，一般是指民事主体能够实际控制或者支配的具有一定经济价值的物质资料。物的基本特征一般为有体物，须为人力所支配，独立为一体，能够满足人们生活需要。历史上，海洋资源包括无居民海岛并没有成为民法上的财产权利的标的物。这是因为根据传统物权法的基本理论，无居民海岛并不能完全与物权法下的物的概念相吻合。19世纪以前，人类控制海洋的能力有限，人类对无居民海岛的开发利用远非对陆上一般意义的物控制得有力，由于人类对无居民海岛资源的利用开发程度较低，其经济价值难以直接用金钱衡量。这一点从法理学上也是很容易理解的。因为法理概念的内涵和外延不是固定不变的，它是随着社会生活的发展、法制水平和法学家的认识水平的发展而不断发展变化。概念主义把法律概念当作法学研究的主要任务，并主张法律概念是永恒不变和普遍适用的。事实上，不同的民族语言、不同时期、不同国家和地区、不同的法律制度、法律传统特别是不同社会制度中，都会有不同的法律概念。此外，即使是共同运用的概念也可能有不同的理解。〔1〕

然而，也有学者反对利用物权法下的概念去形成无居民海岛保护与管理的法律机制。这是因为，无居民海岛所遭受的侵害主要是环境与生态侵害，而不是民法意义上的以侵夺占有为主要特点的所有权侵害，因此不必借助于民法（私法）上的所有权制度来构建无居民海岛使用权属的法律机制。同时，“海岛”是国际公法上的概念，具有国家主权、领土的意义，对国际法上的“海岛”建立“所有权”不是很好的思路。而且在国内法中，物权法中的物权是指权利人依法对特定的物享有直接支配和排他的权利，其标的物必须是特定的。因此，无居民海岛上的土地、森林等自然资源，可以与有居民海岛的自然资源一样适用现行法律制度，不会妨碍对无居民海岛的管理。无居民海岛属于国家所有实际上指的就是无居民海岛的自然资源属于国家所有。〔2〕对此，笔者以为，上述观点反映出对国家所有权比较狭隘界定的倾向。如前所述，无居民海岛国家所有权关系中，既有私权，又有公权的关系，是一种特殊的财产权。

综上所述，无论在法理上还是在立法层面上，我国法律语境下无居民海岛国家所有权制度其理论基础虽然存有争议，但是明确我国无居民海岛属于国

〔1〕 沈宗灵：《现代西方法理学》，北京大学出版社1992年版，第153页。

〔2〕 本书编写组主编：《中华人民共和国海岛法释义》，法律出版社2010年版，第238～242页。

家所有具有很强的合理性和必然性。这主要是由无居民海岛的基本属性所决定的，即无居民海岛的自然属性、社会属性和法律属性，是法律上将无居民海岛视为一个整体的决定因素，同时也提供了无居民海岛管理的根本法律途径。

五、无居民海岛国家所有权功能释放的途径：强化无居民海岛使用权

所有权观念与制度时刻发生着变化。罗马法私权意义上的所有权制度是完全建立在个人主义基础之上的，认为所有权不仅是私人所有权，甚至共有的形态都不过是私人所有权的结合。然而，社会经济生活的多元化催生了当代所有权主体发生重大变异，现代私法终于承认了家庭合伙，国家可以作为所有权的主体。现代物权法下的所有权理论的丰富性决定了其变迁内容的广泛性。所有权权能的分离也是其重要变迁内容之一。在财产权利形态日益复杂的情境下，所有权的每一项权能都可以与所有权发生分离，并在此基础上形成由非所有人享有的各种权利。而当代物权法中不断增多的物权形式也证明了权能分离的多样性。而在诸多权能分离形式之中，所有权与经营权的分离是极为普遍和重要的形式。[1]国家所有权所处的历史条件与政治环境各异，功能不同，因此，为国家所有权做出一个抽象的统一的定义实属难事。由于不同国家的意识形态和社会制度不同，各国对国家所有权的内涵的界定也是不同的。[2]笔者认为，无论如何界定国家所有权，从物权的基本功能上看，明确了无居民海岛所有权属于国家，即是从法律上明确了无居民海岛权属，这其实也是为无居民海岛的保护和管理提供了坚实的法理基础。

对此，我们有必要做出更深层次的思考。我们不妨将问题的视角转向作为行政法的《海岛保护法》与财产权之间的微妙关系上。其实，早已有学者研究了财产权与行政法之间的辩证关系，在行政法中考虑财产权，符合财产权的公法化趋势，也符合行政法的私权文化。财产权公法化使财产权负有了承担实现公共利益以及其他社会功能的义务。财产权需要公法保护，特别是行政法保护。与之相应，财产权也对行政法产生了重要影响，如执法观念的转变、行政权的控制、法律体系的完善以及其他具体作用。[3]纵然学者对行政法与财

〔1〕 参见丁俊海：《所有权》，中国法制出版社2007年版，第23页。

〔2〕 佟柔：《民法学原理》（修订版），法律出版社1986年版，第158页。

〔3〕 毛玮：《论行政法的构建性与规范性》，载《现代法学》2010年第3期。

产法的关联度有种种不同的认知，但是行政法并不否认传统私法的作用，而是在承认个人和组织基本权利的前提下，在公共行政领域内为公法人和私人的行为提供规范性的准则。当今的行政权力一定频繁地涉足于民法的调整事项，但是，它只能在不违反民法的强制性规范与合同自由原则的时候才有效。正是在此意义上，正视市场经济下无居民海岛的利用是非常必要的，也可以从某一角度来审视《海岛保护法》的合理性和正当性。完善无居民海岛使用权属制度是我国无居民海岛国家所有权的功能释放的根本途径，更是实现无居民海岛国家所有权制度价值的需要。[1]

第四节　无居民海岛使用权的法律属性分析

一、《海岛保护法》视域下的无居民海岛使用权

我国《海岛保护法》的施行，从某种视角和逻辑上为无居民海岛使用权的法律属性作出了界定。然而，任何法学理论及其立法例都不可能穷尽纷繁复杂的社会生活。[2]在无居民海岛使用权制度的实践并不是很丰富的情况下，从某种角度来界定无居民海岛使用权属性的重要意义在于为无居民海岛的利用与管理提供理论支撑，为探索无居民海岛的利用和管理制度奠定基调。

《海岛保护法》的施行催生了学者对无居民海岛使用权制度研究的热情，无居民海岛使用权制度研究业已深入，并形成了相当成熟的观点。有学者根据2004年年底我国广东海域范围内若干无居民海岛向私人或者企业出租或者出卖的实践，认为当时“出卖”无居民海岛的实质是设定无居民海岛利用权。我国的宪法以及相关物权法语境下，无居民海岛属于国家所有成为必然；然而，无居民海岛开发与管理实践要求必须完善和构架无居民海岛使用权体系。尽管无居民海岛使用权同所有权一样共设于无居民海岛这一客体上，但是其设定方式却截然不同。无居民海岛所有权属于法定取得，而无居民海岛使用

〔1〕 参见马得懿：《无居民海岛国家所有权之考察》，载《中国政法大学学报》2011年第6期；同时参见马得懿：《无居民海岛属于国家所有的法理分析》，载《海洋经济》2012年第2期。

〔2〕 参见马得懿：《无居民使用权阐释：海洋属性与海权发展》，载《河北法学》2014年第7期。

权一般应该属于协议设定，[1]而且，在现代市场经济中，无居民海岛使用权通常可以以投标、拍卖经营权的方式配置无居民海岛的占有和利用，并以证照确定和显示无居民海岛的使用权利。由于支付了对价，代表特定无居民海岛使用权的证照具有了确定的财产利益，因而，占有和利用特定的无居民海岛也具有了财产的性质和意义。[2]虽然上述对无居民海岛使用权的界定和认定具有一定的历史局限性，但是其基调是强化无居民海岛使用权的功能，同时也表明了无居民海岛使用权在行使过程中受到制约的应然性。

事实上，在我国《海岛保护法》起草、调研以及不同阶段的审议中，对无居民海岛使用权法律属性的争论从来没有停止过。通过对立法背景和立法素材的简单考察，可以为人们理解无居民海岛使用权提供某种裨益。[3]在多次《海岛保护法》无居民海岛使用权论证会议上，有学者认为应该慎重处理无居民海岛的出让问题，将无居民海岛转为有居民占有和使用时，应当考虑两个因素：一是无居民海岛使用主体必须为中国公民或者单位，二是无居民海岛使用主体不得转让其使用权，[4]如放弃使用权，应将无居民海岛使用权退还给国家。在无居民海岛立法研讨中，更有学者认为无居民海岛使用应该视为军事设施的使用，立法上应该采用非常严苛的处理。无居民海岛的开发利用应当最大限度地发挥现有用益物权法律制度的作用，还应当包括为科研、教育等使用目的的开发利用活动。因为无居民海岛所有权在宪法上可以找到支持，故而从某种角度上看，公有制下的所有权事实上处于虚置状态，至多只是影响无居民海岛的管理权分配，而无居民海岛使用权和用益权分配才更具有实质意义。[5]

由此观之，无居民海岛使用权的法律属性的界定，其实并不是很容易的事情，更不能套上传统物权法意义上的用益物权的模式就可一蹴而就。无居民海岛作为重要的海洋自然资源类型之一，其所有权一般是来源于自然资源属于国家所有的法理。[6]我国一些学者曾经将海洋资源所有权认定是以国家为特

---

〔1〕 参见胡吕银：《"出卖"海岛的法律问题探析》，载《甘肃政法学院学报》2005年第3期。

〔2〕 同上。

〔3〕 参见马得懿：《管制—自治模式下无居民海岛使用权流转问题探讨》，载《东北财经大学学报》2014年第2期。

〔4〕 同上。

〔5〕 参见本书编写组主编：《中华人民共和国海岛保护法释义》，法律出版社2010年版，第241页。

〔6〕 参见马得懿：《管制—自治模式下无居民海岛使用权流转问题探讨》，载《东北财经大学学报》2014年第2期。

殊民事主体的私权，这一点是非常值得商榷的。其实海洋资源所有权的本质属性并非一项单纯的私权，而是借助某种私法形式或者概念为手段来实现的公共性权利和权力，是某种权利和权力的复合体。在这样的框架下来认知无居民海岛使用权，无居民海岛使用权必然是具有公权和私权混合性质的模式，是受到公共权力限制的一种权利。因此在大多数情况下，单纯的无居民海岛使用金并不能体现国家与使用者"交易"的"对价"，[1]国家是通过使用金与基于公共利益的考量而对无居民海岛使用者课以限制性义务。由于无居民海岛不仅具有经济利益，还承担着生态保护等多方面的功能，故此无居民海岛使用权的取得并非全然以无居民海岛使用金为对价，同时无居民海岛使用权在行使中受到很大的限制。

自然资源物权化的争论从未曲终幕落。《海岛保护法》分别界定了无居民海岛国家所有权和无居民海岛使用权。[2]对无居民海岛使用权的认知并不是一件轻松的事情。倘若将无居民海岛视为一种自然资源作为前提，在自然资源物权的框架下来考察无居民海岛使用权，也有值得商榷之处。对自然资源而言，纯粹在私法的范畴尝试寻找理论突破点以及寻找解决问题的思路存有不确定性。作为一种颇为时髦的手段，准物权客体的界定采用多视角模式的弹性标准，如果将准物权的客体界定为自然资源，或需要限缩准物权的范围，可能无法清晰地揭示有关现象，暴露出中国现行法及其理论的缺陷。自然资源界定为准物权的客体，只有将权利抵押权和权利质权排除于准物权的体系才可成立。[3]故此，探究无居民海岛使用权的法律属性，必须明确合适的进路，否则，将失去探讨问题的前提和基础。

我国《物权法》《海域使用管理法》以及《海岛保护法》的出台，再次掀起了海洋资源"使用权"立法模式的勃兴。由于海岛及其周边海域的系统性，海洋历来具有"公物"属性，在我国所采取的以民法用益物权为框架来界定国有公共资源使用权制度的立法思路之下，公物概念的缺位使"公物"与"私物"

---

〔1〕 参见马得懿：《无居民海岛使用权阐释：海洋属性与海权发展》，载《河北法学》2014年第7期。

〔2〕 参见《海岛保护法》第4条和第31条。

〔3〕 参见崔建远：《再论界定准物权客体的思维模式及方法》，载《法学研究》2011年第5期。

的区分无从显现，[1]这一度成为我国民事立法与法学的惯性思维。但是，如果将无居民海岛使用权简单雷同于海域使用权予以认知的话，可能与无居民海岛的复杂价值体系相悖。[2]

由于“自然资源”的类型极为复杂，而且对“自然资源”的精确界定无法尽善尽美，当探讨无居民海岛使用权问题时，[3]仍受既有理论体系束缚。基于无居民海岛是集海洋属性与陆地属性于一身的特殊陆地区域，而且在我国法律体系下无居民海岛保护也涉及周边海域生态系统保护，[4]特别是无居民海岛历来属于“海洋中的政治性土地”，在“海域物权”视野下考察无居民海岛使用权显然具有不周全性。[5]故此，需要一种合适的逻辑进路来认知无居民海岛使用权。

二、无居民海岛使用权的多维审视：理性与困惑并存

（一）准物权视野下的无居民海岛使用权考量

在准物权下审视无居民海岛使用权问题具有很大程度的合理性。无居民海岛使用权取得方式上，基本上符合准物权的取得方式[6]。原始取得则以行政主管部门授予准物权为常态，即通过申请—审批—登记发证的程序取得准物权。根据《海岛保护法》第31条的规定，无居民海岛使用权的取得完全符合准物权的原始取得。

然而，作为一种理论体系，仅仅依赖取得方式的一致性即行政审批方式来推理出无居民海岛使用权属于准物权，未免有失其严谨性。由于作为特殊区域的无居民海岛，其可能成立多种“权利”，即便确立自然资源为准物权客体的学说，也应当进一步类型化。因此，准物权框架下的无居民海岛使用权的定

〔1〕 参见马得懿：《无居民海岛使用权阐释：海洋属性与海权发展》，载《河北法学》2014年第7期；马得懿：《管制—自治模式下无居民海岛使用权流转问题探讨》，载《东北财经大学学报》2014年第2期。

〔2〕 参见马得懿：《无居民海岛使用权阐释：海洋属性与海权发展》，载《河北法学》2014年第7期。

〔3〕 一般地，根据1982年《联合国海洋法公约》或者相关国内法，无居民海岛在海洋划界等方面具有重要的法律效力。

〔4〕 参见我国《海岛保护法》第2条的规定。

〔5〕 参见马得懿：《无居民海岛使用权阐释：海洋属性与海权发展》，载《河北法学》2014年第7期。

〔6〕 一般地，通说认为准物权的取得也有原始取得和继受取得的区分。

性，在于其取得模式上，由于在中国现行法及其理论上，自然资源系一抽象的、统一的“物”或者“不动产”。[1]因为《物权法》第122条和第123条被置于我国物权法“用益物权”的一般规定中。然而，无居民海岛使用权与作为私权体系的用益物权存有多角度的“不适”。

如果将无居民海岛视为一种海洋资源类型，那么，无居民海岛可以分化为水资源、土地资源、矿产资源以及珍贵生物资源等。但是，这样的推理虽然具有其合理性，但是同时也引发了更为深层次的诟病。无居民海岛是何种类型的自然资源？这其实是一个很复杂的问题。自然资源的类型各异，引发准物权理论的不断反思。物权法视野下的无居民海岛使用权具有理性，但是其理论层面上的困惑也是存在的。更何况，准物权的类型无法穷尽，无居民海岛使用权其实无法从准物权的角度做出合理的诠释。[2]从这个意义上看，在准物权框架下探究无居民海岛使用权的界定及其法律属性等基本理论问题并非轻松的事情，其存在的理论范畴上的困惑无疑很多。

（二）生态化下的无居民海岛使用权

在传统人际伦理观下资源立法将人与资源的关系看成绝对的物权主体与物权客体的关系。这种价值驱使下的自然资源立法所带来的灾难性负面影响很快让人类警醒，人类充分意识到其错误，促进自然资源物权立法应凸显生态伦理价值的勃兴。[3]在生态主义运动的助推下，环境法从此勃兴。20世纪70年代“环境权”理论逐渐被认可。环境“新财产权”理论价值不在于保障环境财产利益在全社会分配上的道德合适性，而在于为环境危机日趋严峻形势下环境保护运动的推进提供理论支持。[4]作为海洋意识强烈的国家，美国历来高度重视无居民海岛的保护与开发，形成了颇有特色的无居民海岛集中管理体制。美国路易斯安那州法院审理的*Eldon Cheramie v. J. Wayne Plaisance Inc.and*

〔1〕 我国学者崔建远教授认为，将准物权的客体界定为自然资源且成为通说，就必须清醒地认识到我国物权法的设计以及相应的物权理论存在的不圆满之处。因此对无居民海岛使用权的审视，存在理论上的困惑是必然的。参见崔建远：《再论界定准物权客体的思维模式及方法》，载《法学研究》2011年第5期。

〔2〕 一般地，学者倾向对属于用益物权的权利类型要使之“物权化”；而对于准物权，则不能一味地“物权化”。因为自然资源使用权、准物权与物权的法理基础并不相同。

〔3〕 参见马得懿：《无居民海岛使用权阐释：海洋属性与海权发展》，载《河北法学》2014年第7期。

〔4〕 参见刘洪岩：《环境法的肇起：自然理性的回归与法学革命》，载http://www.iolaw.org.cn/showArticle.asp? id=3309，2015年3月25日访问。

*T.Barker Smith & Son.Inc.*一案中，强化了无居民海岛开发中环境保护的高标准。[1]同样，在*Ross W.Wood and Richard D. Wood v. John A.Warner, Bernard Vetterlein, and Charles F.Tay.*一案中，也明确了无居民海岛开发准入标准的严厉性。[2]我国《海岛保护法》第31条第1款的规定，彰显了基于环境保护的理念，无居民海岛使用权的成立具有独特的法律特点。然而，基于环境法理念的考量，无居民海岛使用权的设立具有一定的限制性条件的制约或者例外。由此观之，对无居民海岛使用权全视角的解读，仅仅依赖私法的角度是不全面的，而将其全然置于环境法语境之下，亦未必能科学地认知无居民海岛使用权的属性。自然界的一次次报复对陶醉于"自然征服者"之中的人类提出了警告，也促使了人类对系列"征服自然"成果中环境破坏结果的反省，促进了基于过错责任原则而对环境破坏行为进行规制的法律规则的填补。[3]在生态化理念下，要求无居民海岛使用权人兼顾经济利益与生态利益，在维护海洋生态环境的前提下获取经济利益。

（三）无居民海岛使用权的合理性审视：一种总结

显然，在某种特定语境或理论框架下界定和认知无居民海岛使用权，显然有这样或那样的困惑。《海岛保护法》设定或隐含着传统私权制度的色彩。[4]该法第4条和第31条的规定造成了学理上的合理性与困惑并存的书面。[5]其利用私法的概念或者手段明晰了国家与无居民海岛使用人之间构成的关系乃一种具有平权性质的民事关系，或者至少隐含着部分这样的关系。无居民海岛使用权是一种以无居民海岛为客体所形成的财产权，如果套用私权体系下的物权概念，则可以简单地将无居民海岛使用权描述为传统私法下的权利。[6]显然，上述对无居民海岛使用权的界定是一种比较简单粗糙的模式，套用私法的概念色彩浓厚，并不能完全揭示出无居民海岛使用权的应然属性。

毋庸置疑，无居民海岛使用权必然与无居民海岛国家所有权互为关联。因此，考察自然资源国家所有权的各种学说，对于系统地理解无居民使用权将

〔1〕参见No.C 1779.March 2, 1992。
〔2〕参见461 U.S.273, 103 S.Ct.1811, 75 L.Ed 2d 840（1983）。
〔3〕参见钭晓东：《论社会变迁与环境法律规则运行模式的演进》，载《河北法学》2008年第3期。
〔4〕参见我国《海岛保护法》第4条和第31条的规定。
〔5〕参见马得懿：《无居民海岛使用权阐释：海洋属性与海权发展》，载《河北法学》2014年第7期。
〔6〕同上。

有裨益。自然资源国家所有权的复杂性在于，它需要同时实现诸多的社会功能，既要保障宪法明示的生产资料公有的基本经济制度，又要实现民法担负的定纷止争、物尽其用的规范任务。自然资源"宪法所有权—民法所有权"的双阶构造学说，立足于复数权利义务关系的分析进路，相对合理地解释了公私法交错背景下自然资源所有权的法律机理。[1]然而，自然资源国家所有权"物权说"值得进一步反思。"物权说"在貌似合理的表象下包含着诸多难以解释的矛盾。这些矛盾包括物权主体的实体化与"全民所有"的抽象性之矛盾、物权客体的确定性与自然资源的不确定性之矛盾等。[2]

由此观之，自然资源国家所有权理论虽有争议，但仍具有某些共性，即其混合权利（力）的属性。由此推论，以自然资源国家所有权为铺垫，无居民海岛使用权可以简单地诠释为一种兼具私权和公权色彩的权利。无居民海岛使用权的创设，一方面丰富了传统的物权法理论体系，另一方面亦深刻反思和检讨着海洋资源权属制度。对无居民海岛使用权法律属性理论范畴的系统研究，丰富和发展海洋资源权属和利用法律理论的同时，亦可以激发相关理论的研究热情，诸如国家所有权理论，海洋自然资源使用权理论以及准物权理论等。

三、海洋"公物"属性与无居民海岛使用权

一直以来，海洋被视为"共用物"，具有公物属性和"自然法之物"的特征。由于无居民海岛及其周边海域的系统性和一体性，因此，无居民海岛具有公物属性有一定程度的合理性。[3]如此，无居民海岛使用权的制度设计貌似很容易，好似有捷径可循，即通过引入"公物"概念的方式理顺私法框架下的无居民海岛使用权的制度模式。其实，这隐含着一种用尽传统私权理论、留恋传统用益物权理论的"既得权"的趋向。对于一个长期形成的理论体系及其指导之下行之有效的立法体系，基于对其既有地位和涵摄能力的敬畏，除非有足

〔1〕 参见税兵：《自然资源国家所有双阶构造说》，载《法学研究》2013年第5期。

〔2〕 参见马得懿：《无居民海岛使用权阐释：海洋属性与海权发展》，载《河北法学》2014年第7期。

〔3〕 正是基于海洋的公物属性的分析，我国学者张翔认为，应该在现有物权法体系之内引入公物的概念，关注其与海洋所固有的"公物"属性以及国民所固有的"自由支配权利"之间的协调。参见张翔：《海洋的"公物"属性与海域用益物权制度构建》，载《法律科学》2012年第6期。

够充分且正当的理由，不得设置例外。基于这一思路，对于自然资源物权的体系地位，我们应当比照自然资源的自身属性或其有关法律规定，对建构现行物权法体系的各种物权制度之适用于自然资源物权化，逐一来进行评价和分析。这样无居民海岛使用权可以自然照抄照搬海域物权的模式即可"完事大吉"。

上述貌似合理的解释和推理，其实并不是"无懈可击"的。我国物权法下对海域和无居民海岛等海洋资源的用益物权客体化的界定，是一种比较传统的立法模式。然而，由于无居民海岛具有多元的价值体系，无居民海岛使用权被视为"公物"上的用益物权，其法理基础基本上是被建立在私法上的用益物权体系模式予以解读。[1]就无居民海岛使用权而言，其法理基础与制度构建并非全然依赖于私法体系下的用益物权逻辑即可以解决那么简单。首当其冲的是，没有足够的立法例或者证据来证明，作为以"公物"为客体的权利从来不是以"对内排斥国民的自由支配"为内容是世界立法的通例。笔者认为，将无居民海岛开发利用与保护的机制简单化为传统私法的使用权制度，在解释学上只是存在某种角度上的合理性。即便是在这一过程中强化无居民海岛的"公物"属性，但是私法体系包括用益物权与所有权互为体系化的逻辑体系，如果对"无居民海岛所有权"不能科学地认知，或者"无居民海岛所有权"与"无居民海岛使用权"二者的内在理性关系不能明朗化，那么上述解释就不能令人信服，而且极易陷入逻辑混乱的状态。[2]在无居民海岛具有公物属性的前提下，将无居民海岛使用权游离于传统的用益物权体系之外的处理模式是十分复杂的。由于无居民海岛是多元价值的载体，故此，考察无居民海岛使用权的视角也是多元化的。

然而，在引入公物概念之后，似乎并没有完美解决无居民海岛使用权的全部问题，原因在于无居民海岛使用权与无居民海岛使用权的体系化诉求，决定了该问题是牵一发而动全身的问题。从法学体系化的角度而言，无居民海岛使用权的法律属性与无居民海岛国家所有权的属性是息息相关的。对无居民海岛国家所有权的认知，有利于我们比较系统地把握无居民海岛使用权的法律属性。国家所有权由私法和公法共同调整。所有权的行使和保护还需有相

〔1〕 参见马得懿：《无居民海岛使用权诠释：海洋属性与海权发展》，载《河北法学》2014年第7期。

〔2〕 同上。

关的部门法来加以规范，这里同时需要公法和私法。故此，即便明确了无居民海岛的“公物”属性和引入公物概念作为解决问题的途径，基于无居民海岛国家所有权的固有属性，以及无居民海岛国家所有权与无居民海岛使用权的内在关联度的考虑，其完美诠释无居民海岛使用权似乎缺乏一种严谨性。

四、无居民海岛使用权的另类阐释：海权发展的逻辑

我们从不缺少认知和阐释无居民海岛使用权的手段和路径。上文所述从海洋公物属性的视角来审视无居民海岛使用权既具有合理性也具有某种程度的缺憾。作为多元价值的载体，无居民海岛其实不仅仅是一种海洋资源，因此，考察无居民海岛使用权问题应该有更加广阔的空间和平台。既然纯粹在私法的范畴寻找理论突破点，以寻找解决问题的思路无法达到理顺无居民海岛权属关系和实现无居民海岛可持续利用和提升管理水平的目的，[1]笔者认为，应该在考察无居民海岛基本属性的基础上，尝试以国家海权的角度来诠释无居民海岛使用权是有益的。

（一）现代海权下无居民海岛的战略作用

美国人马汉在其经典名著《海军战略》中认为，海洋独特的物理性质使海岛在控制海洋中占有特殊的地位。当下，世界各国特别是海洋国家都认识到无居民海岛的重要价值。无居民海岛不仅构成一个主权国家的陆地领土，而且在国家汲取财富、控制海洋以及发展海权等方面具有不可替代的战略作用。由此观之，在界定无居民海岛使用权权属性质的基础上，勾勒出无居民海岛使用机制，特别是融入了民众的海洋意识和国家海权能力的无居民海岛利用机制，将是我国《海岛保护法》施行后应该关注的重要课题。

美国高度重视无居民海岛在发展海权方面的作用，因此美国的相关判例也都无一例外地赋予无居民海岛一种特殊的地位，而且无居民海岛的海权维护地位是无可撼动的。在*Tamarind Resort Associate*（*TRA*）*v. the Government of the Virgin Islands*案和*Court of Appeals of Maryland*, *David Clickner*, *et ux. v. Magothy River Association*, *Inc.*案中，[2]都显示了无居民海岛开发与管

---

〔1〕 参见马得懿：《无居民海岛使用权诠释：海洋属性与海权发展》，载《河北法学》2014年第7期。

〔2〕 参见191F.Supp.2d 161 54 ERC 1605。

理要极力维护美国的海洋利益，表明了无居民海岛使用权的公共属性。

(二)海权发展视域下认知无居民海岛使用权具有成熟的理论支撑与语境

1.国际法的财产权逻辑的成熟性

财产权逻辑进路促使人们认识到国际法实践在主权之外还存在或许更为绵长的动力，即财产权，从而有助于国际社会借鉴国内成熟的财产权法律经验，以推动国际法治。[1]国际法的财产权逻辑进路可以进一步佐证强化无居民海岛管理的价值所在。反之，理解财产权的内涵和运作机制，亦可以从国家主权或管理权的角度来展开，两者相辅相成，互为一体。由此观之，从海权发展的逻辑进路，可以对无居民海岛使用权予以阐释。

2."体系后研究范式"语境下无居民海岛使用权审视

我国基本上形成了比较稳定的海洋法律体系。在体系后研究中，研究的核心和焦点应该集中于或归结为中国问题中心主义。在目前的理论框架下，无居民海岛使用权问题的确是有争议的课题，因为我们似乎根本不能将传统物权理论套用在无居民海岛使用权的制度构架上。一个自然的想法可能是我们去寻求业已成熟的中国的物权法系统，以试图对无居民海岛使用权的理论与实践做出一个具有说服力的解释。诚然，一个国家现行法律承认的物权，不论是基本法规定的物权类型，还是特别法规定的物权类型，在法学上形成一个系统，这就是物权体系。毫无疑义，一个国家现有的物权体系，应该首先具有完整性，能够满足实践的要求；其次它还应该是一个和谐统一的整体。[2]我国《物权法》下的物权的法律渊源并不仅仅只有《物权法》，因此，中国的物权法体系还应该包括其他法律所承认的物权类型。这是引导我们考察无居民海岛使用权理论的原动力。无居民海岛不仅是1982年《联合国海洋法公约》框架下关注的热点内容之一，而且各个海洋国家对无居民海岛的立法异常复杂。在构建无居民海岛使用权的理论实践体系过程中，"域际交流"是值得提倡的，但是无居民海岛使用权制度的设计不能太过于迷信"域际交流"，中国本土的海洋法律资源应该得到充分利用和发扬。[3]

---

〔1〕 根据笔者的初步考察，蔡从燕教授首先系统地阐释了国际法的财产权逻辑的合理性问题。参见蔡从燕:《论国际法的财产权逻辑》，载《法律科学》2011年第1期。

〔2〕 参见王利明:《试论物权法中海域物权的性质和特点》，载《社会科学研究》2008年第4期。

〔3〕 这一点在我国《物权法》《海洋使用管理法》以及《海岛保护法》相关立法例中得到明证。

因此，阐释和构架无居民海岛使用权的理论不可以完全背弃传统的理论，更不能忽视我国的国情和本土无居民海岛法律资源。在设计无居民海岛使用权制度中，创新的精神是提倡的，但是这种创新是有理论依据的，遵循着循序渐进的原则，千万不可进行“天马行空”式的理论创新。故此，从海权发展角度来设计和诠释无居民海岛使用权，务必要充分利用我国成熟的法律资源，在科学合理的语境下诠释无居民海岛使用权。

(三)立法例的考察

1982年《联合国海洋法公约》第121条对海岛的界定具有很大的影响。[1]目前1982年《联合国海洋法公约》对海岛界定的影响比较大，并导致各国日益关注无居民海岛法律问题。其最根本的动因在于在1982年《联合国海洋法公约》框架下，无居民海岛的法律地位决定了无居民海岛不仅蕴含各种各样的海洋资源，而且无居民海岛周边的海洋权益的取得与无居民海岛密切关联，这导致了无居民海岛的开发与管理日趋成为各国关注的敏感问题。1982年《联合国海洋法公约》赋予无居民海岛国际法上的意义和地位。[2]由此各国日益意识到无居民海岛在海洋权益争端中的极富有战略价值。同时，无居民海岛周边蕴藏着巨大的资源。[3]1994年《小岛屿发展中国家可持续发展行动纲领》更是从国际合作层面上强化了无居民海岛开发与保护机制。[4]根据《海岛保护法》第57条对无居民海岛的界定，无居民海岛“不属于居民户籍管理的住址登记地的海岛”。[5]可见，我国法下的无居民海岛的概念具有中国的色彩，是以居民户

---

〔1〕 1982年《联合国海洋法公约》第121条第1款规定“岛屿是四周环水并在高潮时高于水面的自然形成的陆地区域”。公约的第2款规定：“除了第3款另有规定外，岛屿的领海、毗连区、专属经济区和大陆架应该按照本公约适用于陆地的规定加以确定。”第3款规定“不能维持人类居住或其本身的经济生活的岩礁，不应有专属经济区或大陆架。”

〔2〕 参见马得懿：《无居民海岛使用权诠释：海洋属性与海权发展》，载《河北法学》2014年第7期。

〔3〕 1982年《联合国海洋法公约》体现了海洋法的发展水平，更是海洋法宪章性文件。该《公约》虽然只有第121条规定了岛屿制度，但是岛屿(无居民海岛)在不同法律地位的海域中占有极其重要的地位。

〔4〕 韩国发布了《国家岛屿发展规划》《岛屿开发促进法》，日本发布了《日本孤岛振兴法》《日本孤岛振法实行令》，美国、加拿大、英国、荷兰、法国、瑞典、澳大利亚等国家也相继制定了有关海岛开发与保护的管理法规，这些法规的制定为这些国家在世界海洋权益争夺战中抢得了先机。参见王忠：《我国海岛法制建设探究》，载《太平洋学报》2006年第2期。

〔5〕 以1982年《联合国海洋法公约》为代表的一系列国际法相关法律文件，一般将海岛称之为“岛屿”。本书中用语“无居民海岛”和“无人岛屿”并没有做出具有法律层面意义上的区别，而是统一以“无居民海岛”作出表述。

籍管理为标准的定义。这种做法其实并不具有普适性。

（四）无居民海岛使用权的海权逻辑考察

1.无居民海岛使用权的独立性是其海权逻辑进路的基础

面对无居民海岛使用权法律属性的种种争论，我们就有了运用解释论来考察无居民海岛使用权法律属性的必要性。我国《海岛保护法》的实施，从某种视角和逻辑上为无居民海岛使用权的法律属性做出了界定。然而，任何法学理论及其立法例都不可能穷尽纷繁复杂的社会生活。从法学理论层面上考察无居民海岛使用权的法律属性，在目前成熟的知识框架下，至少可以从两种基本思路展开认知。第一种思路是不强调“无居民海岛使用权”的物权法意义上的独立性和科学性，将“无居民海岛使用权”适当分解为无居民海岛上的土地承包经营权（农林牧渔的权利）、建设用地使用权（建造建筑物的权利）、地役权等。该思路显然是将无居民海岛这一地理单元上的各种自然资源诸如土地资源、农林牧渔资源分别以传统用益物权的框架来逐一分门别类地解释，由于无居民海岛本身的特殊属性使然，笔者以为此种解释实属粗略。第二种思路是将“无居民海岛使用权”视为一个独立的权利，即无居民海岛使用权具有某种独立性的属性，这可以从我国《海岛保护法》的相关规定和语境中推定出无居民海岛使用权的独立性。此种所谓的无居民海岛使用权的独立性，为海权发展视角下审视无居民海岛使用权提供了某种基础。在我国《海岛保护法》起草、调研以及不同阶段的审议中，对无居民海岛使用权的法律属性的争论从来没有停止过。通过对立法背景和立法素材的考察和解释，可以为人们理解无居民海岛使用权提供某种裨益。[1]

海洋资源所有权的本质属性并非是一项单纯的私权，而是借助某种私法形式或者概念为手段来实现的公共性权利和权力，是某种权利和权力的复合体。在这样的框架下来认知无居民海岛使用权，无居民海岛使用权必然是具有公权和私权混合性质的模式，是受到公共权力限制的一种权利。[2]如此推理，为了发展国家的海洋能力，基于无居民海岛在发展海权和维系海权中的重

---

〔1〕 有学者认为应该慎重处理无居民海岛的出让问题，将无居民海岛使用权的转让时，应当考虑是否规定无居民海岛使用主体必须为中国公民或者单位，以及规定无居民海岛使用主体不得转让其使用权等。参见本书编写组主编：《中华人民共和国海岛保护法释义》，法律出版社2010年版，第239页；参见马得懿：《无居民海岛使用权诠释：海洋属性与海权发展》，载《河北法学》2014年第7期。

〔2〕 因此在大多数情况下，单纯的无居民海岛使用金并不能体现国家与使用者交易的对价。

要战略地位的考量，基于国家海权公共利益的需要，创设或者成立无居民海岛使用权便顺理成章。“法律是一个变量。法律的量可以用多种方式测定。”[1]无居民海岛使用权所蕴涵的海权发展的法律价值，也从某种程度上印证了前文对无居民海岛法律属性的阐释。

2.无居民海岛使用权的法律属性：解构与重构

前文对无居民海岛使用权的多维审视以及海洋属性与海权发展视域下的论证，其实质是一种将“解构—重构”的范式引入的过程。解构主义大师雅克·德里达（Jacques Derrida）的著作是解构主义法律哲学的智识源泉。其提出的解构策略在后现代主义批判西方传统文化和思想的创造活动中具有决定性的指导意义。不少法学家意识到解构方法可以用来研究法律教义中的传统等级概念的对立范畴，而且“法学家运用解构策略来质疑公法和私法之间的区分”。[2]由此，在不同视域下对无居民海岛使用权的法律属性得以阐释。

事实上，抛开“解构—重构”的范式，通过基本的法学文义推理，在《海岛保护法》的语境下展开无居民海岛使用权法律属性的探究，其得出的结论与“解构—重构”的范式下得出的结论，其实质是同出一辙的。有学者经过分析认为，无居民海岛使用权是关涉生态保护、国防安全、社会公正的权利，该权利的核心是一种突出公益与保护私益平衡的属性。这必然导致无居民海岛使用权人对国家承担的义务除依法缴纳使用金外，还要承担公共义务。[3]可见，基于《海岛保护法》立法背景知识与政策的考察和分析，对无居民海岛使用权的界定与前文对无居民海岛使用权的阐释殊途同归。诚然，法学语言具有天生的弱点，其无法对无居民海岛使用权的法律属性做出精确的描述，更不能穷尽其全部。“解构—重构”的范式下，解构的目的在于重构。重构范畴上无居民海岛使用权的法律属性，简约地说，应该是基于海洋属性与海权发展的目的或者语境，无居民海岛使用权是一种隐含着公共利益与私人利益的实现而兼具公权与私权属性的混合权利（力）。

---

〔1〕 参见唐纳德·J.布莱克：《法律的运作行为》，唐越、苏力译，中国政法大学出版社2004年版，第3页。

〔2〕 Douglas E. Litowiz, *Postmodern Philosophy and Law*, University Press of Kansas, 1997, p.90.

〔3〕 我国学者赵红梅教授基于上述分析，认为无居民海岛使用权的义务是一种积极性的义务，更多地表现为作为，而且这种义务是公法义务内化于公法赋予的特许权利的结果。参见赵红梅：《论无居民海岛使用权的法律属性》，载《中国海洋报》2005年9月27日。

前文以自然资源物权化的理论争议为切入点，力图消解无居民海岛使用权法律属性的各种困惑。无居民海岛使用权的多维解读，挖掘出无居民海岛使用权作为准物权的不严谨性；即便是在生态理念下考察无居民海岛使用权，其虽然具有很强的合理性，但终究是无居民海岛的海洋属性和战略价值使然，生态化下的无居民海岛使用权并不能全面涵盖无居民海岛使用权的法律属性。在引入无居民海岛属于“公物”属性的前提下，由于受到无居民海岛国家所有权理论的约束和影响，该视域下的无居民海岛使用权需要更进一步的完善和修正，况且，此种情境容易诱发无居民海岛使用权与无居民海岛所有权体系范畴上的冲突与不适，因为其毕竟没有完全脱离私权体系即民法用益物权概念的掣肘。

从海权发展的视域分析无居民海岛使用权的理性所在，是一种全新的视角，也是基于无居民海岛的特殊属性的考察而重新对无居民海岛使用权的界定和定位。笔者谨慎地认为，上述比较系统地诠释无居民海岛使用权，可能仅仅具有理论范畴上的价值，其实践层面上仍值得进一步检讨。〔1〕

〔1〕 参见马得懿：《无居民海岛使用权诠释：海洋属性与海权发展》，载《河北法学》2014年第7期。

第三章 无居民海岛开发与管理的理论与实践：中国与美国的比较

第一节 美国无居民海岛主要开发模式与集中管理体制

一、美国无居民海岛管理概要

无居民海岛管理制度是海洋综合管理制度的有机组成部分。无居民海岛使用权权属集中统一管理是传统海洋事务综合管理的升华。本章研究无居民海岛实施集中统一管理的必要性和可行性，并重点分析了若干管理制度。各国基于本国的国情，形成了各具特色的无居民海岛开发模式，比较有影响的开发模式诸如日本的孤岛开发模式、印度尼西亚无居民海岛租赁模式、“马尔代夫模式”以及“私人岛屿公司”模式等。[1]我国作为海洋大国，在充分借鉴他国无居民海岛管理机制的同时，必须根据本国的国情来探索无居民海岛开发管理模式。

就上述无居民海岛管理机制而言，笔者认为，对我国无居民海岛开发管理最具有借鉴价值的当属美国无居民海岛开发和管理机制。[2]美国是具有强烈海洋意识的国家。由于地缘、经济、法律环境以及海洋管理体制的因素，美国的无居民海岛开

---

〔1〕 参见我国海岛立法起草组所编撰的资料《海岛开发与涉外管理研究》，2009年版，国家海洋局主编内部刊物。

〔2〕 参见汪思茹、常立侠：《我国无居民海岛开发管理情况简析》，载《海洋信息》2014年第3期。

发模式值得认真研究。美国的海洋地缘和中国的海洋地缘具有某种程度的类似性，因此考察美国无居民海岛的管理法律机制，对中国而言具有借鉴意义。美国无居民海岛开发中的"分而治之"、保护优先下的开发模式、重在综合性的开发机制以及"公地信托"模式，形成了美国颇有特色的无居民海岛集中管理模式。[1]美国的海岛集中管理体制的形成是其长期奉行追求协调和高度重视无居民海岛战略价值的海洋政策的结果。美国无居民海岛丰富的立法例和司法实践表明，美国无居民海岛管理体制的核心是保护优先原则，并且适度追求"保护与开发"的平衡性。就我国无居民海岛的管理体制而言，应该构建富有中国特色的"集中统一"管理体制，在明确"集中统一"管理体制的法律内涵、必要性和合理性的基础上，深化和完善无居民海岛的行政建制是构建我国无居民海岛集中统一管理机制的重要途径。

二、美国无居民海岛主要开发模式

（一）无居民海岛开发中的"分而治之"

美国具有高度重视海洋问题的传统，其对无居民海岛的保护起步较早。虽然美国的岛屿资源众多，但是美国并未追求过度开发无居民海岛，而是采取区别情况"分而治之"的做法。美国对无居民海岛的管理主要体现在经济开发、军事利用、海洋生物保护以及海洋科技的研究上，对上述不同类型的海岛采用不同的开发模式，施行不同的管理机制。美国海军和美国海岸警卫队（USCG）定期巡视无居民海岛，美国有关环保部门或者非官方环境组织经常展开无居民海岛资源的科学研究。因此，有一些无居民海岛是只对科学家和研究人员开放的。而对于值得经济开发的无居民海岛，在有关机构的严格审批和评估之后，才予以谨慎开发和利用。[2]

美国的无居民海岛管理体制颇为复杂，但是总体而言，美国对无居民海岛采取分而治之、因地制宜的管理政策，以达到最大限度地利用并保护岛上的自然资源和稀有物种之目的。对于一些具有海洋战略地位的无居民海岛，美国政府更是凭借其经济实力而重点投资建设，构建其战略部署。而对于具有旅

---

〔1〕 参见马得懿：《美国无居民海岛集中管理体制及中国的选择》，载《财经问题研究》2013年第9期。

〔2〕 同上。

游开发、经济效益等资源的无居民海岛的开发，美国政府往往持有比较谨慎的态度。[1]这形成了美国针对不同类型和功能的无居民海岛的开发模式，采取“分而治之”的开发模式。

（二）保护优先下的开发模式

保护优先的开发模式是指海岛生态保护优先于海岛开发、利用等其他一切活动的开发方式。美国对拥有珍稀物种或历史遗迹的无居民海岛，往往采用严格保护模式，禁止一切机构进行一般性开发。以美国俄勒冈州为例，俄勒冈州政府建立了一个无居民海岛开发特别工作组，该工作组由负责自然资源事务的州长担任主席。其职责是制定俄勒冈州海洋资源管理规划，制定包括200海里专属经济区内无居民海岛资源的利用规划。[2]特别工作组建议建立海洋政策咨询委员会，对无居民海岛的开发采取审慎的原则，即对无居民海岛的开发，必须经过有关专家的评估和有关民众的听证，否则任何主体将无法获得开发无居民海岛的特权。[3]海洋专家在此委员会中担任重要的角色，对无居民海岛的开发规划、政策制定以及开发合作等诸多事项发挥作用。

（三）重在综合性的开发机制

与其他海洋国家的情景相类似，美国的海岛地区经济与美国本土相比相对落后。为了发展海岛经济，美国重视无居民海岛综合开发模式。美国大力推广海岛开发纳入“联邦贸易计划行动项目”。根据美国有关贸易协定的规定，海岛地区的经济和贸易也被纳入联邦贸易计划，该计划将通过吸引国内外的投资者，发展新产业和创造就业机会从而增强海岛经济实力。这些综合性的措施主要包括海岛计划署和美国与外国商业服务处向海岛地区提供的一系列投资项目，同时将海岛地区的进口纳入税收条约的谈判范围之中。通过美国的海岛项目可以看到，美国为了海岛地区经济的发展，将海岛的开发与其他经济开发活动密切联系起来，并鼓励引进外资，借助外力来促进海岛地区经济的发展。[4]不仅如此，美国发展无居民海岛经济，将环境保护、国家安全、海洋

---

〔1〕 参见梅宏、王霄：《美国海岛的管理与立法》，载《中国海洋报》2011年5月20日。

〔2〕 J.M.阿姆斯特朗、P.C.莱特：《美国海洋管理》，海洋出版社1998年版，第3页。

〔3〕 参见李人达：《海岛生态保护法律制度研究》，中国地质大学2010年硕士学位论文。

〔4〕 参见马得懿《美国无居民海岛集中管理机制及中国的选择》，载《财经问题研究》2013年第9期。

文化以及海岛物种保护等因素统统加以综合评估和考虑。[1]此种开发机制与印度洋小岛国马尔代夫的无居民海岛开发模式具有相似性。

（四）"公地信托"模式

该开发模式多见于远离美国本土大陆的岛屿开发模式，并且开发的动机是发展无居民海岛的经济。北马里亚纳群岛自由联邦（Commonwealth of the Northern Mariana Islands, CNMI）的开发模式最为典型。为了发展无居民海岛的经济，美国联邦通过法律逐渐赋予自由联邦更大的无居民海岛治理权。在英美普通法系下，无居民海岛通常被视为公地（public land），为了更加促进发挥无居民海岛的土地价值，在可以开发的无居民海岛上采纳灵活的融资机制，即将信托机制引入无居民海岛的开发中，并且成立北马里亚纳群岛公共土地公司（The Marianas Public Land Corporation），以便管理北部地区无居民海岛的开发利用，而且公共土地公司代表着公共的利益。[2]该机制下一些机构被法律赋予了受托责任（fiduciary duty），而且这种受托责任是高标准的，在管理无居民海岛土地时，一定要进行合理的、谨慎的、认真的投资，以满足高标准的受托责任。

为了强化对无居民海岛的管理，北马里亚纳群岛自由联邦还通过了第10-57号《公地法令》（Public Land Act, 10-57），建立一个相对独立的公地委员会，以强化对无居民海岛的管理和融资，因为他们意识到管理无居民海岛的责任对于维系公众利益的重要性。第10-57号《公地法令》的重要意义在于其完全改变了传统的公共土地的管理体制，而且其管理公地的法律依据是明确和独立的，富有权威性。其实，这个管理过程也是融资的机制，因为在开垦无居民海岛土地和商业租赁等都需要大量的融资需要，其主要方式是授权相关机构来承担的共债务，以资助收购私人土地做公共用途。

三、美国无居民海岛集中管理体制

一般地，海洋管理体制可以细化为三种模式，即集中管理型模式、半集中

〔1〕 参见马得懿：《美国无居民海岛集中管理机制及中国的选择》，载《财经问题研究》2013年第9期。

〔2〕 Blaine Rogers, Raising the Bar: The Commonwealth of The Northern Mariana Islands, the Public Land Trusst, and a Heightened Standard of Fiduciary Duty, *Asian-Pacific Law and Policy Journal*, 2006(2), pp.345-355.

管理型模式以及松散型管理模式。与世界上其他海洋大国无居民海岛的管理体制相比，美国无居民海岛管理体制属于集中管理机制。[1]集中管理机制是通过高层次、有效的政策协调达到海洋综合管理的目的。其主要特征是海洋管理职能分散在多个部门、建有海洋事务的协调机构以及具有统一的海上执法机构。[2]美国政府内政部之下单独设立诸多专门行政机构负责海岛的综合管理和治理，这些机构包括海岛事务办公室、跨部门海岛事务综合管理局、国家海洋和大气管理局以及内政部所辖的一些专业海洋资源保护机构。1999年美国建立了跨部门的海岛事务管理机构。该部门的主要职能是：（1）与美国内务部确认与美国海岛事务相关的问题，并在制定海岛政策和措施方面向美国总统提供建议；（2）与政府官员或者其他官员在有关海岛事务的问题上进行积极协商；（3）在涉及海岛问题时与其他任何政府执行部门和机构进行合作。[3]

美国每个州管理模式都是不同的。当然，由于美国在不同历史时期的海洋政策不同，其无居民海岛开发与管理体制也不是一成不变的。在这个国家历史上最初的163年中，沿岸各州一直管理海洋资源的开发与利用。1947年，在最高法院对“美国—加利福尼亚州”案的判决中这一局面被扭转，确立了联邦政府对高潮线向海范围内的所有海洋资源的管辖权。虽然1953年的《水下土地法》将3海里领海范围内的资源管辖权归还给沿岸各州，但是一项伴生性法律——《外大陆架土地法》明确确立了联邦政府对领海以外的海床和大陆架上所有资源的控制权。

四、美国无居民海岛集中管理体制的价值分析：美国的海洋政策

（一）追求协调的海洋政策

美国的海洋政策在矛盾中趋于综合性。在美国海洋政策形成的早期，美国虽然意识到海洋对于美国的战略意义，但是此时的海洋政策没有处理好一些矛盾，这些矛盾主要表现在：作为海岸带强国和海洋国家的美国利益的矛盾；国际主义和单边主义的矛盾；联邦政府和州政府在控制海洋资源方面的矛

---

〔1〕 严格地说，美国无居民海岛属于半集中管理型。

〔2〕 参见刘洪滨、倪国江：《加拿大海洋事务研究》，海洋出版社2011年版，第42页。

〔3〕 参见许长新、章燕：《海岛整治工程管理模式的比较研究》，载《海洋经济》2012年第6期。

盾；开发和环境保护的矛盾；私人和政府在资源开发中的作用的矛盾。[1]美国的海洋政策与欧盟的海洋政策同出一辙，欧盟也一直致力于综合性海洋政策的制定，把目标放在促进经济与社会发展和更好的就业上。海洋管理主要的复杂性之一是海洋管理中政府利益的多样性。造成这一局面的直接原因一是海岸海洋管辖权的三分制，即联邦政府、州政府和地方政府分别都有一定的管理职能，二是目前美国正在使用的分割的、单一目标的海洋管理方法。

为了克服上述体制上的弊端，美国逐渐意识到构建集中管理体制的重要性和战略价值。美国虽然最终没有签署1982年《联合国海洋法公约》，但是美国高度重视该公约所倡导的海洋管理的理念和核心精神。1982年《联合国海洋法公约》为国家全面、综合管理海洋提供了基础和依据，是“在建立海洋综合管理制度方面采取的一个大步骤”。[2]海洋管理中的行业、部门的“分离主义”，必然造成海洋政策的多元化和开发秩序混乱。沿海国家应该把海洋作为一个统一的自然地理区域，实行统一政策，综合管理海洋资源开发和空间利用，这就是最初提出海洋综合管理的认识基础。1972年美国颁布了《海岸带管理法》，标志着海岸带综合管理正式成为国家的管理实践行为，综合管理与行业管理相结合的管理时代已经开始。

（二）高度重视无居民海岛的战略价值

美国的海洋政策核心是凸显无居民海岛的战略价值。海岛在国家发展海权的战略中起着其他战略资源无法替代的战略作用。美国海洋战略专家马汉认为无居民海岛在控制海洋中占有特殊的地位。马汉特别看重的是夏威夷群岛的重要性，不是因为它有什么固有的商业价值，而是因为它在海洋和军事控制方面的有力地位。[3]美国等大国在世界各大洋抢占海岛，就是企图在世界各地建立起“桥头堡”，实现军队的前沿部署和存在。[4]

联合国海洋事务和海洋法处（DOALOS）不断跟踪世界各国在海岸带和海洋的综合政策体制方面的改革。斯泰拉·瓦列霍（Stella Vallejo）认为在制定

---

〔1〕　参见Biliana Cicin-Sain，Robert W.Knecht：《美国海洋政策的未来——新世纪的选择》，张耀光、韩增林译，海洋出版社2010年版，第10页。

〔2〕　参见［加］E.M.鲍基斯：《海洋管理与联合国》，海洋出版社1996年版，第148页。

〔3〕　［美］马汉：《海军战略》，蔡鸿干、田长吉译，商务出版社2003年版，第313页。

〔4〕　刘新华：《论海岛对国家发展海权的战略意义》，载《中国海洋大学学报》（社会科学版）2007年第4期。

一个体制建设战略时必须记住三个问题。[1]第一，必须把海洋问题提到公共政策议事日程上来，这样，就可以为制定一个综合性的国家海洋政策而探讨与海洋有关的政策。第二，国家海洋政策中规定的政策目标和优先项目必须有效地纳入国家发展规划中去。第三，各级政府以及所有有关方面，不管是私人的还是政府的，必须参与到综合海洋开发规划的制定和履行中去。[2]美国无居民海岛管理体制充分体现了上述理念。

第二节 美国无居民海岛集中管理体制的立法、司法实践与启示

一、美国无居民海岛管理体制的立法例

美国的政治体制和海洋政策导致美国无居民海岛立法比较复杂，形成了联邦海岛立法与州海岛立法并存的格局。导致此情境的原因之一是美国的土地制度和海岸带管理制度。美国的土地存在联邦政府所有、私人或公司所有、州和地方政府所有等所有制形式。联邦所有的土地又被分为五个相互独立的系统，[3]海岛在美国并不是一个独立的土地子系统或自然资源类型，因此联邦层面没有统一的海岛专门立法，有关海岛的法律规定分散于相关法律法规中。在对海岛权利及开发利用行为进行规范时，根据不同的需要适用不同法律规定。[4]美国各州法律中涉及海岸、海岛的数量众多，以环境保护、海岸带管理等法律为主，仅在罗得岛州就有《罗得岛州海岸开发法》《罗得岛州港口设施建设法》《罗得岛州油污染防治法》等十几个法律涉及海岛有关问题。这些法律规定均是把海岛作为某一自然资源类型从行政管理、自然资源和环境保护等

〔1〕 参见蒋帅：《浅析海洋综合管理问题》，载《海洋开发与管理》2009年第8期。

〔2〕 参见［加］E.M.鲍基斯：《海洋管理与联合国》，海洋出版社1996年版，第137页。

〔3〕 通常包括公园、野生动物避难所、森林、土地管理局管理的公共土地及荒野等。

〔4〕 1972年《美国海岸带管理法》和1978年《美国外大陆架土地法修正案》中，岛屿就被包括在海岸带或自然保护区的范围之内，遵循海岸带管理的规定。在1966年《海洋资源和工程发展法》中，岛屿被视为海洋环境的一部分被加以保护和管理。

方面加以规定。[1]由于美国的法治体制的特点，美国规制无居民海岛的各类法规、标准和示范法亦存在于美国各州。

美国海岛生态保护立法基本上属于分散立法模式，其关于海岛保护的规定就散见于各法律渊源之中。但美国也有专门的海岛生态保护立法，美国对于一些生态系统比较脆弱的海上岛屿，制定了专门的海岛管理规划，如美国的《山姆洛克岛规划方案》《威顿岛保护计划》等，在一定程度上体现了海岛专门立法模式的特点，但总体上，美国的海岛立法属于分散立法模式。随着时代的变迁、立法水平的进步，美国无居民海岛的联邦立法与州立法并存的模式日趋稳定。

二、若干涉及无居民海岛管理体制的立法例考察

（一）1961年《湿地贷款法》

美国最早的保护海岛的法律是1961年颁布的《湿地贷款法》，该法旨在便于联邦能控制一些为水鸟迁徙所需的湿地，但却遭到沿岸各州一些州势力的强烈反对和阻挠。由于地方当局没有能力对沿岸地区实施协调控制，使海岸带区域的开发利用活动失当，导致沿岸自然环境、自然资源遭到严重破坏。在这种情况下，联邦政府开始注意海岸带区域的土地利用问题，其中涉及无居民海岛开发与保护的规定。该法对无居民海岛的开发与治理虽有关涉，但是略显粗糙，可操作性不强。[2]

（二）1972年《联邦海岸带管理法》[3]

1972年《联邦海岸带管理法》（CZMA1972）奠定了美国无居民海岛集中管理模式。《联邦海岸带管理法》要求联邦办公室严格监督州海岸带管理规划的出台和执行，该办公室还负责州海岛的规划的联邦补助金。为了保证由联邦批准政府的各州规划的执行，该法授权商业部长评价州规划的实施情况。

---

〔1〕 比如1967年《美国加利福尼亚州海岸带条例》中调整的“海岸带”系指特定地理范围内的土地和水域，“向海延伸至州辖区的外界，包括所有沿海岛屿”。《美国康涅狄格州海岸带管理条例》把海岛作为天然海湾系统的一部分。《德克萨斯州自然资源法典》第61章第211条规定：“本条适用于任何一个划为州属公园或国家公园或者荒野保护地的岛屿或半岛，不论该岛屿或半岛是否与公共道路或港口相连。”参见马得懿：《美国无居民海岛集中管理体制及中国的选择》，载《财经问题研究》2013年第9期。

〔2〕 参见李人达：《海岛生态保护法律制度研究》，中国地质大学2010年硕士学位论文。

〔3〕 该法1972年10月27日由美国总统签署，1976年7月26日修正。

倘若各州没有达到国家标准的话，部长可扣留联邦补助金和收回联邦批准的项目。为了促进无居民海岛管理的不断革新，《联邦海岸带管理法》规定每一个州每年必须增加一定数量的资金直至达到联邦补助金的50%。为了支持州海岛管理的实行，《联邦海岸带管理法》许可商务部长在对无居民海岛管理进行研究的基础上为州的海岛规划提供技术上的援助。

此外，《联邦海岸带管理法》确立了一个由州和联邦政府共同管理的海岛和河口自然保护区的国家制度。[1]同时认可了在联邦和州政府之间达成的协议基础上所制定的国家海岸管理规划。依据法律规定，联邦政府为沿海各州提供资金援助，以实施州海岸带管理规划，而这个规划必须符合最低的联邦海岸管理标准。联邦政府为保证自身的活动，以及它所允许的活动所承受的法律责任，与商务部长所批准的州计划一致。这也被称为"联邦一致性准则"。联邦政府对各州不仅提供财政援助和承诺实施"联邦一致性准则"，而且鼓励各州在海岛资源开发利用上充分行使其权力。

（三）其他立法例

美国规制无居民海岛的立法众多。美国还有两部比较特别的法令，即1995年《美国国家儿童岛法》和《鸟粪岛法》。[2]与日本和韩国专门针对某个岛屿予以立法的模式不同，[3]美国无居民海岛专门立法主要致力于行政管理或经济开发层面，主要规制无居民海岛的开发秩序，而有关海岛权属问题一般遵循普通法下公共土地（public land）的法律规定。关涉美国海岛治理的立法还直接或者间接包括1978年《美国外大陆架土地法修正案》、1966年《美国海洋资源和工程发展法》《美国康涅狄格州海岸带管理条例》、1976年《美国加利福尼亚州海岸带条例》《环境政策法》《关于实施国家环境政策法程序的条例》《固体废物法》以及《海洋资源和工程发展法》等。

---

〔1〕《联邦海岸带管理法》第304条规定："河口自然保护区系指某种研究区，这种区域可以包括任何一部分或全部河口以及位于河口内、与之邻接或邻近的任何岛屿、过渡区和高地，它们在适当范围内构成一个自然单元而被保留下来，以便为科学家和学生提供机会，在一定时期内研究该区内的各种生态关系。"

〔2〕尽管这两部法令的名称中有岛屿字样，但这两个法令与其他国家以岛屿为名的海岛专门立法不同，只针对特定事项而非特定岛屿进行立法。

〔3〕日本先后颁布《日本孤岛振兴法》和《日本孤岛振兴法实施令》。该法案及实施令的立法目的是以迅速和强有力的措施实施基础事业，培养和增强经济实力。韩国制定《国家岛屿发展规划》和《岛屿开发促进条例》，后者已于1986年发展成为《韩国岛屿开发促进法》和《韩国岛屿开发促进法实施令》。

三、美国无居民海岛管理的司法实践

考察美国近50年来的关于无居民海岛的开发与管理体制的判例，其无不浸染了“分而治之”、可持续发展、综合治理的精神内核。Center For Biological Diversity v.Pirie案[1]奠定了特殊无居民海岛所拥有的物种或者生物种群保护的严谨性和迫切性。该案中由于美国海军在无居民海岛上进行射击训练而导致岛上的候鸟死亡，被美国的环保团体起诉。环保团体认为美国海军的行为违法了《行政程序法》(the Administrative Procedure Act, APA)和《候鸟条约法案》(the Migratory Bird Treaty Act, MBTA)。法官认为，在没有得到任何允许的情况下，被告不能以任何非故意(inintentional)等理由来抗辩其法律责任。该案体现了美国对于具有科研价值和生态物种价值的无居民海岛的极端的严格保护态度。尽管该岛曾经以租赁的方式用作商业开发，但是法院审理的三个相类似的判例，诸如*The Schmitts' Case*等，[2]都表明了特殊用途无居民海岛的物种保护责任是无法撼动的。

而the United States of American v. Massachusetts Water Resources Authority案[3]则强化了无居民海岛在向有居民海岛转化中的生态系统的维系的重要性。美国联邦环境保护署的执法行动在无居民海岛生态系统的维护方面，拥有不可挑战的权威和职责。同样，美国各州包括马萨诸塞州水资源管理局(MWRA)和都市事务监察委员会(MDC)在保护地面水、海岸带资源、海岛环境方面，在必要时刻都可以行使禁令救济(injunction)的命令，诸如要求有关机构建立过滤厂等，以净化海岸带中海岛周边的环境系统，大力提升保护公共健康的能力。为达到此目的，法官认为国会的立法应该更加严格，而且要不断修订有关立法。在本案中，法官的强烈的意愿是，纵使某些无居民海岛的开发具有明确的“商业性协议”的约束，在开发项目的规划上也符合合同的规定，但是在合同执行中的任何项目的变更，都要进行环境的重新评估，虽然根

---

〔1〕 191F.Supp.2d 161 54 ERC 1605.

〔2〕 461 U.S. 273, 103 S.Ct. 1811, 75 L.Ed.2d 840(1983).

〔3〕 97 F.Supp.2d 155, 50 ERC 1644, 30 Envtl. L. Rep. 20, 535.

据宪法"政府承担不会采取任何法律举措妨碍或限制合同自由的义务。"〔1〕

U.S v. Schmitt案〔2〕则加速了《维尔京群岛海岸带管理法案》(Virgin Islands Coastal Zone Management Act)的颁布，该法案的目的就是建立综合的无居民海岛管理机制。同时，该法案也彰显了一定程度的灵活性和开放性，即重注鼓励无居民海岛的"商业性范畴"的开发和利用，〔3〕这也是该区域海岛的属性和类型所决定的。从某种程度上看，美国晚近无居民海岛的开发与管理体制倾向于"开发与保护"平衡的模式，是一种"在保护中开发"和"开发中保护"的管理机制。

四、美国无居民海岛集中管理体制的解读

(一)美国无居民海岛集中管理体制是其海洋政策的产物

美国一直追求和构建与美国国家利益相匹配的海洋政策。自从"二战"以来，美国在国际海洋事务中一直处于领导者地位。美国为了授权沿海各州能够积极灵活管理无居民海岛，修订了《外大陆架土地修正案》，授权沿海各州在外大陆架决策中有更多的话语权。在此基础上，致力于强化美国海岸带的管理，不断完善海岸带旅游和休闲、洁净水和海岸带污染防治的机制。自从1972年《联邦海岸带管理法》生效以来，业已经历了数次的修改，其目的是实现以下海洋政策：第一，州海岸带管理计划应该朝可度量和绩效可监控的目标努力。第二，建立行之有效的国家海岸带管理机制之间的政策协调机制。第三，明确和支持在扩大的领海范围各州的职能的增加。〔4〕为此，美国积极构建无居民海岛的综合管理体制和框架，摒弃海岛管理中的"部门性的方法"。

正如1982年《联合国海洋法公约》序言中所说"各海洋区域的种种问题都是彼此密切相关的，有必要作为一个整体加以考虑"。〔5〕海洋综合管理一般

〔1〕 该案提及汉斯岛(Hans Lollik)是一个500英亩的无人居住的岛屿，位于海岸大约2英里。1964年，该无人岛的所有权为某公司，在岛屿的开发项目规划中确定属于"保密性质的"。法官认为这种保密的商业属性要决定让位于无居民海岛的环境保护责任。

〔2〕 See 999 F. Supp. 317.

〔3〕 参见马得懿：《美国无居民海岛集中管理体制及中国的选择》，载《财经问题研究》2013年第9期。

〔4〕 参见[美]比利安娜、罗伯特：《美国海洋政策的未来——新世纪的选择》，张耀光、韩增林译，海洋出版社2010年版，第10页。

〔5〕 海洋综合管理(Integrated Ocean Management)的特点是综合性，它强调用综合的观点、综合方法对海洋资源、生态、环境的开发和保护进行统一管理。

体现为政府间的综合、部门间的综合、国家间的综合以及学科间的综合。海洋综合管理是政府的一种宏观管理，具有战略管理的特征，其体现着生态管理的理念。[1]除了美国《联邦海岸带管理法》和《海洋保护、研究和保护区法》（MPRSA1972）可能的特例外，在20世纪70年代制定的大部分海洋法律本质都是单一目标的、面向部门的。这种分割方法与海洋系统本身的特点形成了鲜明反差。海洋系统本身是一个资源和过程高度相互作用的系统。海洋资源管理单一目的、逐一部门处理的方法产生的自然结果就是在各种海洋利用方式中没有明确确定一个优先考虑对象。[2]美国无居民海岛集中管理体制的衍生和成型，应该就是美国长期实行的海洋政策的产物。

（二）体系化的机构架构是实行无居民海岛集中管理体制的重要保障

美国无居民海岛集中管理体制下的机构架构是富有体系化的，而且机构职能明确。根据《联邦海岸带管理法》和《外大陆架土地法修正案》，[3]位于海岸带中的岛屿，适用美国关于海岸带的管理规定，而美国海岸带及其他海洋资源的主要管理部门是商务部下属的国家海洋与大气局。对海岸带中的海岛的资源与环境保护、海岛防灾减灾、海岛科学研究等事务皆由海洋与大气局及其下设机构进行管理，有关海岛的执法则主要由海岸警备队负责。对海岛上的联邦矿产资源，由内政部矿产管理局负责管理。

美国的海岛利用规划包括联邦规划、州规划、地方规划和区域规划等。严格地说，美国没有法定统一的全国总体规划，联邦政府主要通过制定相关的法律法规、政策来约束、引导地方的海岛土地利用及规划管理。各沿海州、县、市、乡有关海岛土地利用，除体现在总体规划中外，通常还包含和融合在各地制定的交通、海洋环境保护等规划及土地利用方针或规划政策之中，实施全方位、多层次的科学规划与完成的。

不仅如此，美国在实施无居民海岛保护优先原则的基础上，非常重视无居民海岛开发评估机构的职能建设。美国先后完善了无居民海岛开发的审查和市场准入标准，成立专门的海岛开发评估机构。海岛价格评估是成功控制海

---

〔1〕　参见王琪：《海洋管理从理念到制度》，海洋出版社2007年版，第79页。

〔2〕　参见［美］比利安娜、罗伯特：《美国海洋政策的未来——新世纪的选择》，张耀光、韩增林译，海洋出版社2010年版，第12页。

〔3〕　美国《外大陆架土地法》第201条的规定，美国海岸带的范围包括海岛。

岛产权流转的关键问题，因而在美国设有权威的估价机构，而且建立了非常完善的估价制度，所有无居民海岛的估价必须由政府具有资质的机构进行评估。[1]

（三）美国的启示

1.特别重视无居民海岛管理中的协调机制

美国无居民海岛集中管理体制涉及机构众多，因此管理协调机制非常重要。美国在原有的海洋管理机构的基础上，设立了新的海洋管理协调机构——新海洋政策委员会。新海洋政策委员会负责向总统和政府部门首脑提供海洋事务相关政策的制定和执行方面的咨询和建议，制定国家解决海洋问题的战略原则，协调联邦各涉海部门的海洋活动，促进政府部门、非政府部门、私营机构、科研机构和公众之间的伙伴关系，扩大宣传和教育海洋和海岛的战略地位，强化公众的海洋意识。笔者认为，应借鉴美国无居民海岛事务综合管理局的模式，在我国建立跨部门海岛事务协调机构。根据我国《海岛保护法》的规定，国家海洋主管部门和其他有关部门负责海岛及周边海域生态保护工作。但事实上，海洋行政部门在管理海岛事务过程中受到多重掣肘。因此，建议我国借鉴美国海岛事务综合管理局会的模式，建立一个海岛事务管理委员会。[2]

2.严苛的无居民海岛开发标准

美国施行严苛的无居民海岛开发标准，主要体现在环境标准和开发许可制度上。在无居民海岛开发项目的实践中，美国并不限于采用单一的许可证制度，除各主管部门签发的各种许可证之外，还需要获得海岸带使用许可证。在有偿使用方面征收多种费用，诸如区块租金和招标费等。近年来，美国创新海岛土地管理技巧——转移开发权，这种方法可以永久地保护重要生态区，

〔1〕 参见马得懿：《美国无居民海岛集中管理体制及中国的选择》，载《财经问题研究》2013年第9期。

〔2〕 根据2013年3月国务院机构改革和职能转变方案，重新组建国家海洋局。将现国家海洋局及其中国海监、公安部边防海警、农业部中国渔政、海关总署海上缉私警察的队伍和职责整合，重新组建国家海洋局。主要职责是，拟订海洋发展规划，实施海上维权执法，监督管理海域使用、海洋环境保护等。国家海洋局以中国海警局名义开展海上维权执法，接受公安部业务指导。为加强海洋事务的统筹规划和综合协调，设立高层次议事协调机构国家海洋委员会，负责研究制定国家海洋发展战略，统筹协调海洋重大事项。

促进开发集中到预定地点，并提供财务给无法开发其海岛的海岛所有者。[1]另外，《美国联邦宪法》《美国财产法》《美国公有牧地改良法》《美国联邦土地政策管理法》等法律中规定，都可适用于对海岛土地的征用。海岛土地征用必须具备正当的法律程序。除此以外，基于无居民海岛的价值体系复杂的考量，美国对于无居民海岛的管理制度日趋细化。美国有关机构根据无居民海岛的类型和地缘特征，将无居民海岛的保护级别细化为不同的等级，进而施行不同的管理举措。[2]

第三节 中国无居民海岛集中统一管理体制之考量

一、无居民海岛集中统一管理体制的内涵

我国《海岛保护法》第5条规定："国务院海洋主管部门和国务院其他有关部门依照法律和国务院规定的职责分工，负责全国有居民海岛及其周边海域生态保护工作。沿海县级以上地方人民政府海洋主管部门和其他有关部门按照各自的职责，负责本行政区域内有居民海岛及其周边海域生态保护工作。国务院海洋主管部门负责全国无居民海岛保护和开发利用的管理工作。沿海县级以上地方人民政府海洋主管部门负责本行政区域内无居民海岛保护和开发利用管理的有关工作。"根据该法的规定，我国对有居民海岛和无居民海岛采用不同的管理体制。无居民海岛实行集中统一管理体制，由海洋管理部门统一负责无居民海岛开发、建设、保护和管理，即统一规划、统一审批、统一管理。[3]无居民海岛集中统一管理体制的形成，绝不是历史的偶然，而是具有应

[1] 参见郭院：《海岛法律制度比较研究》，中国海洋大学出版社2006年版，第37页。

[2] 一般地，无居民海岛的保护级别可分为三大类：(1)保护利用类，此类无居民海岛离岸较近、交通便利，这些海岛可归入保护利用类。(2)适度利用类，部分偏远的海岛，至今未有任何开发利用活动的，可归入适度利用类。(3)严格保护类，该类海岛一般是建有领海基点标志、各种测量标志、观测台站、验潮站以及导航设施的无居民海岛，即为特殊用途海岛。对于该类海岛，应严格禁止或限制任何形式的开发利用活动。

[3] 统一规划，制定各级海岛保护规划；统一审批，由海洋管理部门一家受理无居民海岛开发利用申请，并报请国务院或者省级人民政府批准；统一管理，由海洋管理部门具体负责征收无居民海岛使用金，办理无居民海岛使用权确权登记发证手续，管理岛上建筑物和设施的建造和生态环境保护，并实施海岛巡航执法检查等。

然性的。从管理体制上看，这样的体制既符合无居民海岛的自身特点，也有利于无居民海岛综合价值的最大利用。我国海洋主管部门根据《海岛保护法》及国务院“三定”方案，承担海岛生态保护和无居民海岛合法使用的责任，避免了在管理力量上的重复建设，有利于提高管理效率，贯彻实施相关法律法规。“集中统一管理”不等于“集权”管理。《中国海洋21世纪议程》指出：“综合管理与行业管理有相辅相成的作用，都是海洋管理体系不可缺少的组成部分，而且不能互相代替。”海洋综合管理是海洋实践活动的必然要求，海洋行业管理是健全海洋管理体制的基础，海洋综合管理与海洋行业管理是共性与个性的关系。《中国海洋21世纪议程》在第7章“沿海区、管辖海域的综合管理”中提出建立海洋综合管理体制和协调机制。[1]海洋综合管理作为海洋管理的一种新形式，正是基于保护海洋生态系统平衡，解决人类开发利用活动中的各种矛盾冲突，实现海洋可持续发展目标的现实需要而产生。[2]

皮特（Peet）认为，因为海洋系统过于复杂，难以用一种单一的海洋综合管理系统来管理。综合管理一般来说不是取代行业管理，而是对行业管理的补充；在比行业管理更高的管理层次，政策综合执行效果往往最好。[3]由此观之，我国无居民海岛集中统一管理体制，其实质仍然是属于“海洋综合管理”（Integrated Ocean Management）模式。

二、无居民海岛集中统一管理的合理性和必要性分析

（一）无居民海岛的地理与地缘因素所使然

一般地，无居民海岛在地理上远离大陆，散落在浩瀚的大海上，需要专门的管理手段来进行管理，而多部门分散管理明显成本过高。根据权力和责任相对应的原则，如果在无居民海岛上同时设立土地、林地、草地等使用权制度，那么土地、林地、草地等相关主管部门应当履行相应的监管职能，承担相应的保护责任，这样必然会在面积狭小的无居民海岛上形成多部门管理的状况，不仅造成国家管理成本的加大，也不利于开展海岛保护工作。英国学者哈丁提出“公地悲剧”的理论，形象地道出了在资源稀缺情境下，个体追求个人利益

---

〔1〕 参见国家海洋局：《中国海洋21世纪议程》，海洋出版社1996年版，第39～40页。

〔2〕 参见王琪：《海洋管理从理念到制度》，海洋出版社2007年版，第75页。

〔3〕 参见国家海洋局：《中国海洋21世纪议程》，海洋出版社1996年版，第45页。

最大化所导致的所有人毁灭的经济学后果。无居民海岛采取集中统一管理制度,明确由海洋部门实行统一管理有利于我国海岛的可持续发展。

（二）构建中国特色“海洋综合管理”机制的尝试

虽然我国目前已初步建立起了条块结合的无居民海岛管理体制,不同的涉海部门都在加强对于海岛保护与利用的管理,但由于部门职能的局限性,从部门角度强化的行业管理,往往较多地考虑本部门和本行业的利益,而缺乏对国家整体利益的考虑,有的甚至为了当前利益不惜资源浪费或损害其他部门的利益和国家的长远利益。[1]《海岛保护法》在无居民海岛管理体制上的创新,厘清了海岛行政管理体制,从而规定海岛开发统一由海洋部门规划、管理、协调。根据决策理论,管理主体越多越分散,管理责任就会趋于松弛,难以实现既定目标。政府行使职能也是一种经济活动,有收益亦有成本,只有当其收益超过成本时,才是具有理性。政府在考虑是否履行某项职能时,首先要做成本—收益分析,这是所有经济活动中的通行准则。政府公共权力效益的提高意味着人们投入成本的增值,高效益的政府公共权力效益也意味着其成本的降低。[2]在依法行政原则指导下,我们应遵循权责统一模式。在多部门管理之下,无居民海岛的开发与管理牵涉过多管理机构,这显然不利于提升无居民海岛的管理效率。无居民海岛集中统一管理体制,为我国海岛资源产权体系的建立提供了制度保障。

（三）要意识到无居民海岛集中统一管理体制的负面影响

在探索我国无居民海岛集中统一管理体制,应该意识到该体制的瑕疵。为了防止海洋行政机构的独断专行,可以要求海洋主管部门接受第三方机构和社会的监督,对权利遭受侵害的人进行维权等。在确定海洋行政机构开发与管理无居民海岛职能中要融入海洋综合管理的机制与理念,凸显无居民海岛在国家海洋战略和增加海洋能力上的重要地位。同时,要积极完善集中统一管理体制所适用的领域和事项,明确该体制适用的例外领域与事项,诸如无

〔1〕 长期以来,我国海上执法力量缺乏组织协调性。为此,2013年3月实施国务院机构改革方案中,我国对涉海的海上执法力量予以整合,组建了中国海警局。

〔2〕 参见周珂:《论我国海岛的保护与管理——以海岛立法完善为视角》,载《中国地质大学学报》(哲学社会科学版)2008年第1期。

居民海岛上建筑物的登记、边防和海关等事项。[1]

无居民海岛集中管理体制在美国兴盛多年，该体制符合美国国家海洋利益的维护，是比较成熟和稳定的无居民海岛管理机制。当然，美国的法律环境、海洋战略、无居民海岛开发与管理情境与我国存有差异，笔者认为，不能机械地照搬照抄美国无居民海岛管理制度，而是在“体系后研究范式”下审视我国无居民海岛管理机制的完善与重构。[2]探索我国无居民海岛的行政建制是完善无居民海岛集中统一管理体制的重要环节。我国大部分无居民海岛的行政建制处于不完善或者空白状态。实践中，无居民海岛的经济效益得到过度的看重，而其行政建制则没有得到应有的重视。[3]国际法院的判例表明，国际法的理论与实践更倾向于有效控制理论或者实际控制原则的采用，故此，应该强化无居民海岛的行政建制，以突显控制和管理无居民海岛的决心和勇气。为此，可以尽快出台国家级海洋战略，统筹我国海洋管理，统一海上执法，两岸合作应对岛屿争端，加大资金投入展开海洋调查，改善我国渔民的民生以强化对主权争议无居民海岛的实际控制能力。我国无居民海岛的行政建制，是改进和深化我国海洋管理体制的重要环节。通过完善无居民海岛的行政建制，可以有效增强我国国民的海洋意识和完善我国无居民海岛集中统一管理体制。[4]

---

〔1〕《物权法》第10条规定：“不动产登记，由不动产所在地的登记机构办理。国家对不动产实行统一登记制度。统一登记的范围、登记机构和登记办法，由法律、行政法规规定。”在实践中我国的登记机构并不统一，而无居民海岛及其岛屿上建立的建筑物等登记的法律问题并不明确。

〔2〕某种意义上，我国基本上形成了比较稳定的海洋法律体系。法律体系形成之后的法治建设重点在于法律实施。在“体系后研究范式”中，研究的核心和焦点应该集中于或归结为中国问题中心主义。故而，应该提倡“立足中国场景中寻找中国问题。”开展奉行中国问题中心主义的体系后研究，首先要做中国场景中寻找真正的中国问题。然而，所谓“中国问题”并不是研究对象范畴导出的解读，而是包括研究主体及其与研究客体关联方式导出的解读。参见陈甦：《体系前研究到体系后研究的范式转型》，载《法学研究》2011年第5期，第16页中以降。

〔3〕越南非常重视无居民海岛行政建制，为此成立了越南海洋与海岛管理总局。越南制定《发展海洋经济和保卫祖国海域海岛的若干思想工作问题》，采取了有力的措施来完善越南无居民海岛的行政建制，这些举措包括鼓励向无居民海岛移民、强化岛屿的基础设施建设以及加强宣示主权的官方行为等。

〔4〕参见马得懿：《美国无居民海岛集中管理体制及中国的选择》，载《财经问题研究》2013年第9期。

三、中国无居民海岛管理实践的困局

无居民海岛价值体系多元化的属性决定了其开发与管理的复杂性。作为舶来品的行政私法理论，其引介到无居民海岛开发与管理实践的功效绝不能满足于理论层面上的探讨，而予以实证分析才具有价值。行政私法理论与无居民海岛开发与管理实践的契合性、主体以及法律规范的适用共同构架行政私法理论下无居民海岛管理机制。推进无居民海岛管理机制改革的法律进路在于探索无居民海岛管理合同的成型、行政许可的恰当适用以及管理机制中融入"管制—协商"程序规制。然而，实践表明反思和检讨行政私法理论亦具有正当性。行政私法理论下无居民海岛管理机制，不仅是弘扬和反思行政私法理论的本土化和实证检视的过程，而且是对行政私法理论的修订和改进。无居民海岛开发与管理实践，为我们认真总结和归纳行政私法理论所衍生的新合同类型提供了机遇和素材。

作为海陆属性兼备的特殊陆地区域，无居民海岛所具有的多元价值体系，决定其在发展海洋经济、弘扬海洋文化以及维护国家海洋安全等方面具有不可或缺的地位。海洋强国历来高度重视无居民海岛的立法和管理，形成了稳定和成熟的管理体制。[1]历史上，我国无居民海岛的管理和开发活动曾经一度失序，造成多方面的恶劣影响。痛定思痛，2010年3月1日我国施行的《海岛保护法》奠定了我国无居民海岛管理与开发的法律依据与框架，在海洋管理立法史上具有里程碑意义。而后，国家海洋局正式公布了首批176个可以开发利用的无居民海岛名录。[2]然而，由于我国并没有积累起丰富的无居民海岛开发与管理经验，探讨无居民海岛管理机制体制是一个值得高度关注的课题。无居民海岛管理机制绝非陆地管理机制向海洋的简单延伸。历史上，由于相关法律缺位和历史性因素，导致我国无居民海岛的开发秩序与管理制度一度呈现

〔1〕 参见宁凌主编：《海洋综合管理与政策》，科学出版社2009年版，第31、36页。

〔2〕 国家海洋局：http://www.soa.gov.cn/zwgk/gjhyjwj/hdgl_251/201211/t20121105_5337.html，2015年4月17日访问。

"三无"状态。[1]为了遏制这种形势，我国于2011年实行了《海岛保护法》。随后国家海洋局以该法为依据，相继出台了一系列无居民海岛开发、保护以及管理的办法和细则，基本上奠定了相对健全的无居民海岛法律体系。由于地缘、历史传统以及海洋文化和意识等因素的制约和影响，我国沿海地区的无居民海岛的开发、保护以及管理也存有一定的差异。显然，无居民海岛的开发与保护绝不能简单地套用陆上土地的开发与保护制度，更不是陆上土地管理体制的简单延伸。成熟而富有灵活性的无居民海岛的管理体制机制在我国尚未完全建立和形成。[2]

各国基于本国的国情，形成了独具特色的无居民海岛开发与管理模式，诸如美国的"联邦贸易计划行动项目"、日本的冲绳岛经济发展计划、印度尼西亚的无居民海岛出租模式以及马尔代夫的"马尔代夫模式"等。[3]我国沿海地方政府也积极探索富有灵活性的无居民海岛管理体制，形成了诸如海岛联席会议、"联众模式"[4]以及BOT模式等。《海岛保护法》实行以来，国家海洋行政管理部门高度重视无居民海岛开发与保护，积极探索无居民海岛开发与管理制度。截至2013年年初，通过中央财政海域使用金和海岛保护专项资金项目，三年时间国家共投入13亿元，完成了大约70个海岛的整治修复。另外，我国部分沿海地区在无居民海岛开发融资机制的创新方面积极尝试和探索，山东省和浙江省为了解决无居民海岛开发融资"瓶颈"问题，尝试通过无居民海岛使用权抵押贷款的方式来拓展无居民海岛的开发和管理的渠道。[5]然而，由于既有的海洋管理体制、历史因素以及长期积累的问题较多等原因，导致无居民海岛开发与管理秩序无法在短期内得以步入正轨。加之无居民海岛开发利用中的专业性和多元性，必然导致无居民海岛管理的复杂性。

当源自德国新公共行政法学派代表人物沃尔夫（H. J. Wolff）所倡导的行

---

〔1〕 长期以来，我国大部分沿海地区在海岛开发利用中一度出现的无序、无偿和无度现象，我国无居民海岛开发利用现状一度令人担忧。"无居民海岛"用语并非单纯法律意义上的概念，但是我国《海岛保护法》专门予以界定："无居民海岛，是指不属于居民户籍管理的住址登记地的海岛。"可见，我国法下的无居民海岛之界定与户籍管理制度相关联，颇具有中国特色。

〔2〕 参见马得懿：《行政私法下无居民海岛管理机制的实证分析》，载《法学论坛》2014年第6期。

〔3〕 上述无居民海岛开发与管理模式具有典型性，产生了较大的影响。

〔4〕 "联众模式"是我国浙江省探索无居民海岛开发实践形成的模式。该模式下将海岛资源开发管理引入到外部企业力量的方式，引入市场力量，缓解无居民海岛资源开发管理资金缺乏的问题。

〔5〕 参见http：//www.soa.gov.cn/bmzz/jgbmzz/hds/201302/t20130205_23894.html，2015年1月24日访问。

政私法理论作为舶来品被引介到中国之际，该理论以彰显“协商、沟通、合作的自治精神”，以革新行政管理模式为生命力，在学界曾经风靡一时，并被认为在资源开发与管理等领域有具独到之功效。就我国情境而言，行政私法理论只是处于“学说”式的理论探讨阶段，学者关注的焦点基本上驻足于对其内涵、性质和界分的研讨层面上。从这个意义上看，对行政私法理论展开实证研究实属必要。但是，令人感到漂泊不定甚至虚幻的是，行政私法理论在中国的实践价值果真存在吗？其在无居民海岛管理体制创新上是否可以有用武之地呢？行政私法下无居民海岛管理机制是一个真命题，抑或一个伪命题？[1]

创新无居民海岛开发与管理机制是一种社会管理创新。要将社会管理创新的各种探索整合为一个有机的、内在一致的机制，最重要的是需要认识社会管理创新的本质要求。社会管理创新的根本原因是社会冲突的压力和原有管理方式的不足。[2]现代行政法时刻在变革着社会管理的理念与手段，以图减损传统行政法模式的弊端。为此，努力探析无居民海岛开发管理机制在行政法理论不断更新的历史潮流中得到关注，便是情理之中的事宜。《海岛保护法》第5条确立了迥异于有居民海岛的管理体制，即集中统一的管理体制。实质上，该法所形成的无居民海岛管理机制是一种行政法上的传统行政机制，即高权行政手段。在传统高权行政手段下，我国海洋行政部门以《海岛保护法》为依据，至今先后实施了一系列部门规定或者办法（见表3-1）。[3]

表3-1　以《海岛保护法》为依据所制定的一系列规定或者办法

1	《无居民海岛使用申请审批试行办法》
2	《无居民海岛使用金征收使用管理办法》
3	《省级海岛保护规划编制管理办法》
4	《关于无居民海岛使用项目评审工作的若干意见》
5	《无居民海岛使用权证书管理办法》
6	《无居民海岛开发利用具体方案编制办法》

〔1〕　参见马得懿：《行政私法化下无居民海岛管理机制的实证分析》，载《法学论坛》2014年第6期。

〔2〕　参见湛中乐、苏宇：《社会管理创新与行政法形态之变革》，载《行政法学研究》2012年第1期。

〔3〕　参见马得懿：《行政私法化下无居民海岛管理机制的实证分析》，载《法学论坛》2014年第6期。

续表

7	《无居民海岛使用测量规范》
8	《关于无居民海岛使用项目审理工作的意见》
9	《海岛名称管理办法》
10	《无居民海岛保护和利用指导意见》
11	《无居民海岛用岛区块划分意见》
12	《无居民海岛使用申请书》
13	《无居民海岛使用权登记表》
14	《县级(市级)无居民海岛保护和利用规划编写大纲》
15	《无居民海岛使用权登记办法》
16	《无居民海岛开发利用具体方案编制办法》
17	《无居民海岛使用项目论证报告编写大纲》

上述法律法规彰显了高权行政手段下无居民海开发与管理活动的复杂性和高权行政执法高成本的特征，这预示着无居民海岛管理活动的艰巨性。我国海洋经济的发展，对无居民海岛管理体制机制也提出了高标准和要求。实践表明单单依赖高权行政手段，其弊端颇多。无居民海岛的类型复杂、开发与管理所需融资甚巨、无居民海岛在海洋权益方面的重要作用等因素，导致无居民海岛管理实践极具复杂性，进而给传统高权行政手段下无居民海岛管理带来困局，诸如无居民海岛管理效率低下、财政支出高而执法效果差、管理水平低下、管理行为不规范等。强化海洋管理是当前我国的重要战略举措。因此，改进传统高权行政手段下无居民海岛管理机制成为一种必然。

第四节 行政私法理论与无居民海岛管理体制的契合性

一、行政私法理论在中国的勃兴及迷思

消解高权行政手段下的无居民海岛管理体制引发的困境，是探讨无居民

海岛管理机制新机制的绵绵动力。“公法易逝，私法长存”。[1]行政任务的扩张和行政实践外部环境的复杂化，使现代行政法学开始发生蜕变。传统行政模式下行政任务的范围相对狭窄，行政给付与土地利用规制等行政任务未有效生成，因此，产生了诸多因治理缺位引发的问题。通过规制性行政手段来实现行政任务是最典型的传统行政运作模式。德国学者沃尔夫教授在1956年撰文认为，行政主体在法定职权内，为了直接达到国家任务，不一定非使用具有强制力的公法手段不可，也可采取私法行为之方式。[2]行政私法行为系以私法方式达成行政任务的行为，同时具有公法行为和私法行为的双重特征，应该遵守依法行政的基本原则和规则，并受私法的规范和约束。行政法上的任务和目的不仅可以使用以强制性为特征的高权行政手段来完成，而且还可以利用以非强制性为特征的民事手段来达到同样的目标。[3]某种程度上，行政私法行为系一种契约行政理念的反映，其在方式上、制度上以及观念上彰显了现代行政法的趋向。

行政私法理论肇始于德国，而扩展于日本和中国台湾地区。行政私法理论属于舶来品，经过学者的不断演绎，行政私法理论日益成熟，并得到比较稳定的界定，行政私法理论在我国学界引发极大的研究热情。笔者在中国知网数据库平台上以“行政私法”为主题进行搜索，截至2014年1月14日，共计获得132条文献。我国学界初步关注行政私法理论肇始于2001年。2001年至2006年，大约每年有5篇文献研究行政私法理论；2007年是一个转折点，从2007年至2013年，关涉行政私法话题的文献平均每年15篇左右。比较有代表性的文献产生了积极的学术影响。[4]根据我国学者的研究，行政私法理论的适用领域主要是给付行政，特别是在自然资源管理与开发领域。在我国，无居民海岛属于国家所有，国家对自然资源的开发、使用施行审批和许可制度。在国家许可

〔1〕［奥］冯·哈耶克：《法律立法与自由》，邓正来译，中国大百科全书出版社2000年版，第23页。

〔2〕参见陈新民：《中国行政法学原理》，中国政法大学出版社2002年版，第20页。

〔3〕参见邹焕聪：《行政私法理论在合同制度中的展开—论行政私法合同的内涵、行政与界分》，载《现代法学》2010年第3期。

〔4〕比较有影响的文献参见邹焕：《行政私法理论在合同制度中的展开——论行政私法合同的内涵、性质与界分》，载《现代法学》2010年第3期；邹焕聪、胡悦：《行政行为转变研究》，载《法律科学》2010年第5期；邹焕聪、生晓燕：《行政私法行为适用限度论》，载《内蒙古农业大学学报》(社会科学版）2007年第1期。

开发的范围内，有关机构应当承担自然资源开发与保护的职责。行政私法理论纵然有很多理论上的争议，但是有一点是明确的，即在行政私法下当事人、政府或有关社会组织的权利、义务和责任是明确的。

笔者认为，基于无居民海岛管理实践的复杂性和行政私法理论的生命力的初步考量，将行政私法理论引入无居民海岛的开发与管理实践中，具有很大空间和可能性。我国无居民海岛开发利用的法律体系基本比较健全，但是其实践经验相对是匮乏的。与海洋强国相比，我国无居民海岛管理手段和内容还处于比较落后的水平，而且由于管理经验不足，其社会成本亦大。在行政私法理论本土化的进程中，其是否在创新无居民海岛管理体制机制方面具有一定程度的功用的问题，是一个值得认真考究的问题。特别是，展开无居民海岛管理体制的实证分析，考察行政私法理论用于无居民海岛的利用与管理等环节，充分顾及各个利益方，自然是进行行政私法理论实证分析的不错选择。我国无居民海岛管理政策既开放又谨慎。[1]由于无居民海岛特殊地理地缘属性，因此必须重视无居民海岛管理中的成本付出，这也是作为行政法上“皇冠原则”的比例原则在社会管理创新中的内在要求。显然，行政私法在管理无居民海岛中也要关注比例原则的运用。故此，行政私法理论的实证分析，亦是强化比例原则在社会管理创新中发挥作用的例证，将行政私法理论引入无居民海岛管理领域是值得尝试的。

二、行政私法理论引入无居民海岛管理的价值蕴含

（一）行政私法理论为无居民海岛管理机制提供新的渠道和途径

在行政法领域引入行政私法行为这一概念，对于传统观念是一次强大的冲击，打破由公法体系自身建立的囹圄，从而全面地审视行政行为本身的理论基础。源于德国的行政私法理论，其被中国学者所认同的历史并非久远，而且其实践价值也是备受质疑的。库珀（Couper）指出：“海洋管理与土地利用管理不同，海洋管理是复杂的，这是因为海洋本身的流动性、三维特性、自然

〔1〕 2011年4月12日，国家海洋局组织沿海有关省、自治区海洋厅（局）向社会公布我国第一批开发利用无居民海岛名录，共计176个无居民海岛。

环境与行政边界缺乏有机联系等多方面的原因造成的。"[1]从实践价值的层面看,行政私法行为不仅丰富了和补充了传统行政行为的方式,促进了政府角色转换,同时有助于扩大现代行政的民主化,实现政府与公民关系的平等化,而且有益于实现社会公正,提高行政效率。对我国而言,无居民海岛开发的水平比较低,而且困扰无居民海岛开发的融资"瓶颈"很严重。在行政私法理论下,无居民海岛的开发与管理可能得到BOT和无居民海岛租赁等模式的支持,或许能在一定程度上缓解无居民海岛开发融资难的问题。

(二)提升民众的海洋意识和增强国家的海洋能力

行政私法理论下无居民海岛的开发与管理实践,其重要的意义在于能够真切地提升民众的海洋意识,较之单纯依靠宣传来弘扬海洋意识的效果要好。无居民海岛在发展国家的海洋能力方面具有决定性的战略地位,这一点早已为美国海洋战略家马汉所论证。行政私法理论下无居民海岛管理机制的价值在于,能够更加有效地增强无居民海岛在国家汲取海洋财富、海战以及控制海洋等方面上的保障作用。

(三)行政私法本身具有独特的制度优势

行政私法理论特别鼓吹法律行为的平等性、开放性和灵活性。这也是行政私法行为的最为本质的法律属性。为了适应社会管理的日益复杂和多元局面,行政管理手段和方式也需要不断地调整和改进。然而,任何立法都无法穷尽复杂的社会实践,立法具有周期性和滞后性的属性。故此,导致行政管理手段与社会活动之间存在不适应性。而行政私法理论的核心任务就是制约上述病垢。因此,行政私法行为在很大程度上改变了私人主体在行政中的被动地位,彰显了社会公正的价值。

三、行政私法与无居民海岛管理实践的契合性分析

(一)无居民海岛开发利用的专业性和多元性

根据不同类型无居民海岛价值体系的差异,无居民海岛的开发类型可以界定为多种(见表1-3)。通过表1-3中对无居民海岛类型的划分,可知无居民海岛的类型极为复杂,因此构建无居民海岛开发与管理机制亦不是一蹴而就

---

〔1〕 参见[美]E.M.鲍基斯:《海洋管理与联合国》,海洋出版社1996年版,第98页;同时参见王刚、王琪:《海洋区域管理的内涵界定及其构建》,载《海洋开发与管理》2008年第11期。

的。其实，早在若干年以前，我国海洋经济发达地区诸如浙江省，对无居民海岛价值体系的划分业已相当合理和科学。[1]（见表3-2）

表3-2 浙江无居民海岛功能分类[2]

<table>
<tr><th>一级类</th><th>代码</th><th>定义</th><th>二级类</th><th>代码</th><th>划分标准</th></tr>
<tr><td rowspan="5">保护类</td><td rowspan="5">1</td><td rowspan="5">指在海洋权益与国家安全、军事设防方面具有重要价值，或者指位于已建或待建自然保护区或者特别保护区范围内，以及其他具有特殊功能的无居民海岛</td><td>国家权益类</td><td>1.1</td><td>包括我国领海基线基点，或者主权归属存在争议，或者我国具有其他政治利益、经济利益的海岛</td></tr>
<tr><td>海洋自然保护区</td><td>1.2</td><td>位于已建或待建的自然保护区内的海岛，或为鸟类及其他野生动物繁殖、栖息以及植物种群和森林植被覆盖比较典型的海岛</td></tr>
<tr><td>自然遗迹和非生物资源保护类</td><td>1.3</td><td>位于已建或待建的历史遗迹保护区内的海岛，或存有保护价值的独特地理地貌、文物古迹、古树的海岛，或附近有古代沉船保护区的海岛</td></tr>
<tr><td>海洋特别保护类</td><td>1.4</td><td>位于已建或待建的海特别保护区内的海岛</td></tr>
<tr><td>重要渔业品种保护类</td><td>1.5</td><td>周围还有具有一定渔业资源或重要的产卵场、索诱场的海岛</td></tr>
</table>

〔1〕 浙江省有关部门根据无居民海岛的数量众多和面积小的特点，对无居民海岛予以定级分类，将无居民海岛分为保护、保留和利用三个大类和14个小类。

〔2〕 本表中的相关数据是笔者根据周世峰和秦诗立所著《海洋开发战略研究》中关于浙江省无居民海岛功能分类而获得的，参见该书第195～196页。

续表

一级类	代码	定义	二级类	代码	划分标准
利用类	2	指海岛或周围海域具有港口资源、生物资源、矿产资源、旅游资源、景观资源、空间资源，以及跨海工程建设项目等的无居民海岛，或根据当地社会经济发展需要进行适度开发利用的无居民海岛	围海类	2.1	因围海、围垦、连岛等工程建设，部分改变海岛属性与功能的海岛
			港口与工业类	2.2	利用海岛实施港口航运、中转仓储临海工业等工程建设的海岛
			工程类	2.3	利用海岛建设跨海桥梁、防波堤、海底排污管道、输送物质管道、电缆、风能等能源工程或现有及近期规划建立导航、禁航、测控基点、通信塔台等的海岛
			渔业类	2.4	在海岛及其周边海域实施水产养殖、繁殖，或者在海岛上建立养殖场、渔业码头
			农林牧类	2.5	气候、土壤、淡水资源等适宜实施农林牧开发利用的海岛
			旅游类	2.6	开发为景观旅游、度假旅游的海岛
			科学实验类	2.7	实施物种引种、示范区域、海洋水文气象观测的海岛
			特殊开发类	2.8	作为救助站、接待站及危险品储备的海岛
保留类	3	指资源优势难以判断，目前或近期尚不具备开发条件，或不适宜开发的无居民海岛	保留类	3.1	指资源优势难以判断，目前难以明确其功能定位的海岛

表3-2中所列的资料虽然具有区域性的特征，但是就无居民海岛的价值和功能定位的角度而言，其还是具有很强普适性的，代表了无居民海岛功能分类的一般情况，对全国范围内无居民海岛功能的科学分类具有指导与借鉴的价值。合理的无居民海岛功能分类是规划管理的前提。在我国无居民海岛集中统一管理体制之下，类型和用途各异的无居民海岛为管理机构增加了管理的

成本和代价，无居民海岛开发的申请、投招标、论证、规划、审批以及公示等一系列程序都必须经过有关机构的管理。我国珠海的大九州、三角岛以及小蜘洲开发旅游和娱乐项目，都显示了管理过程的复杂性和专业性。在行政私法理论下，行政机构或法律、法规授权的组织的管理手段灵活多变。而无居民海岛开发的专业性和类型多样化，显示了行政私法理论引入无居民海岛管理实践中的生命力。[1]

（二）行政私法理论植入无居民海岛管理机制的法律与政策基础

1.《海岛保护法》施行的契机

通过解读《海岛保护法》，我们可以知道无居民海岛使用权具有公私法兼容的法律属性。[2]其与行政私法行为的法律属性具有内在的契合性，为行政领域充分利用行政私法理论提供了平台。通过实践进一步充实和把握行政私法化理论，为国家转变行政行为，建设服务型政府具有重要的借鉴意义。《海岛保护法》颁布施行从根本上缓减无居民海岛开发无序的状态，无居民海岛使用权的法律属性得以确定，相关的开发与管理活动有了法律依据和保障，但是如何有效地利用无居民海岛这一特殊资源，制定管理和开发的具体措施和方法，还需要我们在实践中不断探索和总结。因此，从这种角度来看，《海岛保护法》的施行，为在无居民海岛开发与管理实践中引入行政私法理论提供了历史契机和法律资源。近期我国先后出台了《全国海洋经济发展"十二五"规划》和《全国海岛保护规划》等纲领性文件，这都凸显了无居民海岛管理的多元化和复杂化。

2.无居民海岛管理政策审视

无居民海岛是一个多种资源并存的经济综合体，随着海洋开发规模和范围的扩大以及开发利用无居民海岛主体的增多，无居民海岛综合管理迫在眉睫。20世纪50年代到90年代，我国无居民海岛开发主要以政府为主导，对无居民海岛的利用主要集中在海洋权益和国防安全领域，很少涉及经济领域。民间活动主要是日常生活所需的采石、挖沙、季节性捕鱼等活动，基本都处于一

〔1〕 参见马得懿：《行政私法下无居民海岛管理机制的实证分析》，载《法学论坛》2014年第6期。

〔2〕 无居民海岛使用权的法律属性不能单凭私法理论来诠释，基于其海洋属性和社会属性的考量，一般地认为无居民海岛使用权兼具公权与私权的属性。

种随意、自然状态，并不受到法律规范和约束。[1]随着海洋经济重要作用的日益凸显，无居民海岛成为连接世界市场的前沿，国家逐步放宽无居民海岛开发限制，吸引民间资本不断涌向无居民海岛，出现了所谓的“岛主热”。无居民海岛开发主体在政府与私人之间互相转换，呈现出复杂的局面和格局。

随着无居民海岛开发和保护进入一个新的阶段，无居民海岛的管理也提出更高要求。行政私法理论的探索和实践为我们进一步利用市场的资源配置作用，保护和开发无居民海岛提供了思路，这和我国转变政府职能、建设服务型政府、充分利用市场机制的发展思路不谋而合。行政私法手段在行政实践中的表现为我们提供了一个发展方向。从行政私法适用领域来看，无居民海岛的开发利用和保护，涉及自然资源管理与开发利用、公共资源的开发利用以及国家公共事业等多个领域，与行政私法理论适用领域具有高度的适应性。我国对无居民海岛开发和保护的科学规划刚刚拉开序幕，尚处在摸索和尝试阶段。在无居民海岛管理领域引入行政私法理论，既可以有效解决长期无序管理遗留的历史难题，又可以促进无居民海岛管理体系的尽快完善，从而形成科学、合理、高效的无居民海岛管理体制。[2]

（三）行政私法下无居民海岛管理机制的理性分析

溯源行政私法的生命力和影响力，其适用领域非常广泛。为了及时有效地履行现代国家的职责，通过私法方式实现行政目的而发展起来的一系列法律制度在欧陆国家和英美法系国家非常普遍。比如自20世纪60年代以来源于英国的民营化（Privatization）浪潮，在一定程度上缓和了传统行政法管制方式的弊端。[3]德国和英国的立法与实践表明行政机构在给付行政中的行政活动方式应当具有更大的裁量空间，可以采用合同、委托、协商等非权力性的私法方式，实现行政目的。

法律传统是一个国家或者民族在长期的法律活动中形成的一种独特的行为或者思维模式，是一种不能轻易改变的行为或者思维定式。[4]我国无居民海

---

〔1〕 参见王琪、许文燕：《中国无居民海岛开发的历史进程与趋势研究》，载《海洋经济》2011年第10期。

〔2〕 参见马得懿：《行政私法化下无居民海岛管理机制的实证分析》，载《法学论坛》2014年第6期。

〔3〕 参见许宗力：《论行政任务的民营化》，载《当地公法新论》，台北，台湾元照出版股份有限公司2002年版，第582页。

〔4〕 参见章剑平：《现代行政法基本理论》，法律出版社2008年版，第38页。.

岛开发与管理实践催生了相关的管理机制，同时，这些管理机制亦随着无居民海岛开发与管理实践的变迁而不断修正。一般地，行政私法行为是否实现其法治目标，是以授权或者委托的特定社会组织的实施、以非盈利方式形成与相对人的私法关系以及是否完成既定的行政目标等为衡量要素。就行政私法下无居民海岛管理机制的范畴而言，至少囊括行政私法下无居民海岛管理机制中的主体、适用的法律规范以及无居民海岛管理手段的重塑等要素。

根据笔者初步考察，非强制性行政行为最为显著的特征之一就是其柔性和灵活性——行政主体在不同的行政情景中面对不同的相对人可以“对症下药”地实施不同的管理措施。[1]行政私法理论的核心思想之一便是以非强制制度实现公共利益和私人利益的实现。无居民海岛的开发利用和保护，涉及自然资源管理与开发利用、公共资源的开发使用、国家公共事业等多个领域，其承载着公益与私益，与行政私法理论适用领域具有高度的适应性。

不仅如此，行政私法下无居民海岛管理机制蕴含着现代行政管理的内在诉求。行政协商是行政法发展到特定历史阶段的产物，其表达了行政治理中凸显人性化和普惠性的理念。行政协商是对传统行政手段和理念的扬弃，更是对传统契约文化的传承，其在社会治理活动中起到平衡各方利益的功效，提高社会管理的效率。行政私法有效地应对了无居民海岛开发与管理实践的复杂性。实践表明，近年来无居民海岛开发与管理实践，凭借单一的高权行政管理手段显然力不从心，而行政私法下无居民海岛管理机制必然在一定程度上遏制了传统行政手段的僵化。

四、行政私法下无居民海岛管理机制下的主体

（一）无居民海岛管理体制下的“第三部门”

美国学者萨拉蒙（Lester M. Salamon）用大量的数字证明了当今社会正处于全球性的“社团革命”之中，政治上是市民社会包括第三部门的形成和壮大是直接动因。第三部门在我国也同样蓬勃发展起来。[2]萨氏“第三部门”理论为无居民海岛管理的机制创新提供了某种支撑，同时在实践中也得以践行。

---

〔1〕 参见崔卓兰、刘福元：《非强制性行政行为制度化探微》，载《法制与社会发展》2011年第3期。

〔2〕 近年来全国共登记社会团体171150个，民办非企业组织147637个，基金会975个。

一般地，根据行政主体理论，法律、法规授权的组织和受行政机关委托的组织，可以成为第三部门。有学者认为第三部门可以有多重的表现形式，诸如通过授权、指派等方式让第三部门直接担当行政任务。[1]第三部门在我国的兴起，其原因可能并不完全与西方社会相同。[2]为了规范无居民海岛使用项目评审工作，提高无居民海岛使用项目评审工作质量，作为无居民海岛开发与管理的行政机构，国家海洋局成立了国家无居民海岛使用项目专家评审委员会。[3]不仅如此，国家海洋局为了确保全国海岛保护规划和省级海岛保护规划的科学性，海岛开发利用的合理性和海岛经济发展的可持续性，保证规划的编制质量，同时成立全国海岛保护规划专家审查委员会。[4]为保证海岛保护规划的编制质量，国家海洋局根据《海岛保护法》选择具有规划编制能力的单位承担海岛保护规划的编制任务，形成了海岛保护规划编制技术单位推荐名录。[5]上述机构的成立，有效地应对了无居民海岛开发与管理中的复杂局面，取得了一定的积极效果。然而，由于上述机构对国家海洋局负责，其在履行职责过程中可能对无居民海岛使用者的权益产生不公。

（二）成立无居民海岛开发管理委员会的可能性

行政私法视角下无居民海岛管理机制或许可以克服上述机构在管理无居民海岛中的偏颇与不足。论及行政私法下无居民海岛管理机制问题，乃一个相当复杂的课题。早期行政是对立法指令的执行，而当代行政是目标导向的积极活动。[6]目标导向行政，意味着法律对行政的控制，只能是宽泛的目标指

---

〔1〕 参见余凌云：《行政法讲义》，清华大学出版社2010年版，第134～135页。

〔2〕 一般地，在我国并不存在西方社会意义上的“政府失灵”和“市场失灵”，第三部门实际上是由于政府在推进计划经济向市场经济转轨的过程中逐渐放松对经济干预，导致非秩序化竞争加剧和制度的“双重失落”而需要一种新的机制来弥补而形成的。参见邢以群、马隽：《中国“第三部门”起源的经济分析》，载《浙江社会科学》2005年第1期。

〔3〕 国家无居民海岛使用项目专家评审委员会办公室设在国家海岛开发与管理研究中心。国家无居民海岛使用项目专家评审委员会的主要职责是，负责审查由国务院审批的无居民海岛使用项目的用岛必要性、可行性以及《无居民海岛开发利用具体方案》和《无居民海岛使用项目论证报告》的科学性、合理性和准确性，并研究形成专家评审委员会评审意见。

〔4〕 该委员会在全国海岛保护规划委员会的领导下，负责全国海岛保护规划和省级海岛保护规划的技术审查工作。

〔5〕 该名录按照单位资历、设备配置、技术条件、管理能力等承担海岛保护规划编制任务的相关条件而制定。首批确定国家海洋环境监测中心等19家单位列入第一批海岛保护规划编制技术单位推荐名录。

〔6〕 参见王锡锌：《依法行政的合法化逻辑及其现实情境》，载《中国法学》2008年第5期。

引而非具体的指令控制。为此，有学者主张构建“专家理性”模式试图促进行政的合法性。但是，由于专家天然具有将价值冲突技术化的倾向，导致专家往往危害行政权行使的合法性。防止行政系统“专家理性”滥用的制约机制是公众参与制度，是专家咨询制度。[1]依此推理，国家海洋局应当根据《海岛保护法》和有关法律的规定，成立承担专家咨询职责的机构。

由于无居民海岛管理实践的复杂性，类似的上述机构比比皆是。但是，类似的相关机构过多，在执法效率上并非是恰当的。因此，在行政私法理论下，完全可以整合上述机构，形成无居民海岛管理机制下新主体——无居民海岛开发管理委员会。当然，该机构的成立和运行是有条件的。因为有限的法律与复杂多变的社会生活之间必然存在冲突。然而，现代社会却要求行政机关必须采取一定的手段积极参与对这些活动进行管理和规范。因此，只要行政机关的行为符合社会公共利益的要求，有利于达成行政管理目的，不违反法律所体现的原则和精神，就不能认为其违反了依法行政原则，[2]这种行政私法行为就可以被认为是合理的、适用的。无居民海岛开发管理委员会的重要职责就是在国家、社会与无居民海岛使用权之间构建一个开放的、灵活的机制系统。为了防止无居民海岛管理委员会恣意行政，保护行政相对人的利益，应当通过行政程序来加以规范和约束其行为。从无居民海岛开发使用的类型可以看出，主要分为“公共利益用岛”和“经济利益用岛”两大类。对于关系到公共利益的无居民海岛，应该秉持国家利益高于一切的原则，用强制性的公法加以管理，确保我国的海洋权益。对于经济利益用岛，要充分发挥市场对资源配置的基础性作用，有效利用民间资本，充分开发海岛所蕴含的经济价值，谨记无居民海岛的特殊法律属性所赋予我们的责任和义务。行政私法具有公私融合的法律属性，在无居民海岛管理领域既能有效利用市场经济的作用，同时也赋予了一定的公法约束。[3]

事实上，在世界范围内，应对无居民海岛开发实践的特点，各国基于本国国情，形成了特色各异的灵活、开放的无居民海岛管理机制，诸如上文提及的

---

〔1〕 参见王锡锌：《行政法治的逻辑及其当代命题》，载《法学论坛》2011年第2期。

〔2〕 参见顾祺：《行政私法行为及其法律控制》，载《华东经济管理》2004年第3期。

〔3〕 参见马得懿：《行政私法化下无居民海岛管理机制的实证分析》，载《法学论坛》2014年第6期。

“马尔代夫模式”等。“马尔代夫模式”开创了具有BOT投融资模式的无居民海岛开发与管理模式。该模式实证是一种融入了行政私法理念的管理机制，其所成立的马尔代夫旅游委员会（MTB）所承担的责任具有典型的行政私法理论色彩。

五、行政私法下无居民海岛管理机制所适用的法律规范

由国家设立的私法组织采用私法方式履行行政任务，应适用私法。但是行政主体要求适用私法，却不会因此而变成私人，也不可能仅适用私法。“任务理论”由德国学者艾勒思（Dirk Ehlens）提出，其以是否“直接完成行政任务”为基准，判断行政的私法活动是否应适用公法，因为在“直接”履行行政任务时代表的是一种比较重要的公益实现，所以应当适用公法。[1]日益复杂的社会事务要求行政机关积极介入，但是管理社会、组织生产和提供公共服务的某些领域，因缺少法律规定而无法适用，因此行政机关就需要借用权力手段之外的方式来实现行政任务。从行政私法行为是兼具公法和私法双重性的行为这一逻辑起点出发，可以确定行政私法行为的法律适用应当是公法适用与私法适用的统一。[2]

很显然，规制无居民海岛开发与管理的法律体系，亦自成体系。除《海岛保护法》外，《行政诉讼法》《行政复议法》《行政强制法》《行政处罚法》《物权法》以及《合同法》及其上述法律的配套法律法规，一起构成了无居民海岛开发与管理法律体系。无居民海岛管理机制应该逐渐由单纯的管理、管制、维持秩序逐渐转向引导、指导、提供服务。人们对于社会管理的认识，正由过去那种将其单纯视为政府职能的狭义的社会管理概念，转向广义的社会管理概念。[3]从该视角来审视行政私法下无居民海岛管理机制所适用的法律规范，显然是一个综合体。这也迎合了行政私法行为的法律本质，即行政行为与私法精神相结合，是行政管理通过私法的方式执行公共任务的一种趋势，其基础在于行政管理的民主化要求及行政手段的非权力化趋势。

---

〔1〕 参见徐庭祥：《论以私法组织形式和行为方式履行行政任务的行政法规制——以分析住建部“公共租赁住房管理办法”为切入》，载《甘肃政法学院学报》2013年第6期。

〔2〕 参见胡悦、贾国发、玄鸿娇：《行政行为转变研究——行政私法行为之凸显》，载《法律科学》2010年第5期。

〔3〕 参见莫于川：《行政法治视野中的社会管理创新》，载《法学论坛》2010年第6期。

第五节 行政私法视域下推进无居民海岛管理体制改革的法律路径

在明确行政私法下无居民海岛管理机制基本范畴的基础上，为进一步探讨该机制的实施提供了前提。然而，行政私法下无居民海岛管理机制既不能全盘照搬行政私法理论，也不能全然否定传统理论框架。行政私法下无居民海岛管理机制必然存在缺憾。为了弥合行政私法所附带产生的病垢，必须重点明确行政私法下推进无居民海岛管理体制机制的改革，通过探索合适的法律路径来实现此种改革。

一、探索无居民海岛管理合同的构架

进行私人交易并非合同的唯一作用。现代合同法满足了当今高度关系化社会的需要，其关于“协议”的宽泛的观点，加强了诸如合作和妥协之类的关系性规范。[1]因此，尝试构架行政私法下无居民海岛管理合同是探索无居民海岛管理机制的有效途径。

基于上述分析，我们不妨对无居民海岛管理领域的行政私法合同范畴做出一个初步构想。第一，无居民海岛管理合同主体。双方主体拥有平等的地位，在遵循意思自治的原则下进行平等协商，从而达成出让和使用无居民海岛的合意，在这个过程中不体现行政的强权色彩，完全依据私法规范。第二，无居民海岛管理合同的内容。充分体现无居民海岛的使用权属、地理位置、面积、使用金、用途以及使用期限等。[2]第三，无居民海岛管理合同的法律责任。赋予无居民海岛使用者更多的义务，开发无居民海岛必须在合同约定的范围内进行，政府拥有监督权和绝对的决定权，在使用者违反合同约定或者有涉及重大公共利益时，有权终止、变更或撤销无居民海岛使用权，以防止恶意破坏无居民海岛的行为造成不可估量的损失。第四，无居民海岛使用权管

〔1〕 参见［美］罗伯特·A.希尔曼：《合同法的丰富性：当代合同法理论的分析与批评》，郑云瑞译，北京大学出版社2005年版，第270页。

〔2〕 我国《无居民海岛使用权登记办法》规定无居民海岛的使用权限为50年。

理。由于无居民海岛的所有权属于国家，而无居民海岛的开发利用大多数是通过私人或社会组织完成的，在这个过程中代表国家行使权力的行政管理机关必然和社会个体达成一种行政契约关系，充分利用行政合同的特点，既可以简化行政过程，又可以充分利用市场对资源配置的基础性作用，从而提高行政效率，促进无居民海岛的有效开发和利用，达到经济效果和社会效果的统一。

二、行政特许在无居民海岛管理合同中的融入

行政特许是指由政府依法授予特定主体相关权利的制度。[1]其一般适用于对有限自然资源开发、公共资源配置以及直接关系公共利益的特定行业赋予特定权利的事项。在自由竞争的市场经济体制下，行政特许在行政管理体系中发挥着重要的作用。行政特许具有复合性，既体现国家公权力，又蕴含着私权的成分，从而在性质上区别于纯粹的行政许可和民事许可。由于无居民海岛使用权的法律属性和无居民海岛价值的多元化，使之成为同时具有有限资源属性、公共资源属性以及公共利益属性的集合体，依据行政特许制度为管理无居民海岛提供相应的依据和便利。从我国首批公布的176个无居民海岛开发名录来看，无居民海岛的开发涉及工业用岛，旅游娱乐用岛，交通运输和仓储用岛，农林渔业用岛，公共服务用岛以及科研用岛等。笔者认为，鉴于无居民海岛的多元化价值体系，在无居民海岛开发利用过程中可以采用行政特许的方式。通过行政特许方式，一方面突出了这些无居民海岛所具有的特殊作用和特殊地位，给予无居民海岛使用权人更为严格的准入制度，赋予使用者更加严格的责任和义务；另一方面赋予了管理机关对这些海岛更多的监管权，从源头上控制了无居民海岛开发利用的有序性。

三、务必凸显“管制—协商”程序规制

西方国家通过将市场机制引入公共部门的改革，以及对地方政府进行包括管理功能、组织结构与政府支出的大幅度改造，使地方政府在功能服务上显现更加分权化（decentralization）与更加分离化（fragmentation）。在一些领

〔1〕 参见《行政许可法》第12条。

域，为了达成行政任务逐渐采用私法上的手段，协调性规制形态因此得到扩展。[1]行政私法下无居民海岛管理机制是否发挥其应有的功效，是否严格遵循和凸显“管制—协商”的程序理念是至关重要的。该理念不仅盛行于欧陆的德国法，而且随着行政私法理论的日臻完善，其不断向美英法系世界蔓延，而且在美国行政法体系中占据重要席位。“管制—协商”程序规则在美国得到比较成熟的发展，该规则系统地区分了公法规则和私法规制的适用，以此来适用复杂的社会管理实践。我国住房和城乡建设部实施的《公共租赁住房管理办法》则体现了行政私法契约的思路。为了缓解社会管理主体单一和社会管理方式僵化所形成的，强调要综合运用各种社会管理手段，转变社会管理模式。[2]在这一制度构建进程中，凸显“管制—协商”程序理念是核心，其关系到行政私法行为是否能成功运用到无居民海岛管理机制之中。无居民海岛管理机制的法治进程，不仅要依赖于无居民海岛管理合同的成型，而且更是要强化将“管制—协商”程序理念植入其中。

四、理性认知行政私法理论：检讨与反思

现代行政实践并未沿着单一的轨道前进，而是越来越呈现出多样化与复杂化的趋势。现代行政目的之实现，更多地依赖多元化的手段，弹性化的制度应用及治理观念的更新。契约理念、契约手段以及契约制度则可以有效地弥补权力观念、权力手段及其制度的不足。[3]而行政私法理论用于无居民海岛管理机制的创新尝试，则正是上述动态和趋向的一个典型实证。行政私法下无居民海岛管理机制的构建，在一定程度上为弥补传统高权行政手段的缺憾，勾勒了一副看似美妙的无居民海岛的管理体制图景。正如德国人幻想的行政法律体系必然要排除“私法”在行政领域的适用的理想无法实现一样，行政私法下无居民海岛管理机制亦不可能是完美的。当我们在中国法语境下考察行政私法理论时，单单进行纯理论范畴的探讨，那将是“纸上谈兵”，毫无意义。因此，重点考察行政私法理论的本土化并予以实证分析，无疑是认知行政私法理论的理性路径。

---

〔1〕 徐建：《行政任务的多元化与行政法的结构性变革》，载《现代法学》2009年第3期。

〔2〕 参见应松年：《社会管理创新引论》，载《法学论坛》2010年第6期。

〔3〕 参见杨解君：《中国行政法的变革之道》，载《江苏社会科学》2012年第4期。

其实，行政私法理论之所以能够在欧陆国家萌生、发展乃至成熟，是有其特定背景和法律体制的。这些背景和法律体制包括了西方国家具有成熟的契约理论与制度、完善的给付行政理论与实践、功能齐全的社会组织以及高效的行政机构等。而我国无居民海岛开发与管理的法治水平、实践、经验以及执法力量和手段，与海洋发达国家相比较而言，还存有软环境和硬环境上的缺失。事实上，我国无居民海岛开发与管理实践中，绝大部分无居民海岛用于旅游与娱乐业的开发，而且此类无居民海岛融资途径比较有限。而工业建设用岛、特殊用途用岛等附加值高的无居民海岛开发则不仅面临融资“瓶颈”，而且科学的管理模式尚未形成，特别是采用BOT模式来开发与管理无居民海岛的成熟案例在我国几乎空白。这表明了行政私法下无居民海岛管理机制并非是完美无缺的。由于西方国家的社会环境、组织形态、文化传统等与我国存有差异，行政私法理论在我国是一个非常具有争议性的纯学理上的学说和理念，故此，将行政私法理论引入无居民海岛开发管理领域，不仅是行政私法在中国法环境下本土化的尝试，其法治经验亦是反哺于行政私法理论的完善。

正如米丸恒治在其著作《私人行政——法的统制的比较研究》中所论述的那样，德国的“私人行政”所适用的领域极为广泛，其囊括了委任私人行使行政权、私人的技术监督、航空管制组织改革、警察行政辅助、私人资助行政以及邮政改革等领域。〔1〕可见，德国法体系下的“私人行政”富有相当完备的体系和影响力。其实，我国并非缺少行政私法的理念和文化。很早便有学者论证了公私协力的法律内涵和价值，行政机构普遍将“公私协力”视为是治疗行政任务肥肿症、提升行政效率之良方，并将具广泛应用于各行政事务领域。〔2〕无论是对行政主体还是对相对方，都应在法治原则的统制下加以制约和激励，以实现两者在利益、法律地位、机制的构建和运作等方面的平衡。〔3〕根据学者的研究和行政私法在无居民海岛管理实践中获得的初步素材，笔者认为，在承

〔1〕　参见［日］米丸恒治：《私人行政——法的统制的比较研究》，洪英、王丹红、凌维慈译，中国人民大学出版社2010年版，第13页。

〔2〕　参见孙铭宗：《台湾地区行政法学之变革、挑战与新世纪展望》，载《行政法学研究》2011年第4期。

〔3〕　参见罗豪才：《行政法学与依法行政》，载《现代行政法的平衡理论》，北京大学出版社2003年版，第15～16页。

认和发扬行政私法理论的厚重性的同时，更为关键的是，反思和检讨行政私法的理论的局限性。探究行政私法的局限性，必须将其置于中国的法律语境之下，才具有价值和可行性。因为盲目照抄照搬作为域外法的行政私法，其在中国本土的普适性一定会受到这样那样的束缚。

探析行政私法下无居民海岛管理创新机制以适应我国无居民海岛管理实践的需求，是完善和弥补"私人行政"所适用的领域的过程。从这个角度上看，考察行政私法下无居民海岛管理机制，虽然扩展和丰富了行政私法理论体系，但是，行政私法理论所适用的领域是有条件和限制的。在我国法律语境下，行政私法理论所适用的范围和领域不可能无限扩张。而无居民海岛管理实践，为行政私法理论的实证研究提供了合适的平台，其浸染了行政私法理论的精髓；更为重要的是，行政私法理论在无居民海岛开发与管理的实证研究中得到修订和丰富。〔1〕

在某种意义上，我国基本上形成了比较稳定的无居民海岛管理体制和法律体系。在体系后研究中，研究的核心和焦点应该集中于或归结为"中国问题"中心主义。"中国问题"的寻找与认定，只能在中国的法治实践中进行与完成。开展奉行"中国问题"中心主义的体系后研究，首先要做中国场景中寻找真正的中国问题。〔2〕因此，探讨行政私法理论下无居民海岛管理机制问题，也是在"体系后研究范式"下探索无居民海岛管理体制的"中国问题"。这样可以在一定层面上避免盲目认知或者神化行政私法理论，规避研究过程的"水土不服"的尴尬，以最大化地吸收和反哺中国本土无居民海岛管理法律资源。

现实生活中大量的新合同类型总是次第涌现，需要合同法进行相应的调整，而新类型合同的有名化无疑也有助于使法律保持与时代的密切关联。因此，对合同进行类型认定应该首先衡量当事人的真意，进行整体评价并适当衡量经济效率。〔3〕行政私法理论下所衍生的无居民海岛管理合同，实质是一种行政私法合同，其发展成为一种典型的合同类型是可能的。"合同本身并不具有公法或私法的性质，行政私法合同作为公法和私法融合在行政法领域的产物

---

〔1〕 参见马得懿：《行政私法下无居民海岛管理机制的实证分析》，载《法学论坛》2014年第6期。
〔2〕 参见陈甦：《体系前研究到体系后研究的范式转型》，载《法学研究》2011年第5期。
〔3〕 参见宁红丽：《论合同类型的认定》，载《法商研究》2011年第6期。

和表现，是一类同时具有行政和私法双重性质的合同。”[1]无居民海岛开发与管理实践，为我们认真总结和归纳行政私法理论所衍生的新合同类型——行政私法合同提供了实证机遇和素材。

〔1〕 邹焕聪：《行政私法理论在合同制度中的展开——论行政私法合同的内涵、性质与界分》，载《现代法学》2010年第3期。

第四章　管制—自治模式下无居民海岛使用权的流转

第一节　无居民海岛使用权的法律属性与管制—自治机制

一、无居民海岛使用权流转概要

传统私法体系之下的无居民海岛使用权的界定必然导致其流转理论与实践上的尴尬。无居民海岛的海洋属性、社会属性以及社会属性，决定了无居民海岛使用权具有公权与私权双重属性的合理性。无居民海岛使用权流转的立法与实践，表明无居民海岛使用权流转机制必须置于一种管制—自治机制的理念之下，才能有利于无居民海岛的保护与利用。该模式下无居民海岛使用权的设立、转让、抵押以及登记应该受到相关条件的制约和限制，[1]但是在国家利益和社会公共利益得以维系的前提下，扩大无居民海岛使用权流转的范围和方式，增强无居民海岛使用权交易中的海洋意识，是对无居民海岛使用权流转机制的重塑。其不仅为重构无居民海岛使用权的流转制度提供理论支撑，而且为进一步完善我国的海洋资源利用制度具有启迪和借鉴的功用。

纵然《海岛保护法》和由国家海洋局出台的一系列关于无居民海岛开发保护的规范性文件对无居民海岛使用权的流转等

---

〔1〕　参见程功舜：《无居民海岛使用权法律性质及流转探析》，载《改革与战略》2011年第7期。

问题作出了相当完备的规定，但是，由于在我国无居民海岛使用权的流转实践经验不足，没有丰富的成熟案例予以支持，更为值得关注的是一些理论性问题诸如无居民海岛使用权的法律属性等问题没有得到进一步澄清和界定，导致无居民海岛使用权的流转问题失去理论根基。在现有的法律法规框架下探寻无居民海岛使用权流转法律问题具有重要的理论意义[1]。目前我国无居民海岛使用权流转并没有形成稳定的机制。笔者在调研过程中，注意到我国部分沿海地区在探索无居民海岛使用权流转方面积累了一些经验，特别是在无居民海岛使用权的抵押融资方面进行有益的探索[2]。虽然其在理论上和实践中具有这样那样的争议性，但是其做法无疑具有先行先试的意义。故此，探讨无居民海岛使用权的理论根据和制度构架无疑具有现实价值。

二、无居民海岛使用权的法律属性与管制—自治机制

（一）《海岛保护法》第31条之认知

无居民海岛使用权的流转表征着无居民海岛开发与管理的水平，同时，该问题亦与无居民海岛使用权的法律属性的界定息息相关。《海岛保护法》第4条和第31条的相关规定表明，至少在文义上推理出无居民海岛使用权作为一种独立的权利是没有疑义的。事实上，在我国《海岛保护法》起草、调研以及审议中，对无居民海岛使用权的法律属性的争论从来没有停止过。[3]一般地，无居民海岛的开发利用可以适用用益物权法律制度，但是如果简单套用传统私法下的相关理论，那么，存在诸多理论上不能自圆其说的病垢。[4]建立无居民海岛使用权流转机制的前提是无居民海岛使用权法律属性的界定，否则，必然失去探讨的前提和基础。在海洋资源的公益性日益突出和海洋资源利用秩序日益精密化的今天，在明确国家主导资源利用秩序的合法性与必然性的前

[1] 基于研究目的的需要，本书所指无居民海岛使用权的流转，采用比较宽泛的含义，通常泛指无居民海岛使用权的设定、转让消灭以及在融资中的担保等一系列问题。

[2] 山东省和浙江省分别尝试了无居民海岛使用权抵押贷款办法来解决无居民海岛开发融资问题。

[3] 在我国立法机关组织的《海岛保护法》无居民海岛使用权论证会议上，有学者认为应该慎重处理无居民海岛的出让问题，有学者甚至增加“征求有关军事机关意见后”再审批无居民海岛使用权。

[4] 自然资源物权化问题的理论与实践颇受争议，也是近年来学者热衷探讨的话题之一。我国学者崔建远、叶榅平、税兵以及王涌等学者的文献有系统研究。

提下，通过具体立法完善资源物权制度和资源监管制度尤为重要。[1]因此，认知无居民海岛使用权法律属性是构筑无居民海岛使用权流转制度的基础。

无居民海岛作为重要的海洋自然资源类型之一，其所有权一般是来源于自然属于国家所有。根据《海岛保护法》第4条的规定，无居民海岛属于国家所有。故此，在用益物权视域之下，无居民海岛所有权是以国家为权利主体的物权，是一种完全的国家所有权。这种以私法概念来诠释无居民海岛所有权的方式显然值得进一步商榷。无居民海岛是具有海洋属性的特殊陆地区域，其具有复杂和多元的价值体系。单单以私法的手段来调整其开发与利用，显然是与实际不符。无居民海岛所有权是借助某种私法形式或者概念为手段来实现的公共性权利和权力，是某种权利和权力的复合体。在这样的框架下来认知无居民海岛使用权，无居民海岛使用权必然是具有公权和私权混合性质的模式，是受到公共权力限制的一种权利。由于无居民海岛不仅具有经济利益，还承担着生态保护、国防安全、领土确定、科学研究等多方面的功能，故此无居民海岛使用权的取得并非全然以无居民海岛使用金为对价。无居民海岛使用权是一种突出公益与限制性兼顾经济效益与公平性的权利，是一种包含苛严公共义务的权利。[2]因此，无居民海岛使用权不同于一般民法意义上的用益物权。可见，基于《海岛保护法》立法背景与政策的考察和分析，无居民海岛使用权是一种隐含公共利益与私人利益的实现，兼具公权与私权属性的混合权利（力）。在界定无居民海岛使用权法律属性的基础上，探究无居民海岛使用权流转模式便有了可能。

（二）无居民海岛使用权与管制—自治机制之契合性分析

一般而言，无居民海岛使用权流转是指使用权主体的变化，通常是指无居民海岛使用权的出租、转让以及其他流转方式的发生。[3]由于无居民海岛使用权的特殊性，其流转具有的特征是无居民海岛使用权流转受到限制。故而，无居民海岛使用权流转问题既具有使用权流转的一般法律特征，又具有受到一定限制的必要性。笔者以为，无居民海岛使用权应该是一种管制—自治模式

---

〔1〕 参见巩固：《自然资源国家所有权公权说》，载《法学研究》2013年第4期。

〔2〕 参见马得懿：《管制—自治模式下无居民海岛使用权流转问题探讨》，载《东北财经大学学报》2014年第2期。

〔3〕 参见程功舜：《无居民海岛使用权若干问题分析》，载《海洋开发与管理》2010年第1期。

的流转机制。所谓管制—自治的机制，简言之，就是基于作为私法体系的自治的属性与作为公法属性的管制的综合和平衡体制。运用到无居民海岛使用权流转模式，即是寻求无居民海岛的经济效益与公共利益承担的统一体。

无居民海岛使用权流转机制与无居民海岛使用权的法律属性具有内在的关联度，两种具有某种契合性。无居民海岛使用权的法律属性，决定了无居民海岛使用权的流转模式和机制；同样无居民海岛使用权流转模式也是无居民海岛使用权法律属性的彰显。对一些特殊用途的无居民海岛或其部分而言，经济价值与公益价值相比往往处于次要地位，因此在对这类特殊无居民海岛或其部分设定使用权时，经济因素并不是首要衡量和考虑的因素，也就是说，国家可以对特殊用岛的使用权人不征收使用金。即使对于经营性开发利用无居民海岛，也不能唯经济效益独取，在使用权的确定上也应当突出公益与限制性并加强管理和控制[1]。无居民海岛使用权的义务是一种积极性的义务，更多地表现为作为，而且这种义务是公法义务内化于公法赋予的特许权利的结果。由此观之，无居民海岛使用权的法律属性与基于管制与自治平衡法律机制下的无居民海岛使用权流转模式或者机制是互为契合的，是相辅相成的。

三、管制—自治机制下无居民海岛使用权流转之准则

虽然罗斯科·庞德笃信“在一个拥挤的世界里，不可流转物的理论显得与私有财产不相一致”。[2]但是无居民海岛使用权的流转并非是和私有财产使用权流转机制完全一致。这是由无居民海岛使用权的法律属性所使然。无居民海岛的海洋属性、社会属性以及法律属性，导致了无居民海岛使用权的法律属性具有复杂性，单凭物权法相关理论误解解释无居民海岛使用权的理论与实践。无居民海岛使用权的法律属性等一系列因素制约着无居民海岛使用权的流转，正常的流转机制依赖于市场和法律的保障。随着我国海洋经济的深入发展，无居民海岛使用权的市场化不断加深，无居民海岛使用权的流转需要市场化运营。笔者认为，无居民海岛使用权流转应该倾向于如下准则。

（一）经济效益与公共利益兼顾原则

我国《海岛保护法》对于无居民海岛保护的法律规制不仅具有理论的厚重

〔1〕 如《海岛保护法》第32条的规定。

〔2〕 参见［美］罗斯科·庞德：《法理学》（第3卷），廖德宇译，法律出版社2007年版，第84页。

性，而且可操作性很强。然而，无居民海岛的保护并非是置无居民海岛于与世隔绝的境遇，将无居民海岛完全“封存”起来而不欲开发利用。基于某些无居民海岛在国家海洋战略中的重要地位与功能的考虑，某些特定类型的无居民海岛是属于“可利用”状态，经过有关机关的规划和批准，此种类型的无居民海岛要实行开发利用。科学合理的无居民海岛利用其实质是一种“保护”，一种“动态的保护”。〔1〕但是鉴于无居民海岛属性的限制，无居民海岛的开发在追求一定程度的经济效益的同时，更是要顾及无居民海岛所承担的公共利益。过度开发无居民海岛，不仅不能发挥无居民海岛的经济价值，而且会造成无居民海岛“不可恢复”的生态灾难。故此，无居民海岛使用权流转机制要兼顾经济效益与公共利益的原则。

（二）公权力与私权平衡的原则

几个世纪以前的法学大家孟德斯鸠意识到：“健全而有效的权利救济制度，一方面使微弱的公民权利获得了制度支持，权利的实现有了保障；另一方面，权利救济制度也发挥着抵抗权与监督的作用，对国家权力进行着有效的抑制和监督。”〔2〕一旦无居民海岛使用权经过出让、划拨、招标以及拍卖等不同方式成立，与一般的公权力和私权利一样，无居民海岛使用权和无居民海岛使用权管理权便形成了，而且两者之间存在天然对立，因此欲实现无居民海岛使用权与无居民海岛使用权管理权的顺畅行使，维护两者的平衡是前提。因为权力以权利为界限。虽然“风能进，雨能进，国王不能进”的名言具有域外性和历史的局限性，但是无居民海岛使用权的管理权在实现过程中，必须对无居民海岛使用权予以足够的尊重，否则无居民海岛使用权的流转机制所承载的功能必然遭到减损。

（三）适度“先行先试”的原则

作为一种海洋资源，无居民海岛使用权流转制度不能完全照抄照搬其他类型海洋资源使用权的流转模式，而是形成具有无居民海岛使用权特色的流转制度。在遵循无居民海岛使用权流转中的便民、利民、富民以及行政管理的

---

〔1〕 根据国家海洋局有关机构的调查数据显示，由于我国无居民海岛分布海域辽阔，各个（省市）海域无居民海岛开发与管理实践存在一定的差异。福建省厦门市开发与利用无居民海岛的主要特色是以保护为主导的原则，在没有充分论证和环境评估的情况下，不轻易实施无居民海岛的开发。

〔2〕 参见［法］孟德斯鸠：《论法的精神》（上册），张雁深译，商务印书馆1995年版，第201页；同时可以参见包玉秋：《论公权力与私权利的平衡》，载《社会科学辑刊》2006年第10期。

比例原则的框架之下，[1]应该本着“先行先试”的原则，在探索无居民海岛使用权流转模式过程中，尝试多元的和开放的无居民海岛使用权流转机制，构建务实而灵活的无居民海岛使用权流转机制。其实，我国一些沿海地区在探索无居民海岛使用权流转方面积累了相当的法治经验，为我国完善无居民海岛使用权流转立法提供了有价值的立法素材[2]。

第二节 无居民海岛使用权流转立法模式与基本范畴

一、我国无居民海岛使用权流转之立法例与地方实践

2010年3月实行《海岛保护法》以降，国家海洋主管部门相继出台了一系列无居民海岛开发与管理的法律法规，以完善无居民海岛使用权的法律体系[3]。从法律法规的规定来看，我国无居民海岛使用权流转基本原理是遵循了物权法基本理论，同时也设定了一定程度的限制。无居民海岛使用权登记包括初始登记、变更登记以及注销登记。在我国无居民海岛使用权按照审批权限施行分级登记，国家海洋局和省、自治区、直辖市人民政府海洋主管部门是无居民海岛使用权登记机关，负责无居民海岛使用权登记工作，同时，无居民海岛使用权流转中的登记制度也具有一定的自由度。根据国家海洋局《无居民海岛使用金征收使用管理办法》第3条的规定，在我国无居民海岛使用权是可以流转的，包括转让、出租和抵押等，只是无居民海岛使用权的流转是附有一定条件的。

为解决无居民海岛开发资金“瓶颈”问题，山东省积极探索无居民海岛使用权抵押贷款机制。为此，山东省金融工作办公室、山东省海洋与渔业厅、中

---

〔1〕 张惠荣：《海域使用权属管理与执法对策》，海洋出版社2009年版，第31页。

〔2〕 山东省积极探索海岛使用权抵押贷款工作，2011年该省金融工作办公室、海洋与渔业厅、中国人民银行济南分行、中国银监会山东监管局联合印发了《山东省海域海岛使用权抵押贷款实施意见》。

〔3〕 这些法律法规主要规范无居民海岛使用权的流转，有财政部、国家海洋局的《无居民海岛使用金征收使用管理办法》《无居民海岛开发利用具体方案编制办法》《无居民海岛使用权登记办法》以及《无居民海岛使用申请审批试行办法》等相关法律规定。

国人民银行济南分行、中国银监会山东监管局联合出台《山东省海域海岛使用权抵押贷款实施意见》(以下简称《实施意见》)。根据《实施意见》规定,任何单位和个人只要合法持有《海岛使用权证》,就可以进行相关融资。无居民海岛使用权作抵押时,其抵押范围内的建筑物或其他定着物一并抵押;无居民海岛上的建筑物或其他定着物抵押时,其所占用范围内的无居民海岛使用权一并抵押。[1]山东省《实施意见》的出台,使无居民海岛的使用权物权化,这样可以保证无居民海岛的价值实现最大化,从法律的视域维系无居民海岛的价值。

二、无居民海岛使用权流转的域外法规制考略

无居民海岛使用权的流转机制比较复杂,各国立法对无居民海岛使用权的流转持谨慎态度,大多数国家对无居民海岛采取"只租不卖"的模式。美国无居民海岛除了采用信托之外,相当多的无居民海岛通过租赁方式来实现使用权的转让,比如美国田纳西河流域管理局通过出租的方式,将无居民海岛用于休养、避暑、划船、钓鱼以及类似的消遣活动。

英国的海洋资源私有化的程度非常之高,但是对于包括无居民海岛在内的海岛,其归属与流转机制呈现出比较复杂的格局。根据英国普通法,无居民海岛等海洋资源的流转在英国海洋资源交易市场上非常普遍。但是立法上对无居民海岛使用权流转的规制是相当的严苛。英国无居民海岛使用权流转中格外重视环境评估环节。环境因素在无居民海岛使用权流转中起到制约的功能,并直接影响到无居民海岛使用权流转的成败。受英国无居民海岛使用权流转制度的影响,澳大利亚无居民海岛使用权的流转也格外注重规划和环境评估的决定作用。

三、管制—自治机制下无居民海岛使用权流转的基本范畴

(一)无居民海岛使用权的设立

根据国家海洋局在《海岛保护法》施行后的一系列法律文件,无居民海岛使用权的设立基本上遵循了传统的方式,并且施行比较严格的政府审批制度。[2]无居民海岛使用权则必须通过划拨、出让、申请、竞争等方式设立。无居

〔1〕 参见赵建东:《创新海岛管理制度的有益尝试》,载《中国海洋报》2011年6月21日。

〔2〕 参见《海岛保护法》第30条的规定。

民海岛使用权的划拨通常是无偿取得的，其主要理由是基于生态保护、国防安全和公共利益需要的考量。无居民海岛使用权的出让是无居民海岛使用权流转机制的常态，通过交纳使用金的方式成立无居民海岛使用权。申请无居民海岛使用权通常针对的是基于非营利性活动而言的，但需要经过严格的申请程序和审批程序。无居民海岛使用权的竞争方式是典型的商业模式，一般是通过招标和拍卖等方式有偿取得一定期限的无居民海岛使用权。无居民海岛的公共义务属性决定了无居民海岛使用权的取得程序比较复杂，诸如通过论证会、听证会等形式。[1]为了体现无居民海岛的海洋属性和社会属性，国家实行无居民海岛使用权出让最低限价制度。无居民海岛使用权出让最低价标准由国务院财政部门会同国务院海洋主管部门根据无居民海岛的等别、用岛类型和方式、离岸距离等因素，适当考虑生态补偿因素确定，并适时进行调整。就无居民海岛使用权设定的方式而言，商业竞争方式是比较普遍的。

（二）无居民海岛使用权的转让

无居民海岛使用权的流动性不畅不利于无居民海岛的保护与利用，会造成国家自然资源的浪费。因此，在无居民海岛使用权转让方面形成完善的制度是非常必要的，而且无居民海岛使用权的转让和取得所有人——国家的同意才能转让。这种设计显然是受到我国传统理论的影响。笔者以为这种设计是值得进一步商榷的。因为无居民海岛使用权的转让仅仅依赖国家的同意才能转让是不够的。由于无居民海岛的特殊属性使然，国家应该深入“介入”无居民海岛使用权转让机制，才能实现管制与自治平衡的无居民海岛使用权流转模式。[2]

无居民海岛使用权转让曾一度成为左右我国无居民海岛使用权制度的重要因素。长期以来，无居民海岛使用权转让的理论与实践并不成熟，导致我国无居民海岛使用权流转中的法律问题颇多，诸如无居民海岛使用权期限划定不合理，无居民海岛使用权再转让比较困难等。在无居民海岛使用权流转中的关键问题之一是收益分配的确定问题。目前我国尚无运作比较成熟的无居民海岛使用权的估价和评估机制，因此导致无居民海岛使用权转让中的价值

---

〔1〕 程功舜：《无居民海岛使用权若干问题分析》，载《海洋开发与管理》2010年第1期。

〔2〕 参见周学锋：《无居民海岛物权制度探析》，载《浙江海洋学院学报》（人文科学版）2010年第4期。

确定面临一定的难度。[1]基于此，无居民海岛使用权转让务必要建立有资质的评估机构参与制度作为保障，否则必将面临各种风险。

（三）无居民海岛使用权抵押

根据法理和我国相关法律的规定，无居民海岛使用权抵押的成立不存在任何法律障碍。为了解决无居民海岛开发融资上的"瓶颈"，山东省有关部门公布了无居民海岛使用权抵押贷款办法，并且在沿海地区实施，取得了初步的经验。山东省的地方经验是无居民海岛使用权的抵押是指抵押人以其依法拥有的无居民海岛使用权向抵押权人提供债务履行担保的行为，债务人不履行债务时，抵押权人有权依法从抵押的无居民海岛使用权拍卖所得的价款中优先受偿。只要无居民海岛使用权依法可以转让，其就具有一定的经济价值，因此也就可以成为抵押的标的。[2]无居民海岛使用权的抵押标的是对无居民海岛的占有、使用和收益权利，此种权利已经与无居民海岛所有权相分离，形成一种独立的物权。无居民海岛使用权抵押并不是实物抵押而是具有权利抵押的性质。[3]无居民海岛使用权抵押融资的实践表明，无居民海岛使用权抵押必将日益得到推广，因为我国业已形成了比较成熟的权利抵押制度，其理论与实践皆比较成熟和丰富。

（四）无居民海岛使用权流转的登记

从域外法律经验来看，不动产登记机关可能是司法机关，如德国不动产登记机关为属于地方法院的土地登记局，土地登记官为法官；有的国家则是行政机关，如日本不动产登记机关为法务局等。与这种统一状态相反，我国现阶段的不动产登记机关在设置上呈现出多样化的特色。[4]由于无居民海岛使用权的客体具有复合性，涉及动产与不动产资源，因此，应建立无居民海岛使用权登记制度。我国部门规章对无居民海岛使用权登记作出了详细的规定，并且属于一种比较宽泛的登记制度[5]。无居民海岛使用权登记办法的可操作性很强，

---

〔1〕 参见王森、袁栋：《无居民海岛使用权转让问题探讨》，载《中国海洋大学学报》（社会科学版）2007年第3期。

〔2〕 参见马得懿：《基于自治与管制平衡的法律机制——以辽宁沿海滩涂的保护与利用为例》，载《太平洋学报》2010年第10期。

〔3〕 程功舜：《无居民海岛使用权若干问题分析》，载《海洋开发与管理》2010年第1期。

〔4〕 参见常鹏翱：《物权法的展开与反思》，法律出版社版2007年版，第287～288页。

〔5〕 参见国家海洋局《无居民海岛使用权登记办法》第2条。

所规制的登记种类亦比较健全。

第三节　完善无居民海岛使用权流转机制的对策与启示

自从《海岛保护法》施行以来，我国无居民海岛使用权流转的实践日益丰富，并且形成成熟的模式。然而，无居民海岛使用权二级交易市场还没有形成完备的体系。无居民海岛使用权流转市场不是完全的纯市场，而是准市场，是一种基于管制—自治模式下的市场交易机制。这主要是由于无居民海岛的属性决定了其流转要受到社会公共利益、生态利益和交易技术条件的制约；同时，无居民海岛使用权流转也具有其自身的规律性。一个成熟的基于管制与自治平衡法律机制下无居民海岛使用权流转模式的构建，应该考虑如下基本范畴。

一、无居民海岛使用权流转两级市场完善的总体构想

无居民海岛使用权流转中备受关注的问题之一是市场机制的构建与无居民海岛所承载的社会公益的结合。根据我国《海岛保护法》有关规定，我国无居民海岛使用权流转一级市场由国家各级海洋行政机关管理，无居民海岛使用权出让方式的种类、出让原则是主要权利与义务相匹配，不得损害国家和社会公共利益。无居民海岛使用权的一级市场主要是处理好无居民海岛使用权的管理权和使用权之间的关系，基于无居民海岛使用权的法律属性的考虑，在无居民海岛使用权一级流转市场上，要格外注重有关机构的介入，特别是在无居民海岛所承载的公共利益上的监督作用。[1]随着无居民海岛使用权流转机制不断完善和成熟，要格外重视无居民海岛使用权流转中二级市场的培育和发展。基于无居民海岛在旅游、海洋文化、防务以及生态等领域的价值考量，积极探索无居民海岛使用权流转中的二级市场，具有重要的意义。

---

〔1〕　参见马得懿：《管制—自治模式下无居民海岛使用权流转问题探讨》，载《东北财经大学学报》2014年第2期。

二、扩大可流通的无居民海岛使用权范围和增加流转方式

不同种类的无居民海岛使用权其类型不同，依据其稀缺程度、用途、取得方式等对其可流通的范围和方式加以限制或禁止是科学合理的，但是我国无居民海岛使用权允许流转的类型是有限的，阻碍了无居民海岛使用权交易市场的建立。在构建完善的无居民海岛使用权流转机制的前提下，可以探索逐一扩大无居民海岛使用权范围，增加无居民海岛使用权流转的方式。特别是在无居民海岛使用权二级市场得到一定程度的发展情况下，探索无居民海岛使用权流转的新方式更是当务之急。除了传统的无居民海岛使用权流转机制之外，可以尝试BOT等模式。

三、完善无居民海岛使用权登记制度

无居民海岛使用权登记在无居民海岛流转机制处于非常重要的环节，登记制度是否健全和科学将决定着无居民海岛使用权流转是否顺畅以及是否实现其市场价值。无居民海岛使用权登记制度不仅是明确权利状态以实现公示的功能，而且也在一定程度上具有定分止争的社会效果。登记机关的登记人首先应具备一定的专业知识，并制定可操作的登记程序，因登记错误造成权利人合法利益损失的，由国家进行赔偿。[1]由于我国不动产登记制度存在进一步改进的空间，无居民海岛登记可以由具有特定专业资质的海洋行政部门完成，并且登记内容务必要体现无居民海岛的属性，彰显其在流转过程的登记功能。根据我国《海岛保护法》第5条所确定的无居民海岛集中统一管理体制，为无居民海岛使用权流转中的登记提供了法律依据。基于无居民海岛使用权流转中的复杂性，笔者建议，可以在无居民海岛使用权登记领域大胆尝试，特别是积极发挥无居民海岛使用权登记中的融资功能，规避无居民海岛使用权登记沦为流于形式的风险。[2]

无居民海岛使用权流转机制不能复制一般不动产的登记制度。在完善无居民海岛使用权流转制度务必要凸显无居民海岛的价值体系、海洋属性以及战略地位。首先，根据我国国家海洋局出台的有关办法，我国无居民海岛使用

〔1〕 闫雪玲：《自然资源使用权流转的法律问题研究》，石家庄经济学院2010年硕士学位论文。

〔2〕 参见程功舜：《无居民海岛使用权法律性质及流转探析》，载《改革与战略》2011年第7期。

权的出让实行最低价格制度。[1]无居民海岛使用权最低价格制度运行几年的实践表明，其在保障无居民海岛使用权流转秩序和维护国家海洋权益方面具有积极的意义。其次，形成稳定和灵活的无居民海岛使用权评价体系和机制。无居民海岛使用权流转机制既是对经济效益的追求，又要顾及无居民海岛在社会公共利益上的担当，故此，不断完善和细化无居民海岛使用权流转中的程序、规则和手段是极为重要的。特别是形成兼具市场导向和公共利益承担的无居民海岛使用权转让价格机制，是值得提倡的。最近国家海洋局委托有关机构研究无居民海岛使用权一级市场和二级市场的价格评估机制在健全无居民海岛使用权流转制度上迈出了重要步伐。最后，强化无居民海岛使用权交易合同的法律规制。实践证明，完善无居民海岛使用权流转机制的重要手段是通过合同进行管理与监督。无居民海岛使用权流转合同具有其特殊性，为了保护公共利益和生态利益不受损害，有必要对交易合同进行行政干预。笔者建议不仅要建立合同备案登记制度，而且要明确规范无居民海岛使用权交易时不能损害公共利益和环境利益，否则合同无效。

四、无居民海岛使用权交易中海洋意识的融入机制

无居民海岛的合理开发利用和有序流转，仅仅依靠政府的力量是不够的，就当前的无居民海岛和环境的保护形势而言，将国家的力量和个人的力量结合起来才是更好的实现方式。但是私人投资的目的是追求经济利益，鼓励私人投资进行无居民海岛合理开发，需要进行必要的物质精神鼓励措施。其重要的举措之一是鼓励具有海洋意识的无居民海岛使用权模式，增强海洋环境保护的责任力，尽力推行无居民海岛环境治理保证金制度。[2]笔者建议，在无居民海岛使用权流转中宜采用多种方式融入海洋意识，增强无居民海岛所承担的社会公益效益，在无居民海岛使用权转让过程中适当考虑其社会

〔1〕 参见财政部、国家海洋局《无居民海岛使用金征收使用管理办法》第4条规定。

〔2〕 所谓无居民海岛环境治理保证金制度是对无居民海岛使用权人在开发利用无居民海岛之前收取一定的资金，担保权利人在开发使用过程中合理开发，并做好环境保护和开发后的恢复治理，如果当事人能够履行上述环境保护的义务，则在其完成后将保证金予以返还，否则，可以将此资金用于环境治理。

属性。[1]

五、相关启示

无居民海岛使用权流转机制是对传统私法体系或者物权法体系下不动产使用权流转机制的突破，因为这种流转模式都无法全然凭借传统物权法理论来作出令人信服的解释，纵然是在准物权相关理论之下，也暴露出准物权理论在无居民海岛使用权流转机制领域里的不周全性，更何况所谓的准物权理论本来就存在这样或者那样的争议。根据有关学者的研究表明，准物权的转让需要得到法律的允许，否则其流转必然导致无效。我国欲建立准物权交易市场，实行准物权转让，就必须对上述规定分门别类，采取不同的态度。[2]上文通过民法解释学的手段对无居民海岛使用权的公权与私权的双重属性予以界定，并且进而提出了无居民海岛使用权流转的“管制—自治”模式，具有一定的合理性，在一定程度上比较中肯地诠释了无居民海岛使用权的流转制度。总而言之，无居民海岛使用权流转机制问题启示着传统物权法相关理论创新的必要性，其不仅是对传统私法体系下权利流转制度的突破，而且也是驱动法律理论更新的绵延动力。随着无居民海岛使用权流转实践的日益丰富，必将对海洋资源资源权属制度的创新提供有力的支撑。[3]

---

〔1〕 参见马得懿：《管制—自治模式下无居民海岛使用权流转问题探讨》，载《东北财经大学学报》2014年第2期。

〔2〕 参见崔建远：《准物权研究》，法律出版社2003年版，第10页。

〔3〕 参见马得懿：《管制—自治模式下无居民海岛使用权流转问题探讨》，载《东北财经大学学报》2014年第2期。

第五章　无居民海岛开发融资机制探讨

第一节　无居民海岛开发融资问题概要

制约各国无居民海岛开发与管理的重要“瓶颈”在于融资问题。即便是海洋经济发达国家，亦为不断探索无居民海岛开发融资制度而不懈努力。一些海洋国家尝试采用BOT模式来推进无居民海岛开发的管理，积累了相当丰富的经验。无居民海岛开发与管理的BOT模式不但丰富和发展了BOT的理论与实践，而且促进了无居民海岛开发与管理的多元化和灵活化。马尔代夫无居民海岛开发实践表明了通过在投资主体、投资领域、内资介入等若干不同进路来实现BOT模式的嬗变和软化。基于无居民海岛的自然属性、社会属性以及法律属性的认知，我国无居民海岛BOT模式软化视野下的融资法律机制是制约无居民海岛开发与管理成功的关键所在，也是BOT模式软化趋势的理论和实践的创新。基于融资契约模型的解读，BOT模式软化下的融资机制主要是通过构建政府补贴和保证金的有机融合模式来实现的。

无居民海岛历来被认为是“海洋上的政治性土地”。[1]一方面无居民海岛极容易陷入主权争端，另一方面无居民海岛是海陆兼备的特殊区域，具有多元的价值体系，诸如自然资源价值、

---

〔1〕 Clive Schofield, “The Trouble with Island: The Definition and Role of Islands and Rocks in Marttime Boundary Delimitation”, in *Martitime Boundary Disputes, Settlement Processes, and The Law of the Sea*, edited by Seoung-Yong Hong and John M. Van Dyke, Leiden: Martinus Nijhoff Publishers, 2009, p.19.

生态经济价值、科学研究价值、军事利用价值以及维护权益价值等。[1]国际法相关理论与实践表明，一个国家对无居民海岛的有效控制是获得无居民海岛主权的重要原则。[2]近年来国际法院已经多次适用有效控制原则来判决争议领土的主权归属，这使该规则日益受到各国及其学者的关注。从涉及有效控制的国际司法裁判来看，有效控制规则的产生及发展呈现出一个渐进的、逐渐成熟的过程。"以管理行为强弱作为判断争端领土主权归属主要依据"的有效控制规则，其构成要素包括"作为主权者而行为的意图"的主观要素和"实施有效的管理行为"的客观要素。[3]海洋国家高度重视完善无居民海岛开发与管理体制。本章初步考察了部分国家的无居民海岛开发与管理的理论与实践，其共性是在维持严格的环境标准的前提下，都十分注重灵活地采用BOT项目的形式来促进无居民海岛的开发与管理，某些国家的法律虽然没有明确规定采用BOT模式来强化无居民海岛的开发与管理，但是其实质仍然是借用BOT的投融资模式来促进无居民海岛的开发与管理。本章以BOT模式软化下无居民海岛的开发法律问题为研究任务，不仅是对国际法上有效控制理论私法视角的另类解读，更是笔者笃信"国际法的财产权逻辑的合理性"理论的尝试。从国际法的财产权逻辑进路，可以进一步佐证强化无居民海岛管理的价值所在。[4]财产权与主权的关系、财产权与国际和平发展的关系以及财产权内涵的确定性都表明，在理解国际法方面，财产权逻辑可以构成传统主权逻辑之外的另一进路。财产权逻辑进路促使人们认识到国际法实践在主权之外还存在或许更为绵长的动力，即财产权，从而有助于国际社会借鉴国内成熟的财产权法律经验，以推动国际法治。[5]

无居民海岛开发融资机制是决定无居民海岛开发与管理成败的关键之一。

---

〔1〕 参见刘容子、齐连明等:《我国无居民海岛价值体系研究》，海洋出版社2006年版，第5页以降。

〔2〕 根据相关国际法理论与实践，有效控制原则在国际法院解决岛屿争端中有重要作用，在无法通过条约解决岛屿争端时，有效控制原则是国际法院优先适用的原则。时际法和关键日期对判断有效控制有重要作用，只有对岛屿持续、平稳及充分地控制才能构成有效控制。参见曲波:《有效控制原则在解决岛屿争端中的适用》，载《当代法学》2010年第1期。

〔3〕 黄瑶、凌嘉铭:《从国际司法裁决看有效控制规则的适用——兼论南沙群岛主权归属》，载《中山大学学报》(社会科学版)2011年第4期。

〔4〕 参见马得懿:《无居民海岛使用权阐释:海洋属性与海权发展》，载《河北法学》2014年第7期。

〔5〕 根据笔者的初步考察，蔡从燕教授首先系统地阐释了国际法的财产权逻辑的合理性问题。更为详尽的论述，请参见蔡从燕:《论国际法的财产权逻辑》，载《法律科学》2011年第1期。

我国无居民海岛开发的融资机制具有局限性和不稳定性。“马尔代夫模式”表明了BOT模式软化下无居民海岛开发融资机制在投资主体、投资领域以及资金使用等方面得到不断优化，是一个富有活力的投融资制度。基于对融资契约模型的解读，引入保证金和政府补贴融合机制是BOT模式软化下无居民海岛开发融资机制植入社会效益理念的重要机制保障，同时是由无居民海岛的自然属性、社会属性和法律属性所使然。BOT模式软化下无居民海岛开发融资机制为我国无居民海岛开发融资法律制度的完善提供了重要的启示和借鉴，也为培育和发展我国完备的海洋金融法律制度提供了支撑。

《全国海洋经济发展规划纲要》和国家“十二五规划”明确了发展海洋经济的战略意义。作为海洋经济重要领域，无居民海岛开发融资问题同样是亟待探讨的问题。无居民海岛开发融资机制有无居民海岛使用权抵押贷款、专项财政支持以及租赁模式等。然而，上述传统融资机制在实践中并没有发挥应有的功效。第一，无居民海岛使用权抵押贷款机制尚不成熟。理论上，无居民海岛开发者可以通过设立无居民海岛使用权抵押贷款合同进行融资。实践上，我国积极探索无居民海岛使用权的抵押融资模式，为解决无居民海岛融资问题提供了有益的尝试。〔1〕然而，由于贷款机构对于无居民海岛的开发收益和风险缺乏全面的把握，加之我国在这方面并没有实践经验可以借鉴，特别是无居民海岛使用权抵押贷款的程序和流程不成熟，导致无居民海岛抵押贷款的可操作性很差。第二，无居民海岛开发专项财政支持的局限性。根据我国《海岛保护法》有关规定，国家海洋局启动了海岛整治修复与保护项目。〔2〕此种无居民海岛开发融资模式容易受到国家财政实力的制约，而且所适用的无居民海岛类型有限，一般多为承载国家防务安全和具有独特社会经济价值的无居民海岛。无居民海岛开发融资机制的不成熟性折射出我国海洋金融发展的整体水平和状况。我国海洋经济融资模式和手段比较单一，融资渠道有限，资本市场不发达，而就无居民海岛开发融资而言，由于无居民海岛价值多元，开发类型多样，其对融资模式的要求也是多元的。〔3〕

---

〔1〕 我国山东省和浙江省分别尝试以无居民海岛使用权抵押贷款办法来解决无居民海岛开发融资问题。参见赵建东：《创新海岛管理制度的有益尝试》，载《中国海洋报》2011年6月21日，第4版。

〔2〕 我国《海岛保护法》第21条规定：“国家安排海岛保护专项资金，用于海岛的保护、生态修复和科学研究活动。”2010年我国启动海岛整治修复与保护项目，截至目前共拨付中央资金近5亿元。

〔3〕 参见马得懿：《无居民海岛开发融资机制探讨》，载《资源科学》2013年第6期。

第二节 BOT模式的软化：马尔代夫海岛开发的实践考察

一、BOT模式软化的界定

（一）BOT模式软化的内涵

学术史表明，作为具有现代化色彩投融资模式，BOT的理论与实践甚是丰富。一般地，作为一种比较流行的投资和融资模式，传统BOT模式的成型肇始于20世纪80年代。BOT模式曾风靡一时，在世界各国和地区一度成为热点问题。[1]人们普遍认为，传统BOT模式一般是针对发展中国家吸收外资并且主要用于该国的基础设施建设的投融资模式和手段，是发展中国家为了吸引外国资金输入而发展该国的具有公共性的基础设施形成的制度。然而，传统BOT模式下的特许协议和保证责任等问题的争议性是该模式运作的最大障碍，在充分考察马尔代夫无居民海岛开发与管理实践的基础上，传统BOT模式逐渐发生了软化的趋势。

BOT模式软化就是在BOT模式下的投资主体、投资方式、投资领域方面的多元化和开放性趋势，BOT模式软化下特许协议法律属性和政府保证等传统核心的问题在BOT模式下不再居于“核心”地位。由于陆地的土地和资源已经越来越稀缺，无居民海岛中蕴藏着大量的自然资源，开发利用无居民海岛不仅能够圆了自己的“岛主梦”，而且可以取得可观的经济效益。因此，把BOT模式引入无居民海岛的开发和管理是一种有益的探索。传统BOT模式一般是针对发展中国家吸收外资，并且主要用于该国的基础设施建设的投融资模式，是发展中国家为了吸引外国资金输入而发展该国的具有公共性的基础设施形成的制度。[2]而马尔代夫等国家在无居民海岛融资机制方面形成了BOT模式软化下融资机制。BOT模式的软化趋向是投资主体、投资方式、投资领域方面的多元化和开放性趋势。

---

〔1〕 BOT（Build Operate Transfer）即建设—经营—移交，其基本内容是东道国政府与外国私人投资者签订特许协议，将某一公共基础设施交由私人投资者建设、管理与运营，在协议特许期内由项目的收益偿还贷款，回收投资及利润，待特许期届满后，项目无偿移交给所在国或某机构。本书所谓BOT模式，特指利用BOT方式来开发和利用无居民海岛。

〔2〕 主要是各国对BOT模式下的特许协议的法律属性和政府保证责任的争议从未停止过，这在一定程度上制约着BOT融资的顺利进行。

（二）BOT模式软化的特征

1.“非核心”法律问题得到日益关注

所谓BOT模式的“非核心”法律问题，是指传统BOT模式特许协议之外的其他问题。BOT项目会涉及诸多合同安排，这些合同有学者称之为辅助合同。[1]对作为BOT模式基石的特许协议的研究在一度达到高潮之后，现今呈现出消歇的状态，而一些“非核心”法律问题逐渐引起了学界的关注。这也昭示了发达国家和发展中国家各自的经济利益而不再拘泥于传统BOT模式理论的束缚。在经济与法律全球化的今日，实在无必要再围绕BOT特许协议之法律属性而展开喋喋不休的争论，更何况在BOT模式的成功案例中，鲜有因为特许协议的执行而发生重大纠纷的案例，而恰恰相反，诸多BOT模式中的“非核心问题”——诸如项目融资法律机制一直是左右BOT项目运作是否成果的关键问题。

2.通过构建无居民海岛开发融资机制来完善政府保证等功能

海洋国家高度重视并积极探索无居民海岛开发融资的新模式与手段。BOT模式的软化注重完善融资机制来减损传统BOT模式下某些敏感问题的争议而产生的消耗。这也是无居民海岛的自然属性和社会属性所使然。无居民海岛开发所面临的棘手问题之一就是资金瓶颈问题，这也是有各国发展海洋经济所面临的共性问题。优化无居民海岛开发的融资机制，是BOT模式软化的重要特征。[2]

二、BOT模式软化的实践：马尔代夫无居民海岛开发的实证分析

（一）基本背景

马尔代夫管理无居民海岛取得的成就是印度洋上小岛国的发展缩影，也是马尔代夫等岛国追求国家现代化的结果。现代化的道路是不拘一格的。马尔代夫在脱离西方殖民统治后，在海岛经济发展方面，并没有单纯追求走工业化道路，而是大力推行发展海岛旅游业。[3]根据马尔代夫《外国投资指南—A》

〔1〕 一般而言，辅助合同包括融资合同、工程承包合同、担保合同以及保险合同等多种合同类型。

〔2〕 参见马得懿：《BOT模式软化下无居民海岛开发的实证分析》，载《太平洋学报》2013年第1期。

〔3〕 褚怡敏：《印度洋英联邦国家：海岛、小国、异路》，西亚非洲杂志社2007年版。

相关规定，基于马尔代夫自然资源和技术知识有限的考量，为了完善该国的经济和社会基础设施，马尔代夫政府鼓励外资利用当地劳动力开发本国无居民海岛。而根据马尔代夫1979年5月1日起设施的《外国投资法》(第25/79号法)规定，外国公民一旦完成该国工业贸易部的注册，其投资的性质由马尔代夫工业贸易部决定，投资者和工业贸易部应就投资问题鉴定协议，而且在马尔代夫的投资只能由马尔代夫承认的银行或管理机构得到担保的个人或团体进行。如果投资者从事有损于该国安全的活动，马尔代夫政府可以在协议规定的有效期满之前终结其投资。同时，马尔代夫的旅游总体规划中积极推进私营部门的投资，强化人力资源和文化领域开发，重视环境保护。根据马尔代夫的法律，利用国外资金开发利用马尔代夫无居民海岛必须通过正式的、透明的途径流入马尔代夫，而且大力推进私人投资无居民海岛的基础设施。因此，马尔代夫鼓励采用BOT模式开发无居民海岛的机场等服务工程。为了更好地利用BOT模式，马尔代夫将旅游部与民航部门合并，创建了一个新的马尔代夫旅游委员会(MTB)来负责无居民海岛的开发与管理。[1]

作为印度洋上的一个小国，马尔代夫管理无居民海岛取得的成就也是印度洋上小岛国的发展缩影，是该国追求国家现代化的结果。马尔代夫在海岛旅游发展中，探索出一个既符合本国特点，又符合生态环境保护与社会文化的模式，被誉为“马尔代夫模式”。马尔代夫在管理无居民海岛实践中，特别凸显融资机制的重要功能，而且投资领域不仅仅是海岛上的基础设施，而且还有其他自然资源的开发，其实质是一种典型的BOT模式的软化。

(二)融资模式囊括无居民海岛的基础设施与资源开发

由于马尔代夫的自然资源开发水平与无居民海岛基础设施比较落后，故此《马尔代夫旅游法》(15/79号法案)鼓励“有助于完善该国社会基础设施与资源开发的综合投资项目的实施”。就马尔代夫的国情而言，无居民海岛的开发，其实质上隐含着无居民海岛基础设施建设和无居民海岛自然资源的开发的双重任务。马尔代夫在发展海岛经济过程中，认识到在吸收外资过程中，不仅仅是无居民海岛基础设施建设需要资金，而且无居民海岛资源的开发更是需要巨额资金的支持。因此，马尔代夫利用BOT模式来开发无居民海岛进程

〔1〕 参见马得懿:《BOT模式软化下无居民海岛开发的实证分析》，载《太平洋学报》2013年第1期。

中形成了综合领域的开发模式。

（三）平等对待内资与外资的综合利用机制

根据马尔代夫的法律，开发利用无居民海岛的外国资金必须通过正式的、透明的途径流入马尔代夫，而且大力推进私人投资无居民海岛的基础设施。马尔代夫《外国投资指南—A》相关规定，基于马尔代夫自然资源和技术知识有限的考量，为了完善该国的经济和社会基础设施，政府鼓励外资利用当地劳动力开发本国无居民海岛。而根据马尔代夫1979年施行的《外国投资法》（第25/79号法案）规定，外国公民一旦完成该国工业贸易部的注册，其投资的性质由马尔代夫工业贸易部决定，投资者和工业贸易部应就投资问题签署协议，〔1〕而且内资与外资的地位平等，除非投资者从事有损于该国安全的活动，否则马尔代夫政府可以在协议规定的有效期满之前终结其投资。

（四）强化无居民海岛开发融资机制的机构职能

马尔代夫政府深刻地意识到无居民海岛旅游业作为本国的支柱产业，其对马尔代夫的经济社会发展至关重要，以此，为了强化无居民海岛开发融资机制的稳定运行，特别对该国的旅游部进行了机构职能改革。为此，采取了如下措施：第一，赋予旅游部更多的政府职能，将其整改为政策、规划和管理机构，而从法律上废除其市场推广功能和无居民海岛出租人的法律地位。第二，将旅游部和民航部整合为一个新的机构。法律赋予新机构具有立法和调整功能、无居民海岛规划发展功能、融资机制的运作和推进功能、人力资源开发和培训功能。第三，创建一个新的马尔代夫旅游委员会（MTB）。该委员会具有广泛的代表性，由国家公共管理机构和私人部门的机构共同组成，该机构的运作效率很高，并且可以将传统BOT模式下政府保证责任融入融资机制之中。总体规划还建议马尔代夫应当“通过授权私营公司向投资者发行政府债券的方式筹措国内资金，但同时对投资者采取全面的保护性措施”。〔2〕

马尔代夫充分意识到传统BOT模式下政府保证的缺憾，力图实现政府保

〔1〕　马尔代夫《外国投资法》下投资者和工业贸易部之间所签署的协议为BOT模式协议，其实质为BOT模式软化下的融资安排。

〔2〕　参见国家海洋局海岛立法起草小组：《国外海岛立法及管理实践——马尔代夫》2009年5月，未刊稿。

证责任的具体化，同时将政府保证的机制通过合理的制度设计融入无居民海岛开发与管理的融资制度之中。马尔代夫《外国投资指南——B》中列举了共计10项措施来强化政府保证责任。该国《外国投资法》(25/79号法案)在规定融资途径中也融入了大量政府保证的条款。[1]

三、植入社会效益理念的无居民海岛融资机制：保证金与政府补贴的融合

BOT模式软化下无居民海岛开发融资制度具有相当的灵活性和务实性。“马尔代夫模式”追求的是务实的风格，不再拘泥于BOT特许协议的争论和政府保证的范围和如何保证，而是灵活地在融资方面实现多元和开放的无居民海岛开发与管理制度。马尔代夫等发展中国家则主要注重吸引外资，以弥补国内基础设施建设所需资金的不足。[2]无居民海岛融资机制成为左右BOT模式是否成功的核心制度，并且该融资机制融入了环境保护和可持续发展的理念。

“马尔代夫模式”下形成的“平等和透明”的融资模式、“内资与外资平等的投资机会”以及融入环境保护和弘扬马尔代夫土著文化理念的融资机制在很大程度上促进了马尔代夫的海岛经济的发展。然而，BOT模式软化下无居民海岛开发融资机制是基于马尔代夫无居民海岛开发的实证分析而提出的，其是否具有普适性？是否对其他国家无居民海岛开发融资机制具有可借鉴性？

2007年实施的《印度尼西亚共和国海岸带和小岛管理法》第52条第(2)款规定：“为了提高海岸带和小岛的管理功效，中央政府可在制定和实施海岸带和小岛管理行动计划面向地方政府提供援助。”1972年《美国海岸带管理法》第315条规定：“部长可以根据本条及他所颁布的规章条例为下述目的向任何沿岸州发放补助金；任何这种补助金的数额不得超过本计划经费的50%。”同样，2002年2月8日《澳大利亚诺福克岛保护计划方案》也是明确规定政府以专项资金形式对无居民海岛的开发提供融资途径。以政府财政专

---

〔1〕 参见马得懿：《无居民海岛开发融资机制探讨》，载《资源科学》2013年第6期。

〔2〕 参见潘智丰：《BOT投资方式的理论与实践及在中国的延伸》，对外经济贸易大学2000年硕士学位论文。

项资金来支持无居民海岛的保护与开发，一般多为海洋意识强烈、经济比较发达国家，比如日本、韩国以及澳大利亚等国也纷纷立法采取类似的融资机制。[1]前述域外法下无居民海岛开发融资机制的共性是以政府的专项财政支持为特征，国家高度重视无居民海岛的管理，形成了审慎的开发与保护法律机制。无论是小岛国代表的马尔代夫，还是兼具海洋大国与陆地大国特征的美国或者澳大利亚，在构建无居民海岛开发融资机制时都植入了无居民海岛开发的社会效益的因素，[2]即融资机制充分考虑无居民海岛的海洋属性、社会属性以及价值属性等，形成了比较审慎的融资机制。马尔代夫无居民海岛治理模式是一种BOT模式的软化，具有灵活务实的风格，但是基于无居民海岛开发对该国而言，本身就具有巨大的社会效益，这也是该国的小岛国国情所使然。

从马尔代夫无居民海岛开发的实证分析，我们有理由相信BOT模式软化下无居民海岛开发融资机制的生命力和独到之处。然而，其普适性却遭到一定程度的质疑，从上述海洋大国的立法例即可见一斑。发达海洋国家以政府公共财政来支持无居民海岛的开发，足以表明各国对无居民海岛开发融资中的社会效益的谨慎态度。因此，笔者主张，BOT模式软化下无居民海岛开发融资机制一定要融入无居民海岛开发的社会效益因素，在无居民海岛开发中不仅要有顺畅的资金保障，而且也要关注无居民海岛开发成败的社会效益影响。从这个角度来看，植入社会效益的无居民海岛开发融资机制的构建，是完善BOT模式软化下无居民海岛开发融资机制的重要一环。[3]

四、BOT模式软化的应然性：以我国的实践为例证

（一）无居民海岛开发的历史演变昭示了BOT模式软化的应然性

我国无居民海岛开发活动是随着历史环境的变化和生产力的提高而不断发展，并呈现了一系列的历史规律和趋势。第一，开发对象的扩展。无居民海岛开发对象从陆连岛到沿岸岛，再到近岸岛，甚至向远岸岛逐渐拓展。第二，

---

〔1〕 参见国家海洋局海岛立法起草小组：《国外海岛管理法规汇编》2009年5月，未刊稿。

〔2〕 一般地说，所谓无居民海岛开发的社会效益是指无居民海岛项目对就业、增加收入、提高生活水平以及维修生态环境等方面所作各种贡献的总称。

〔3〕 参见马得懿：《无居民海岛开发融资机制探讨》，载《资源科学》2013年第6期。

开发主体的转变。1949年后至20世纪70年代，我国无居民海岛开发以政府为主，20世纪90年代以后，为适应改革开放的要求，国家逐步放宽无居民海岛开发限制，并相继颁布了《无居民海岛保护与利用管理规定》《海岛保护法》《无居民海岛使用申请审批施行办法》等政策法规及首批可开发无居民海岛名录。民间资本源源不断地涌向无居民海岛的开发，开发主体转变为个人或单位，政府逐渐退出直接开发者行列，政府职能转变为制度、规则的制定者和监督者上来。第三，开发方式的提升。20世纪90年代以来，无居民海岛开发方式趋向多元化，海岛价值被充分挖掘。[1]

（二）无居民海岛开发与管理的BOT模式具有稳固的社会和政策基础

我国市场经济体制正在不断完善，法制也在逐渐健全，政治形势和社会环境稳定。2001年年底国家计委颁布的《关于促进和引导民间投资的若干意见》明确提出，要逐步放宽民间投资领域，鼓励和引导民间投资以独资、合作、联营、参股、特许经营等方式，参与经营性的基础设施和公益事业项目建设。[2]依据“谁开发，谁受益，谁保护”的基本原则，维护好国家利益和海岛区域自身的利益，逐步将无居民海岛的开发与利用、保护和管理纳入法制化轨道已经为人们所普通共识。无居民海岛BOT模式的软化的基础是我国开发无居民海岛业已形成稳固的政策支持。

（三）无居民海岛开发和管理的资金“瓶颈”，也是催生BOT模式软化的重要因素

BOT项目融资方式是同时解决我国无居民海岛开发资金短缺和投资效益低下双重矛盾的一种有效手段。由于无居民海岛开发和管理所需投资额大，投资回收期长，政府或私营部门单方都难以完全独立承担，对私人投资者有一定吸引力。解决无居民海岛开发和管理问题的焦点仍然是资金和技术问题，BOT模式利用其特有的优势，把市场机制引入我国无居民海岛开发和管理中，不仅能解决我们当前面临的矛盾，而且还带给我们新的观念冲击，对我国投融资体制改革产生一定的示范效应，带来了新型的投资方式、融资方式、风险管理方式及产权约束关系等示范转变。在这样的背景下，BOT模式为投资者参

---

〔1〕 王琪、许文燕：《中国无居民海岛开发的历史进程与趋势研究》，载《海洋经济》2011年第5期。

〔2〕 参见顾列铭：《民间资本总动员》，载《管理与财富》2002年第6期。

与无居民海岛开发和管理提供了可能。[1]

第三节　BOT模式软化的路径与融资法律机制分析

一、BOT模式软化的路径

（一）由基础设施领域向基础设施与自然资源复合领域延伸

作为海洋大国，我国拥有众多无居民海岛，而且无居民海岛的开发与管理非常复杂，每个无居民海岛的实际情境都不同。[2]无居民海岛的开发，其实质上隐含着无居民海岛基础设施建设和无居民海岛自然资源开发的双重任务。马尔代夫无居民海岛旅游开发即昭示了这一点。其主要开发特点就是无居民海岛基础设施建设和自然资源开发的同步进行。

一般地，传统BOT模式只是适用于特定的基础设施和基础产业，属于禁止私人投资的领域。马尔代夫按照“一岛一特色”的模式，充分发挥海岛地区的特色旅游资源优势，深挖海洋文化内涵，突出海岛地方特色。[3]然而，马尔代夫在发展海岛经济过程中，认识到无居民海岛的开发其实多数情境是包括无居民海岛基础设施的建设，因此，在吸收外资过程中，不仅无居民海岛基础设施建设需要资金，而且无居民海岛资源的开发更需要巨额资金的支持。因此，马尔代夫利用BOT模式来开发无居民海岛进程中形成了多领域的开发模式。综上，对传统BOT模式予以变通处理，形成多领域诸如基础设施与自然资源开发的模式是必要的。

（二）由外资向内资与外资并举转化

传统BOT模式以吸引外资为其使命。与外资BOT相比较，本国民间资本

---

〔1〕参见马得懿：《BOT模式软化下无居民海岛开发的实证分析》，载《太平洋学报》2013年第1期。

〔2〕参见马得懿：《无居民海岛使用权阐释：海洋属性与海权发展》，载《河北法学》2014年第7期。

〔3〕参见国家海洋局海岛立法起草小组：《国外海岛立法及管理实践——马尔代夫》2009年5月，未刊稿。

投入BOT项目，既不存在外汇支付问题，也不涉及对国家主权的影响。[1]另外本国投资者了解本国相关法律政策，就项目的确定、经营期限、产品和服务价格等与政府达成共识。内资被吸引到无居民海岛的开发具有无限的生命力。[2]第一，民间资金的相对集中性。从地区分布来看，沿海经济发达地区，民间资金聚集程度相对较高。第二，内资具有较强的抗风险性。一般来说，内资具有灵活性的机制和严格的管理特点。不仅如此，内资开发无居民海岛具有BOT模式的边缘效应。[3]

（三）政府保证趋向具体化、融资机制“核心化”

BOT政府保证一般都是针对政治风险和部分商业风险，具有笼统和抽象的特征，可操作性差。对于我国运用BOT模式来管理无居民海岛时，应该充分意识到传统BOT模式下政府保证的缺憾，力图实现政府保证责任的具体化。同时政府保证的机制应该通过合理的制度设计融入无居民海岛开发与管理的融资制度之中。

无居民海岛开发与规划都充分地考虑国家安全、科学研究、无居民海岛文化遗产的保护以及生态环境的维系等一系列问题，因此，无论是吸引外资还是内资，政府保证责任的作用和功能与BOT兴起之时相比较而言，显然不再那么敏感。其实，马尔代夫无居民海岛的开发经验便证明了这一点。这就是BOT模式嬗变与软化的另一进路，即政府保证趋向具体化和明确化，而无居民海岛融资法律机制逐渐趋向“核心化”，一个健全的具有可操作性的无居民海岛的融资机制，不仅可以解决无居民海岛开发所需的资金“瓶颈”，而且可以从某种程度上弥补传统BOT模式下特许协议和政府保障等敏感问题所产生的负面影响。

二、BOT模式软化下的融资法律机制分析

项目融资（project finance）是指向特定项目提供融资、以项目的预期收益为偿还贷款的主要来源、以项目资产为附属担保的一种中长期融资形式，一

---

〔1〕 参见潘智丰：《BOT投资方式的理论与实践及在中国的延伸》，对外经济贸易大学2000年硕士学位论文。

〔2〕 参见伍鹏：《马尔代夫和舟山群岛旅游开发比较研究》，载《渔业经济研究》2006年第3期。

〔3〕 所谓BOT模式的边缘效益主要是指该模式能够正确引导和充分利用国内资金投向无居民海岛的开发活动，同时其可以带动多个无居民海岛开发相关行业的发展。

般用于国际项目。这些项目主要包括自然资源开发项目、公用基础设施项目、环境改造项目以及文化创意项目等。[1]无居民海岛融资机制一般是通过成立项目公司来实现的。学者一般是通过构建无居民海岛项目公司和融资银行之间的融资契约模型来分析流动性冲击的存在对无居民海岛BOT项目的安定性的影响。融资契约时间序列如图5-1所示。无居民海岛项目公司在完全竞争的金融市场中和银行签订贷款契约筹集项目资金,并全部投入到项目中。如果无居民海岛项目公司和银行均面临着风险,当发生流动性冲击(liquidity shock),[2]因此需要向无居民海岛项目公司追加贷款。

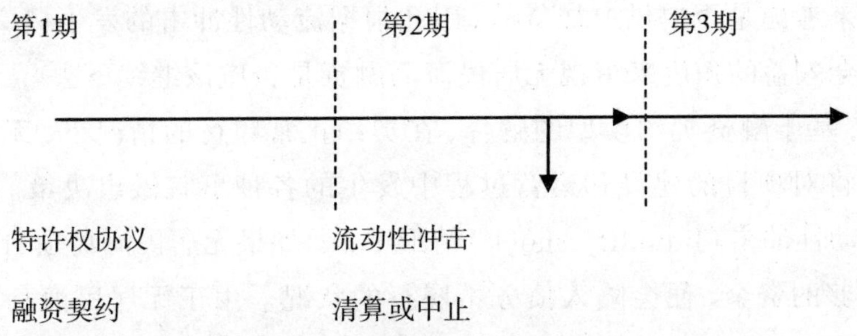

图5-1 融资契约时间序列

(一)融资机制:一个基于融资契约模型的解释

无居民海岛融资机制一般是通过成立项目公司来实现的。[3]无居民海岛项目公司在完全竞争的金融市场中和银行签订贷款契约筹集项目资金,并全部投入到项目中。如果无居民海岛项目公司和银行均面临着风险,当发生流动性冲击,因此需要向无居民海岛项目公司追加贷款。如果无居民海岛项目公司成功筹集到追加贷款,项目将继续建设和营运下去。相反,如果没有筹集到追加贷款,无居民海岛项目就会陷入临时终止或被清算。如图5-1所示,在无居民海岛第2期的期间发生了流动性冲击,则第2期便面临着被融资机构清算

〔1〕 参见李仁真:《国际金融法》(第3版),武汉大学出版社2011年版,第154页。

〔2〕 流动性冲击(liquidity shock)是指在无居民海岛BOT项目的运用过程中由于存在外部经济环境变化或者自然灾害而导致项目公司面临流动性资金不足,从而进一步造成整个无居民海岛项目发生的风险。

〔3〕 流动性冲击是指在无居民海岛BOT项目的运用过程中由于存在外部经济环境变化或者自然灾害而导致项目公司面临流动性资金不足,从而进一步造成整个无居民海岛项目发生的风险(liquidity shock)。参见马彪:《国有企业实施BOT的软预算问题及契约效率分析》,大连理工大学2010年硕士学位论文。

或者终止融资的风险。

然而，无居民海岛项目本身不仅仅具有经济效益，更重要的是项目是否成功关涉社会效益是否实现的重大问题。这是无居民海岛的社会属性和法律属性所决定的。当无居民海岛项目融资面临一定的风险时或者涌现融资风险时，有可能促使无居民海岛项目公司和银行重新启动谈判，因为无居民海岛项目公司和银行所签订的贷款契约为不完全契约，在流动性冲击发生时，无居民海岛项目公司需要和银行重新谈判以筹集追加贷款。此时，银行根据无居民海岛项目收益和追加贷款额度决定是否提供追加贷款。由于银行是从事后效率的观点来考虑是否提供追加贷款，因此根据流动性冲击的发生概率，从无居民海岛社会效益的角度来审视无居民海岛融资是否应该继续下去。

总之，基于融资契约模型的解释，在契约正常履行的情况下，无居民海岛项目公司将对项目的建设和运营过程中发生的各种事宜做出决策。然而，在发生了流动性冲击（liquidity shock）情形下，[1]如果无居民海岛项目公司无法筹集到足够的资金，便会陷入债务不履行的状况。由于无居民海岛项目具有基础设施和自然资源开发的属性，具有一定的社会效益，因此构建以国家责任为保障的机制来保证无居民海岛项目的稳定运作是必要的。[2]

（二）保证金与政府补贴的融合

1.保证金

无居民海岛项目保证金是指依据融资协议或者法律无居民海岛项目公司通常在项目开始阶段向政府或者指定管理机构缴纳一定金额的款项。一般地，无居民海岛项目保证金能够在一定程度上影响项目的运营效率。在流动性冲击发生时，银行将根据无居民海岛项目本身的收益决定是否提供追加融资。因此，如果没有政府的介入，即使是从社会效益的角度应该继续进行下去的项目也有可能被清算或中止。为了抑制这种非效率清算的发生，根据经济学理论，一般采用保证金政策来激励无居民海岛项目的继续。保证金政策可以抑制非效率清算的发生，但也会产生社会效益损失。

---

〔1〕 Holmston B. Triol J, Modeling Aggregate Liquidity. *The American Economic Review*, 1996, 86(2): 187-191.

〔2〕 参见马彪：《国有企业实施BOT的软预算问题及契约效率分析》，大连理工大学2010年硕士学位论文。

保证金的存在将直接影响无居民海岛项目公司陷入债务不履行时的银行或者政府的决策，从而间接地影响无居民海岛项目的效率。然而保证金制度在预防无居民海岛项目中的流动性风险发生方面也有其局限性，即保证金制度则由于机会成本的存在导致社会损失的发生。[1]但是作为一种重要的法律机制，无居民海岛项目保证金制度在一定程度上的确能够提升无居民海岛开发者的社会责任，激励无居民海岛项目公司的正常运营。保证金在其他领域里的运用也是很普遍的，特别是一些与环境保护密切相关的典型的BOT项目中，缴纳一定的保证金往往在推动项目的正常运作具有重要的作用。

2.政府补贴

所谓政府补贴是指在特定情形出现的情况下政府给予无居民海岛项目某种形式的财政支持。在无居民海岛项目融资机制中形成政府补贴具有很高的社会效率，因为政府补贴不仅可以实现BOT模式下政府保证的功能，而且可以自成一体，不拘泥于国际经济一体化进程中诸如WTO框架的制约，可以灵活自如地实现无居民海岛项目的风险规避和管理。

在契约经济学视域下，在无居民海岛项目公司与银行之间存在着信息不对称，这极易导致发生无居民海岛项目公司资金链的断裂。如果银行和无居民海岛项目公司之间的信息是对称的，在流动性冲击发生时银行向无居民海岛项目公司提供流动性资金。在无居民海岛项目陷入困境时，政府往往通过提供补贴对项目进行支援。在契约经济学视野下，政府补贴降低了对企业事前努力经营的激励效果，其对于项目清算的影响方面往往是复杂的，通常来说，在社会效益损失较小的情况下，政府补贴政策是有效的。然而，在社会损失较大的情况下，诸如无居民海岛的开发与管理不仅涉及经济效益，而且也关涉国家的海洋权益、重大海洋规划以及海洋环境问题等重要而敏感问题，政府补贴政策的救济效果可能会丧失殆尽。[2]另外，政府是否一定给予无居民海岛项目公司一定的政府补贴，即政府在何种情境下给予补贴，也是一个很复杂的问题。笔者认为，就无居民海岛项目中政府补贴的给予而言，

---

〔1〕 所谓机会成本是指当把一定的经济资源用于生产某种产品时放弃的另一些产品生产上最大的收益，机会成本是经济学原理中一个重要的概念。

〔2〕 马彪、石磊：《不确定社会效益下BOT项目的政府补贴和保证金》，载《中国管理学年会——管理科学与工程分会场论文集》2010年第5届。

应该持有比较谨慎的态度，严格规范政府补贴的给予程序、标准和相关机构等。因为在经济全球化和世界贸易自由化中，各种形式的政府补贴历来是一个非常敏感的话题，因此，无居民海岛项目中的政府补贴措施应该制度化和规范化。

3.保证金与政府补贴的有机整合及其优越性

前文论及的单一保证金制度或者政府补贴政策在防范无居民海岛项目风险方面并不是尽善尽美的，而是各自存在其缺陷。虽然政府补贴可以避免无居民海岛BOT项目非效率清算的发生，然而，却容易导致社会损失的发生，这也是由政府补贴来源于财政税收的属性所决定的。对保证金而言同样存在着比较尴尬的境遇，施行过度的保证金政策可能由于机会成本的存在影响了其净社会效益。

为此可以考虑保证金制度和政府补贴政策的整合机制。所谓保证金和政府补贴的整合机制，简言之，即在构建无居民海岛项目融资机制，要同时考量保证金和政府补贴的功能的机制，形成两种制度融合一体的系统化模式。保证金和政府补贴的融合机制最大限度地综合了其在防范融资风险中的优点，弱化了单一模式所导致的社会损失，提高了无居民海岛项目的社会效率，激励了相关主体的积极性和社会责任感。笔者认为，保证金和政府补贴制度的有机融合对优化无居民海岛项目的融资机制具有更加特别的意义，这是由无居民海岛项目的复杂性所决定的，因为无居民海岛项目不仅追求其经济效益，而且也看重其社会效益。其实，就无居民海岛BOT项目而言，采用保证金和政府补贴有机融合的机制更具有空间和可能性，这是由无居民海岛BOT项目的特点所决定的，因为无居民海岛BOT项目所承载的领域或者范畴很复杂和多元，既有基础设施建设领域，又有海洋资源领域的开发和利用，既有外资的投资，又有内资的投资。[1]

---

〔1〕 参见马得懿：《BOT模式软化下无居民海岛开发的实证分析》，载《太平洋学报》2013年第1期。

第四节　BOT模式软化下无居民海岛开发与管理制度的创新

在传统经济学不完全契约产权理论下，无论是政府拥有BOT项目资产所有权还是项目公司拥有BOT项目资产所有权，在提高项目所提供的服务质量方面的激励都是一样的。[1]由于我国法律明确规定无居民海岛属于国家所有，而在无居民海岛上进行相关项目，在特许期（或合同期）内无居民海岛上相关项目的所有权问题并没有明确。根据上述BOT项目资产所有权归属原理，其对无居民海岛项目的运作和社会效益会产生很大的影响。正是出于此种考虑，为我国相关法律明确无居民海岛相关项目的产权归属提供了思路。我国《海岛保护法》在此留下了法律空间，同时，基于无居民海岛基本属性的考量，土地法律制度套用无居民海岛的开发与利用，可能存在不足。

随着无居民海岛开发与管理实践的不断深入，规制无居民海岛的法律法规日臻完善。在传统BOT模式下非常棘手和敏感的问题，诸如无居民海岛项目特许协议问题和政府保证问题，由于无居民海岛开发与管理实践的丰富和相关法律的健全而不再棘手和敏感，而一些制约无居民海岛开发与管理水平的实质问题，诸如无居民海岛项目融资问题，一度成为无居民海岛项目成败的关键问题。无居民海岛的海洋属性、社会属性以及法律属性也决定了无居民海岛开发与管理的BOT模式必须推陈出新，不断在理论与实践上发生深刻演变。

总之，在BOT模式软化框架下，通过无居民海岛开发与管理的实证分析，其实践促成BOT理论的更新，而BOT理论亦指导无居民海岛的开发。根据不完全契约理论，BOT项目资产所有权归属理论也为无居民海岛及其项目的产权细化提供了相关的理论基础。BOT模式软化对不完全契约下的产权理论产生这样或者那样的影响。两者相得益彰，相互促进。无居民海岛的开发与管理十分复杂。造成无居民海岛开发融资“瓶颈”的主要原因是用于发展海岛经济的政府投资比例过低、信贷资金对无居民海岛开发的支持力度不够、资本

[1]　根据相关研究，在降低项目成本方面，政府拥有BOT项目资产所有权和项目公司拥有BOT项目资产所有权所产生的社会效果则存有差异。参见熊松平：《BOT项目资产所有权归属问题研究》，大连理工大学2008年硕士学位论文。

市场对无居民海岛开发的促进作用有限以及民间资金投入无居民海岛开发的信心不足等。虽然我国目前并没有完整的BOT模式软化下无居民海岛开发融资的成功案例，但是，至少在理论上存在引入BOT模式软化机制来构建无居民海岛开发融资制度的必要性和可行性。发展海洋经济，需要创新契合海洋经济需求的海洋金融产品和服务。BOT模式软化下无居民海岛开发融资机制的不断发展和成熟，可以为逐渐培育和发展海洋金融法律机制提供重要的基础性支持，在此过程中，不但丰富和发展了资源权属利用的法律理论与实践，而且为化解无居民海岛开发中的融资"瓶颈"提供了理论支撑。上述实证分析对我国无居民海岛开发的融资机制具有重要的启示作用。

我国无居民海岛开发活动是随着历史环境的变化和生产力的提高而不断发展，并呈现了一系列的历史规律和趋势。第一，开发对象的扩展。无居民海岛开发对象从陆连岛到沿岸岛，再到近岸岛，甚至向远岸岛逐渐拓展。第二，开发主体的转变。20世纪90年代以来，为适应改革开放的要求，国家逐步放宽无居民海岛开发限制，并相继颁布了《海岛保护法》《无居民海岛使用申请审批施行办法》等政策法规。第三，开发方式的提升。无居民海岛开发方式趋向多元化，海岛价值被充分挖掘。我国《海岛保护法》的实施为细化和完善无居民海岛的利用与保护规则，提供了法律依据。2008年12月，国家海洋局发布了十项政策措施，其中规定对适宜开发的无居民海岛，选择合理开发利用方式推进无居民海岛的合理利用。

无居民海岛项目BOT模式的顺畅运作，需要构架其组织机构、资金流向以及运行程序，特别是要注重无居民海岛项目BOT模式的多元化融资问题。因为只有形成稳健的无居民海岛BOT项目的融资机制，才能够将无居民海岛项目中的各种风险遏制在可控的范围内，真正达到无居民海岛开发与管理BOT模式的软化。无居民海岛项目可以吸收地方政府、民间资本以及外资等多种主体投资，形成多元融资模式。

在不完全契约产权理论下，无论是政府拥有BOT项目资产所有权还是项目公司拥有BOT项目资产所有权，在提高项目所提供的服务质量方面的激励都是一样的。但是在降低项目成本方面，政府拥有BOT项目资产所有权和项目公司拥有BOT项目资产所有权所产生的社会效果则存有差异。政府拥有

BOT项目资产所有权时，能有效地降低项目的成本。[1]由于我国法律明确规定无居民海岛属于国家所有，而在无居民海岛上进行相关项目，在特许期（或合同期）内无居民海岛上相关项目的所有权问题并没有明确。根据上述BOT项目资产所有权归属原理，其对无居民海岛项目的运作和社会效益会产生很大的影响，为我国相关法律明确无居民海岛相关项目的产权归属提供了思路和空间。基于无居民海岛基本属性的考量，笔者以为断然套用我国土地产权制度来适用无居民海岛及其项目资产的产权的分配是不可取的。因此，无居民海岛开发与管理的BOT模式，为创新无居民海岛权属制度提供了机遇。

作为无居民海岛大国，我国无居民海岛所承载的海洋文化源远流长，因此无居民海岛开发融资机制一定要融入弘扬中华海洋文化、增强海洋意识的理念。确定无居民海岛开发的时空顺序是一个复杂的工程，需要综合考虑自然、经济和政策等各种因素。[2]但是根据对无居民海岛开发适宜度的研究，确定无居民海岛开发的时空顺序应该采纳“由远及近”的原则，即远岸无居民海岛的开发要优于近岸无居民海岛的开发。远岸无居民海岛开发的融资困境更大，因此，国家应该采取优惠的政策性融资政策，鼓励人们开发远岸无居民海岛，成立政策性海洋开发专业银行，鼓励弘扬海洋文化和增强民族海洋意识的无居民海岛开发融资。[3]

---

〔1〕 参见熊松平：《BOT项目资产所有权归属问题研究》，大连理工大学2008年硕士学位论文。

〔2〕 参见杨义菊、孙丽、王德刚、蔡廷禄、于森、王小波等：《无居民海岛开发的时空顺序探讨》，载《海洋开发与管理》2011年第11期。

〔3〕 参见马得懿：《无居民海岛开发融资机制探讨》，载《资源科学》2013年第6期。

第六章　海岛主权争端适用有效控制规则的国内法逻辑

晚近国际法院的实践催生了海岛主权争端中适用有效控制规则的日渐成熟和完善。然而，海岛主权争端的复杂性，导致了适用有效控制规则中所考量的各种因素或者证据的权重和分量的不同。在国际法的财产权逻辑日渐成熟和被接受的情境下，理解海岛主权争端适用有效控制规则的国内法逻辑，即从国际法体系中的“国内法”因素、国际法体系中作为“事实”的国内法以及国际法院的司法中证据规则三个角度来诠释适用有效控制规则的国内法逻辑进路，将为理性理解有效控制规则提供另一种绵长的动力。主要海洋国家的海岛立法表达模式表明，有效控制规制的适用不仅受到不同海岛立法表达模式的影响和制约，而且理解适用有效控制规则的国内法逻辑的务实措施是强化国内立法，且必须明确国内法表达的类型、特点与机制。中国同周边国家的海岛主权争端为深入和系统地审视有效控制规则提供了实践经验和依据，更为海岛主权争端适用有效控制规则提供了理论修订机会。就中国而言，在理解海岛主权争端适用有效控制规则的国内法表达上，一方面要展开海岛立法的顶层设计，另一方面要有选择地强化特定海岛的专门立法。

第一节　国际法院适用有效控制规则诸多要素之考量

晚近海岛主权争端判例丰富和发展了领土法的理论与实践。特别是国际法院审理海岛主权争端中，对适用有效控制规则（effectivités）[1]情有独钟，而且一度呈现出强劲频繁适用的态势[2]。学术史表明有效控制规则成熟于1928年帕尔马斯岛仲裁案（The Island of Palmas Arbitration）。胡伯（Max Huber）在该案中阐明“对行使领土主权的持续的、和平的显示，与权利一样重要”的重要观点，并在领土主权争端（特别是海岛主权争端）实践中逐渐完善了有效控制规则。[3]依照有效控制规则，通常将有争议的领土判给相对而言对争议领土进行了有效统治的一方。随着有效控制原则被中外学者研究的程度日益深入，该原则被演绎得日益成熟和稳定。作为“海洋中的政治性土地”[4]的无居民海岛，其主权争端中采用有效控制原则日益频繁，并且日渐产生较大的影响。[5]然而，有效控制原则基本含义或要素并没有形成一个明确和统一的认识，其理论框架与实践在不同的历史阶段存在差异。[6]鉴于此，国际法院在某些海岛主权争端中适用有效控制规则显得漫漶不定。一般来说，国际法院适

---

〔1〕 传统国际法理论下，有效控制并非属于独立的领土取得方式。在我国的相关文献中，有学者将有效控制规则表述为“有效控制原则”（the principle of effective control）或者“有效控制理论”（the doctrine of effectiveness）。参见黄德明、黄赟琴：《从白礁岛案看领土取得的有效控制原则》，载《暨南学报》（哲学社会科学版）2009年第5期。笔者根据中外相关文献和法理，倾向于采用“有效控制规则”是比较合适的表述方式。

〔2〕 根据笔者初步掌握的材料，肇始于20世纪初叶，国际法院曾经多次适用有效控制原则审理海岛主权争端。这些案例是1928年帕尔马斯仲裁案、1932年克利柏顿岛案、1933年东格陵兰岛案、1953年法国和英国明基埃和艾克赫斯岛案、1992年萨尔瓦多和洪都拉斯陆地海岛与海洋边界案、2001年卡塔尔诉巴林海洋划界和领土案、2002年印度尼西亚和马来西亚利吉坦岛（Pulau ligitan）和西巴丹岛（Pulau Sipadan）主权争端案、2007年尼加拉瓜诉洪都拉斯领土海洋争端案以及2008年马来西亚和新加坡白礁岛（White rock）主权争端案等。

〔3〕 As Huber argued, “the actual continuous and peaceful display of state functions is in case of dispute the sound and natural criterion of territorial sovereignty”. See *the Island of Palmas case*, 2 RIAA, pp. 829, 840 (1928).

〔4〕 See Clive Schofield .The Trouble with Island: The Definition and Role of Islands and Rocks in Maritime Boundary Delimitation [A].In: Seoung-Yong Hong, John M.Van Dyke. *Maritime Boundary Disputes, Settlement Processes, and the Law of the Sea* [C].Leiden: Martinus Nijhoff Publishers, 2009: 45.

〔5〕 根据《海岛保护法》第57条第（2）项的规定，无居民海岛是指不属于居民户籍管理的住址登记地的海岛。可见，该法对无居民海岛的界定颇具中国特色，与居民户籍管理相关联。而在国际法文件中无居民海岛一般被描述为“岛屿”。本书根据研究目的与行文的便捷，将交替使用两种表述。

〔6〕 参见Malaysia/Indonesia case, ICJ Reports, 2002, para. 135。

用有效控制规则面临诸多因素（证据）的制约，这些因素主要是关涉争议海岛的立法、行政管理、司法行为、公共建设工程、经济管理活动、执法措施以及巡航行动等。[1]考察国际法院的一系列判例，适用有效控制规则所考虑的各种因素中，其证据能力和采证的可能性也因不同类型的证据（因素）而异。[2]

国内立法、国家公开行政管理行为、公共建设工程、经济管理活动、执法措施以及巡航行动等诸多因素中，在认定有效控制规则的权重方面占有重要地位；但就每一要素而言，其权重也因海岛主权争端的不同而存有差异。[3]事实上，通过分析制约有效控制的诸多因素而言，国内法这一因素是值得高度关注的因素，换言之，国内法在适用有效控制规则中占据核心地位。对此，可以从与其他相关因素的对比和国际法院的实践中得到支持或印证。

就近半个世纪以来的国际法院的实践而言，适用有效控制原则进程中国内法这一因素一直具有支配性的地位。[4]对主权争端的海岛展开经济管理活动、军事巡逻以及公开的行政管理活动，容易激发争端方的强烈反应，从而导致争端的升级，不利于海岛主权争端和平解决。故此，争端当事国对此表现出谨慎的态度。从法理上看，上述经济管理活动、公开行政执法活动以及军事巡逻等，通常存在有一个前提，即上述行为必须是有法可依；倘若国内法缺失，则上述活动将失去国内法法律根据。由此，健全稳定的关涉海岛的国内法，在适用有效控制规则上具有重要的价值。有效控制规则的适用往往与关键日期（critical date）[5]、有效占有等传统领土法理论有着千丝万缕联系。特别是关键日期的确定历来是一个令人棘手的问题，虽然并不是所有的海岛争端案中都

---

〔1〕 参见汪国青、汪由由、吕志君：《“有效控制”原则在领土与海事争端中的适用动向——以国际法院“领土与海事争端案”为例》，载《比较法研究》2013年第6期。

〔2〕 See Territorial and Maritime Dispute between Nicaragua and Honduras in the Caribbean Sea（Nicaragua v. Honduras），Judgment，I.C.J. Reports 2007（Ⅱ），pp. 713-722，Paras.176-208.

〔3〕 在“尼加拉瓜与洪都拉斯岛屿归属和海洋划界案”中，国际法院主要考察了司法管理和行政管理、刑法和民法的实施、移民管理以及公共工程建设等四方面的证据来权衡有效控制的分量。这显示了国内立法的重要性。参见高之国、贾宇、张海文：《国际海洋法问题研究》，海洋出版社2011年版，第198页。

〔4〕 See land and maritime boundary between Camenoon and Nigeria（Camenoon v. Nigeria Equatorial Guinea intervening）I.C.J. Judgement of October 10，2002.

〔5〕 所谓关键日期（critical date），其没有一个统一的法律内涵，根据国际法院的实践，其通常是指争端明确化的决定性日期，通常该日期之后的争端方的行为不能再更变其法律立场。关键日期通常是条约签署生效的日期，但是关键日期的确定是非常困难的。

有必要确定关键日期。[1]由于关键日期的法律内涵以及作用富有争议性，同时关键日期被认为是适用有效控制规则的关键环节，其在证据链中居于分水岭的地位。故此，在适用有效控制规则时，国内法的因素自然便上升到具有“决定性”因素的地位。由于一国的国内法是根据本国的立法机构经过立法程序而形成的，争端国家关涉施行争议海岛的法案，即便有相关国家的反对，但是其终究是该国借助其国内法表达其利益诉求的最为合理的宣示主权的表达形式，而且亦是成本相对最小的行为。

由此观之，国际法院的实践表明了适用有效控制规则中国内法因素的决定性和核心地位。显然，上述基本认知是从制约有效控制规则适用的诸多因素简单比较中而获得的。其实，在考察国际法院近期的实践基础上，我们将更加深刻意识到国内法在适用有效控制规则上的核心地位。近期有关海岛主权争端的领土纠纷案多适用有效控制规则，并且所针对的都是无居民海岛主权争端。这是因为世界范围内绝大多数的土地归属争端日益明朗化，而远离大陆的无居民海岛由于各种缘由导致缺乏确切的证据来证明其归属。有效控制规则可以客观和合理地反映出国家对领土归属的态度，通过权衡比较必须能确定做出更有优势主张的一方，这样就可以有效地弥补绝对权利的空白。[2]有效控制规则的作用具有有限性，然而，在诸多影响和制约有效控制规则适用的因素中，国内法因素居于非常重要的地位。国际法院通常将当事国提交的国内法赋予非常大的分量。2002年印度尼西亚和马来西亚利吉丹岛和西巴丹岛案中，国际法院赋予了涉及争议海岛的国内法以较高的证据力。国际法院基于政治因素的考虑，往往赋予非国内法行为或因素诸如官方记录和外交声明以较低的证明价值。[3]

---

〔1〕 See the Burkina Faso/Mali case, ICJ Reports, 1986, p.570.

〔2〕 参见宋岩：《国际法院在领土争端中对有效控制规则的最新适用——评2012年尼加拉瓜诉哥伦比亚“领土和海洋争端案”》，载《国际论坛》2013年第2期。

〔3〕 S. Rosenne, The Law and Practice of the International Court (1920–2005), 4th ed, Martnus Nijhoff Publishers, 2006, p.1243.

第二节 理解海岛主权争端适用有效控制规则的国内法逻辑

国际法体系是一个开放的动态体系。[1]理解海岛主权争端适用有效控制规则的国内法逻辑进路并非是异想天开的，而是具有合理性的前提和基础。罗马法不但为新生的国际法提供了术语，而且也为它的成长提供了肥沃的土壤。[2]有学者认为在主权逻辑进路之外还存在另一种理解国际法的进路，即财产权逻辑的进路。国际法的财产权逻辑进路有助于国际社会借鉴国内成熟的财产权法律经验，根据国际法的宗旨解构并且重构现行国际法的财产权逻辑，推动国际法治。[3]其实，财产权逻辑有强烈的国内法逻辑色彩，因此，从此维度看国际法必然与“国内法”之间具有某种内在的关联度。简单地说，理解海岛主权争端适用有效控制规则的国内法逻辑，就是以一国国内法的法理知识框架为指引，分别从国内法与国际法的关联度、国内法下证据规则对国际司法实践的影响以及国际法体系中的国内法因素等多维视角来审视有效控制规则。而国际法院的三重性分级判案规则，更是将国内法视为适用有效控制规则的最终归宿。除此以外，考察国际法与国内法关系理论的流变和国际法院司法中的证据法规则，都为理解有效控制规则的国内法逻辑进路提供了参照和支持。

一、国际法体系中的“国内法”因素

依据1982年《联合国海洋法公约》(以下简称《海洋法公约》)第287条，国际海洋法庭与国际法院，在解决海洋争端时应适用完全一致的法律，否则不利于国际法律体系的完整性和统一性，也有违人类社会的“常理”。[4]海洋争端的解决在一定程度上可以统一到《海洋法公约》第293条的规定上来。根据目的解释和逻辑解释，与《海洋法公约》不相抵触的国际法体系的表现形式可以通过《国际法院规约》第38条探寻。[5]国际法渊源中，国际习惯、一般法律原则、司法判例以及公法学家的学说，其实质都与一国国内法具有千丝万缕的联

〔1〕 参见古祖雪:《国际法体系的结构》，载《政法论坛》2007年第6期。
〔2〕 参见杨泽伟:《国际法析论》(第3版)，中国人民大学出版社2012年版，第317页。
〔3〕 蔡从燕:《论国际法的财产权逻辑》，载《法律科学》2011年第1期。
〔4〕 See G. I. Tunkin, *Theory of International Law*, London, 1974。
〔5〕 张海文、李海清:《联合国海洋法公约释义集》，海洋出版社2006年版，第528页。

系。仅以一般法律原则(general principles of law)为例展开分析。考察一般法律原则的不同理论以及国际法院的有关实践,其可以理解为各国国内法律体系中所包含的共同的原则。〔1〕成文法典的原则和普通法的司法判例便是一般法律原则的实例。由此可以推断出,国际法体系蕴含着丰富的一般法律原则的精神和实质,换言之,国内法所遵循和崇尚的法律原则与作为国际法渊源的一般法律原则具有异曲同工之处。

事实上,国际法体系中的“国内法”因素或者色彩,可以从国际法对于一般法律原则的高度依赖得以洞察。对一般法律原则为国际法渊源的承认,使一些法律规制能弥补国际习惯法和国际条约的运行所可能留下的法律缺陷或弱点,并且提供一种在适用国际习惯和国际条约时予以参照的法律原则的背景。〔2〕国际法院曾经援引的一般法律原则成为国内法立法的基本原则和精神诉求。根据上述实证式的考察和推理,笔者甚至认为从国内法的逻辑进路来理解有效控制规则的适用,更是一种具有冲击力和务实的手段。国际法院的实践明确表明了国家立法活动作为有效控制一个重要因素应该引起足够的重视。

二、国际法体系中作为“事实”的国内法:国内法与国际法关系流变之维

认知海岛主权争端适用有效控制规则的国内法逻辑绝不能满足于探究国际法体系中的“国内法”因素或色彩这一视角,其实,当我们回眸国际法领域一个传统而古老的课题——国内法与国际法关系,我们亦能在思辨国际法与国内法关系的流变这一动态进程中,找到合理的支撑。通过考察国际法与国内法关系的历史变迁和理论更新,来深化以国内法逻辑理解有效控制规则是另一种绵长的动力和进路。

虽然一些国际公法学家希望避开二元论和一元论的对立,诸如杰拉尔德·菲茨莫里斯爵士就认为既然国内法与国际法运作的领域不同,两种法律秩序作为体系就不会发生冲突,〔3〕但是,晚近学说和国际法院实践,证实了国

〔1〕 周鲠生:《国际法》(下册),商务印书馆1983年版,第791页。

〔2〕 参见[英]詹宁斯瓦茨:《奥本海国际法》(第1卷),王铁崖等译,中国大百科全书出版社1995年版,第23~24页。

〔3〕 参见[英]尹恩·布朗利:《国际公法原理》,曾令良、余敏友等译,法律出版社2007年版,第35页。

内法与国际法的关系并非是“井水不犯河水”。国内法诸如法律决定或行政措施一样仅仅是事实，表示国家的意志并构成国家活动。这表明国内法仅是有关国家创设国际责任行为的证据。因此，法院判决或立法措施构成了违反国际条约或违反国际习惯法规则的证据。从国内法和国际法关系的整体方面来看，理论界的解释过多反而模糊了现实。[1]虽然国内法完全同化为国际法或国际法整体进入国内法之中都是不可能的，但国际法和国内法在一定意义上作为主权者意志和利益冲突与协调的产物，它们相融相通、协调一致却是当今国际社会的现实。国际法与国内法发生密切联系的根源在于国家是国际法与国内法发生联系的最重要的动力。从纵向关系来考察，国内社会及其法律制度与国际社会及其法律制度具有历史联系，这种历史联系使国际法承袭了一部分国内法的有益经验及一般性规则。[2]由此不难理解，理解适用有效控制规则的国内法逻辑，从国际法与国内法关系的理论流变上审视，是有强烈的合理性的。

三、证据视域下理解适用有效控制规则的国内法逻辑

国际法不是自足的，必须结合法律背后的经济力量、政治安排、社会姿态充分才能够更准确地认识法律。通过其他部门法以及其他人文社会科学的滋养，国际法学的很多概念可以得到更为深入的分析。[3]理解海岛主权争端适用有效控制规则的国内法逻辑具有多元的视角。国际法院在海岛主权争端案审理所适用的证据规则显然与国内法证据规则具有内在的关联度。在利吉坦岛和西巴丹岛案[4]、尼加拉瓜和洪都拉斯海岛归属与海洋划界案[5]以及新加坡与马来西亚白礁岛案[6]中，都证明了此种关联度的存在。就历史证据而言，我国对海岛具有不可辩驳的主权，但是从实际控制的角度，我国在这些海岛则

〔1〕［英］詹宁斯瓦茨修订《奥本海国际法》(第1卷)，王铁崖等译，中国大百科全书出版社1995年版，第43页。

〔2〕贾少学:《国际法与国内法关系之争的时代危机——对一元论和二元论进路的反思》，载《法制与社会发展》2009年第2期。

〔3〕参见何志鹏:《国际法的哲学之维: 内涵、功能与路径》，载《法学家》2010年第6期。

〔4〕Case Concerning Sovereignty over Pulau Ligitan and Pulau Sipadan. Judgment of December 17, 2002.

〔5〕Territorial and Honduras in the Caribbean Sea. Judgment of October 8, 2007.

〔6〕Sovereignty over Pedra Branca, Middle Rocks and South Ledge, Judgment of November 23, 2007.

处于不利的地位。由于传统上我国在解决有关领土争端中更为依赖于历史证据，因而对于有效控制的效力缺乏足够的重视。与之相比，我国有关周边国家十分重视国际法院的司法实践，加强对争议海岛的实际控制。国家层面的证据有国内立法、司法行为、行政管理以及官方记录等。实际上，国际法院一直非常重视国内立法、司法行为和行政管理方面证据的价值，并将其作为当事国对争议领土进行有效控制的优先考虑的证据。[1]2002年印度尼西亚—马来西亚海岛主权争端案中，国际法院认为，1917年马来西亚《海龟保护法》和1930年《土地法》等国内法涉及了争端海岛，而且马来西亚关于在岛上建立自然保护区的措施已经足以说明其对争议海岛实施有效控制，从而将海岛主权判给马来西亚所有。[2]按此逻辑推演，国际法院不仅高度重视国内法作为证据"事实"的证据力，而且其适用有效控制规则的证据规则与国内法证据规则非常默契。如此一来，理解适用有效控制规则的国内法逻辑可以在证据规则视角得以强化或者印证，这彰显了国内法角度来诠释有效控制规则的合理性。国际法院所谙熟和青睐的证据规则，本质上也遵循了国内法相关证据规则。

四、理解适用有效控制规则的国内法逻辑的务实措施——强化国内立法

笔者从前述三个层面来理解适用有效控制规则的国内法逻辑的合理性和可行性，基本上为理性审视有效控制规则的国内法逻辑进路提供了理论支持。国际法的渊源、国际社会结构、国际法主客体以及国际法进化的表征等方面透视国际法的进化现象，昭示着国际法正向国内法方向发展。[3]但是，仅有这一点是不够的。在国际法体系中早已存在理解国际法立法诉求的国内法逻辑的实证。法律思想或者法律观念的丰富多彩导致对于法律思想或观念的表达方式，自然可以个性化和多样化。研究表明，强化国内立法以反映国际法意志与精神具有普遍性。1884年《保护海底电缆的巴黎公约》、1907年《陆战法规和惯例公约》、1958年《公海公约》以及1982年《海洋法公约》构成的国际条约

---

〔1〕 参见张卫彬：《国际法院解决领土争端中的证据问题研究》，华东政法大学2011年博士学位论文。

〔2〕 Pulau Ligitan and Pulau Sipadan Case, Judgement, I.C.J. Reports 2002, pp. 683-684, paras. 142-145.

〔3〕 参见孙传香：《国际法进化论》，载《湖北经济学院学报》2009年第2期。

群中，无一例外地直接或者间接对破坏海岛电缆、管道行为予以规制，特别是1982年《海洋法公约》将破坏海岛电缆、管道规定为国际犯罪，并要求缔约国通过国内法予以整治。[1]这实际上构建了国际法通过国内法强化履约的特殊机制，同时也昭示了理解国际法某些规则的国内法逻辑的正当性——国内法表达。在完整诠释理解海岛主权争端适用有效控制规则的国内法逻辑的基础上，考究有效控制规则的国内法逻辑——强化国内法的表达，具有重要的现实功能。因为，一个富有法理和体系化的海岛管理和保护的立法，不仅在海岛主权争端中有效控制规则的适用方面积累和扩展理论力量，而且在司法实践层面上提供最为有效的适用有效控制规则的证据和素材。某种程度上，完整理解某国的海岛立法，莫过于全面地把握该国海岛立法的立法模式和立法政策取向。

第三节　海岛主权争端适用有效控制规则国内法逻辑的国内法表达

一、适用有效控制规则的国内法逻辑——国内法表达的类型、特点与机制

海洋（海岛）入宪当然首先要考虑一个国家的海情、国情，但同时也要遵循世界海洋立宪模式的一般规律，各国规定有涉海规范的宪法大多是在1961～1990年制定的。这一现象并非偶然，而是与联合国在同时期推动的海洋国际立法活动息息相关。[2]海洋国际立法为推动各国在宪法中明确规定涉海规范起到了积极作用，并为各国宪法对涉海规范的设计提供了重要参考。[3]除了宪法性规范以外，民商法和行政法甚至刑法亦可以形成不同类型的表达，从而分别形成宪法类型、民商法类型、行政法类型以及刑法类型的表达模式。

〔1〕 参见王赞：《破坏海底电缆、管道罪国内法化研究》，载《学术论坛》2013年第1期。

〔2〕 参见吴淞豫、祝捷：《“海洋入宪”模式比较研究》，载《环球法律评论》2010年第4期。

〔3〕 1982年《联合国海洋法公约》第121条对岛屿的界定，对世界各国国内法关于海岛的规制产生了重大影响。我国2010年3月1日施行的《海岛保护法》关于海岛的规定也基本上与1982年《海洋法公约》的规定相衔接。

就海岛立法的表达特点而言，作为“海洋中的政治性土地”，海岛兼具有海洋属性和陆地属性的特征。同时，海岛具有发展海洋经济、维系海洋环境和生态以及保护国家安全等价值体系。因此，海岛的国内法表达具有限制私权、维护公共利益和凸显公共权力的属性。我国《海岛保护法》以保护海岛及其周边海域生态系统、合理开发利用海岛自然资源、维护国家海洋权益以及促进经济社会可持续发展为立法目的，从此意义上看，海岛立法的表达具有公权与私权兼备的表达特点。

海岛立法的国内法表达类型与特点，与其表达机制是相辅相成的。考察主要海洋国家的海岛立法，其表达机制可以归纳为如下三种。第一种是侧重开发的政策。对于地理位置偏远、资源匮乏的海岛，往往采用这一目标模式，日本是典型代表国家。该类立法是鼓励开发海岛。第二种是侧重海岛保护的政策。世界上很多沿海国家，尤其是美国、澳大利亚、加拿大等国，对于生态系统脆弱的海岛，都制定了专门的立法以保护海岛。第三种是开发与保护并重的政策。比较典型的国家是马尔代夫，在发展自己的海岛经济旅游和渔业时候，加强对海岛本身及其自然生态环境的保护。〔1〕

二、主要海洋强国的海岛立法表达模式〔2〕

世界上一些重要的海洋国家，如美国、日本、英国、加拿大、韩国以及马尔代夫等国，根据本国的国情奉行独具特色的海洋开发政策，形成了各具特色的海岛立法表达模式。美国联邦立法体系下不存在统一的海岛专门立法的情况，有关海岛立法分散在不同的法律中。美国的海岛立法比较灵活，具有多层次的特点。对不同类型的海岛开发利用进行规范时，根据不同的需要适用不同的法律规定。〔3〕除了联邦立法以外，美国有庞大的各州海岛立法体系。〔4〕美

〔1〕 参见齐连明、张祥国、李晓冬：《国内外海岛保护与利用政策比较研究》，海洋出版社2013年版，第42页。

〔2〕 此处的“立法表达”一语并非是严格的法理学意义的用语，而是泛指一国海岛的立法体例、法体模式以及立法政策等。

〔3〕 诸如《1976年联邦土地政策和管理法案》《1998年国家公园和公共土地法》《1964年美国荒野法》《1966年美国海洋资源和工程发展法》《1972年美国海岸带管理法》《1978年美国外大陆架土地法修正案》等。

〔4〕 主要包括《美国康涅狄格州海岸带管理条例》《美国加利福尼亚州海岸带条例》等州议会通过的海岸带管理条例，都明确规定适用沿岸海岛。罗得岛州法律将无居民海岛视为一种自然资源类型予以从行政管理、自然资源和环境保护的角度来规定。

国各州也有针对具体的海岛予以立法。美国弗吉尼亚州制定了该州沿岸障壁岛开发利用的“障壁岛政策”。可见，美国海岛立法属于分散立法模式。此种模式在一定程度上可以节约立法和司法成本，司法的可针对性比较强，能有效应对复杂的海岛开发与保护情境。

作为岛国的日本海岛立法体系性比较强。[1]日本的海岛立法蕴含日本的海洋战略。为了振兴日本孤岛经济发展落后的状况，日本先后出台《日本孤岛振兴法》和《日本孤岛振兴实行令》。该法律是为了振兴孤岛的落后状态。日本针对小笠原诸岛的特殊地理状况，通过了《日本小笠原诸岛振兴开发特别措施法》及其配套法律《日本小笠原诸岛振兴开发特别措施法实行令》，该法目的就是力图开发和振兴小笠原诸岛，促进该岛土著居民的回归，恢复海岛的开发活动。此外，日本还制定了《日本奄美群岛振兴开发特别措施法》，旨在采取特别措施开发奄美群岛。针对冲绳岛的特殊的地缘和历史情况，日本专门制定了针对冲绳岛的经济发展计划，施行兼顾经济振兴和保护海岛生态的开发计划。由此观之，日本海岛立法属专门立法模式。海岛专门立法模式或者调整某类海岛，或者专门规制某一具体的海岛，具有极强的针对性。从海岛主权争端的角度而言，此类立法的证据能力比较强。

三、有效控制规制与不同海岛立法的表达模式

有效控制规则与不同海岛立法的表达模式之间关系的实质，在于国内法作为影响有效控制规则适用的因素或者证据对该规则所产生的积极影响和消极作用。根据对近期国际法院的判例的实证分析（见表6-1），我们可以轻易发现如下事实：第一，国际法院高度重视争端国的国内法的证据效力，通常赋予国内法以较大的证据分量。根据表6-1提供的数据，在新加坡—马来西亚白礁岛案中，新加坡和马来西亚向国际法院提交了25条主要证据，其中属于国内法范畴或者具有国内法范畴特征的证据为15条，[2]占总的证据链数额60%。第二，不但涉及争端领土（海岛）的国内法的证据力比较强，而且关涉争议海岛

[1] 日本规定国土管理与利用的主要法律有《1951年国土调查法》《1951年国土综合开发法》《1952年国土开发法》《1974年国土利用计划法》等。同时，大量的土地基本法群和农地法群也适用于无居民海岛的开发与管理活动。

[2] 参见表格中标有下划线的资料部分。

的国内法被采信的概率大，证据分量亦大。反之，即便是争端当事国提交了有关的国内立法作为有效控制的证据，但是由于该国内法没有关涉争议海岛，因此被国际法院认定为没有效力的证据，诸如表6-1中的证据（2）、（4）、（7）、（9）、（13）、（14）、（18）、（19）、（20）、（21）、（22）、（23）以及（24）。因此，根据上述判例，我们可以得到一个基本结论是：国内海岛立法的不同模式与有效控制规则的适用有着密切的关联。

表6-1　2008年马来西亚—新加坡白礁岛案国际法院对有关证据的采信及其理由[1]

国家＼内容	当事方提交主要证据	国际法院的判定
新加坡	1849—1851年英国建造霍斯堡灯塔时，白礁岛属于无主地（1）	不支持，因为17世纪中叶柔佛抗议事件，1824年三份信函，1843年《自由时报》的文章等证据确认白礁岛的主权属于柔佛王国
	1852年、1854年和1912年法令（2）	不支持，因为这些法令也适用于其他灯塔，且没有明确涉及主权问题
	1913年马来西亚联邦首席秘书的提议（3）	不支持，因为柔佛并没有参加
	1991年法令（4）	不支持，因为关键日期之后的行为并没有任何分量
	1953年柔佛州代理州务大臣对新加坡殖民地政府官员白礁岛主权情况的咨询信（5）	支持，信函表明柔佛对白礁岛不享有主权
	在海岛领海内调查威胁海上航行安全的公害，并出版此类信息；同时调查失事船舶等（6）	非常支持，因为属于一种行使主权权利的行为
	对本国人造访白礁岛进行许可（7）	不支持，因为证据力不足，可能仅是本国的一种管理行为
	对包括马来西亚人在内的外国人造访白礁岛的许可（8）	非常支持，因为属于行使主权权利的行为
	本国在白礁岛附近实施海军巡逻和演习及1915年相关指导巡航的实施文件（9）	不支持，因为海军巡逻可能是地理上的必要性；而且有关巡航的文件并不公开

〔1〕　本表有关数据引自张卫彬的《国际法院解决领土争端中的证据问题研究》（华东政法大学博士学位论文，2011年5月10日）和曲波的《有效控制原则在解决岛屿争端中的适用》（载《当代法学》2010年第1期）两文献中的有关数据，笔者根据研究目的的需要，进行了必要的取舍和处理。相关资料亦可以参见张卫彬：《国际法院解决领土争端中证明标准问题》，载《当代法学》2011年第5期。

续表

内容 国家	当事方提交主要证据	国际法院的判定
新加坡	在霍斯堡灯塔悬挂英国和新加坡军旗（10）	部分支持，因为马来西亚并未表示抗议
	1977年在海岛上安装军事通信设备（11）	不确定，因为没有向国际社会公开化
	1978年对白礁岛周边地区的改造方案（12）	支持，因为改造是一种具有主权性质行为
	1973年《印度尼西亚和新加坡领海协定》（13）	不支持，因为仅是部分区域划界，不涉及白礁岛附近水域
	1971年新加坡、马来西亚和印度尼西亚关于在新加坡海峡、马六甲海峡进行多国合作的共同声明（14）	不支持，因为不涉及领土权利，仅是便利和航行安全
	1951年和1966年两份马来西亚的官方报告，将霍斯堡灯塔归于新加坡（15）	支持，因为做出相反利益行为，给予较大分量
	马来西亚出版的官方地图，表明白礁岛位于新加坡领土范围内（16）	支持，因为作出相反利益行为，给予较大分量
马来西亚	1844年以前柔佛苏丹的原始权利证据（17）	支持，因为表明主权处于其控制之下
	1843年法令和1957年条例（18）	不支持，因为并没有清晰的规定
	1860年柔佛的渔业管理和1861年柔佛和英国殖民当局的信函（19）	不支持，因为事实并未清楚得以证实信函过于模糊
	1927年协定和宪法性文件（20）	不支持，因为该法未提及白礁岛的主权归属
	1968年马来西亚石油协定（21）	不支持，因为没有明确表明包括争议海岛，而且划界坐标没有公开
	1969年马来西亚关于领海拓展到12海里的立法（22）	不支持，因为立法不够精确，没有准确界定其适用范围
	1969年《印度尼西亚和马来西亚大陆架协定》和1970年《领海协定》（23）	不支持，因为仅是部分区域划界，未涉及白礁岛主权

续表

内容 国家	当事方提交主要证据	国际法院的判定
马来西亚	1953年《乡村委员会报告》1972年《新加坡实施与描述》等官方出版物没有包括白礁岛的事实（24）	不支持，因为基于该出版物出版目的的考虑，即使为官方出版物，也不应该赋予证据分量
	直至1995年，新加坡此前出版的一些官方地图并没有包括白礁岛（25）	支持，但赋予较小证据分量，因为某种条件地图具有证据力

第四节　适用有效控制规则凸显国内法因素的趋向

一、理性地审视有效控制规则

考虑到有效控制原则的适用有很多限制，有学者弱化有效控制原则的适用，而一味强化历史性权利或法律权利的作用和意义。然而，从2012年国际法院审理的尼加拉瓜与哥伦比亚之间的领土与海事争端案和其他相关案例分析，上述学说和观点受到了严重的威胁和挑战。[1]另外，根据学者的研究，从国际法院司法实践方面看，适用三重性分级判案规则为国际法院解决海岛主权争端案所青睐，即条约优先适用，然后考虑保持占有和适用有效控制理论。国际法院在适用有效控制规则过程中，过于依赖条约法，甚至赋予未经批准的条约以法律效力，尤其在2008年新加坡—马来西亚的白礁岛、中岩礁和南礁案中，意在进一步弱化当事国的原始权利，以凸显有效控制的效力，其法理依据难以令人十分信服。[2]然而，世界范围内的海岛主权争端类型并非雷同，其具体情境纷繁复杂，国际法院也不可能在适用有效控制规则中采用千篇一律的模式。尽管如此，国际法院三重性分级规则对中国在解决海岛主权争端仍具

---

〔1〕 参见汪国青、汪由由、吕志君：《“有效控制”原则在领土与海事争端中的适用动向——以国际法院“领土与海事争端案”为例》，载《比较法研究》2013年第6期。

〔2〕 张卫彬：《论国际法院的三重性分级判案规则》，载《世界经济与政治》2011年第5期。

有一定借鉴意义。

笔者认为，我们高度重视有效控制规则的理论与实践，并非意味着对有效控制规则的全盘接受和机械模仿。海岛特别是无居民海岛往往偏离大陆，有效控制不明显。[1]中国同周边国家海岛主权争端具有时间跨度大、历史因素复杂以及争端当事国分歧大等特点。中国必须高度重视有效控制规则的研究，特别是适用有效控制规则的证据规则的研究。中国政府所一贯主张的以谈判方式解决领土争端并非是万全之策，其存在一定的局限性。由于历史的、政治的以及意识形态领域的因素，我国对于所参加的国际条约中关于提交国际法院解决领土争端的条款均做出了保留。但是随着国际格局、国际法院作用日益加强，特别是国际法院在国际法理论的丰富与发展、国际法律秩序和法治观念的维护方面日益产生重大影响，国际法院于1972年和1997年两次修订《国际法院规约》，不断优化审理国际案件的程序，中国对国际法院诉讼管辖的态度亦发生了一定程度的变化。[2]20世纪90年代以来，“全球治理”和“国际法治”在一定程度上已成为当今世界普遍认可并追求的价值目标。国际法院的国际司法制度和机制已不仅仅是一种和平解决国际争端手段的理想选择，在有些领域甚至已成为一种必然的要求。晚近国际法院的受案率明显提高，法院的管辖权制度在某些方面有所加强和完善。

晚近以来国际法院的判例也隐含着国际法院对于成型和稳定的国内法的倚重。由于海岛主权争端鲜有争端当事国之间的国际条约的明确规定，故此，在一定程度上导致国际法院援引未经批准的条约的尴尬局面。[3]但是，这也彰显了国际法院在采用有效控制规则赋予国内法以很高的权重的必要性和趋向，这也是国际法院实践无奈的选择。由于国际法院审判风格和无居民海岛主权争端具体情境各异，笔者认为，对国际法院所钟情的有效控制规则的理论

---

〔1〕 Land, Island and Maritime Frontier Dispute (El Salvador/Honduras: Nicaragua intervening), Judgment, I.C.J Reports 1992, pp.558-559. para.333.

〔2〕 参见王勇、管征峰：《五十年年来中国对国际法院诉讼管辖权的态度之述评》，载《华东政法学院学报》2002年第3期。

〔3〕 See Robin. Rolf, Churchill, The Greenland-Jan Mayen Case and its significance for the international law of maritime boundary delimitation, 9 the international Journal of Maritime and Coastal Law. 1994. p.54.

与实践，既不能视为具有普遍主义的经典理论而“顶礼膜拜”，也不能置若罔闻而轻视之。根据中国与周边国家无居民海岛的主权争端情境和世界范围内的相关案例，中国面临的主要任务是正视和重视国际法院的实践及其产生的法律上和政治上的影响力，并且善于适用和完善有效控制规则，致力于将维护我国国家海洋利益的因素融入该规则之中。

我国尤其要善于打破相关国家对我国有关海岛的实际控制，逐渐扭转于我国不利的局面。根据前文分析，制约适用有效控制规则的诸多因素中，国内法这一因素无疑举足轻重。故此，强化和完善我国规制无居民海岛的开发和保护的国内法，不仅具有领土法上的理论意义，而且也蕴含着浓郁的实践价值和政治意义。故此，有效控制规则应该是一个包容地、开放的、动态的海岛主权争端解决机制，而不应该囿于国际法院或者其他仲裁机构的若干案例的照抄照搬。因此，理性地审视海岛主权争端适用有效控制规则务必要持有开放和包容的理念。

二、敢于突破有效控制规则的机械与僵固：关键日期的视角

国际法院适用有效控制规则的方式、条件与标准日益成熟和明确化的过程中，也导致该规则的机械与僵固属性日渐明朗化。例如，“关键日期”的确定问题，国际法院在所有的海岛主权争端案中所确定的“关键日期”是否都是合理的？“关键日期”是否必然成为“有效控制”和“非有效控制”的唯一的界限和分水岭？对此类问题，笔者以为都需要在“中国问题”的语境或者范式下展开研究。[1]基于维护我国海洋权益需要的考量，我国学者在研究有效控制规则时对于关键日期的确定往往忌讳莫深，认为我国同周边国家海岛主权争端一旦适用有效控制规则，由于关键日期的确定通常不利于维护我国海岛主权而漠视或者淡化之。纵然国际法院大多数案例倾向“关键日期之后所采取的行为不会被予以考虑”[2]，然而海岛主权争端适用有效控制规则并非仅以“关键日期”为唯一支配要素，更何况并非所有的海岛主权

〔1〕 参见马得懿：《海岛主权争端适用有效控制规则的国内法逻辑》，载《法律科学》2014年第6期。

〔2〕 See Territorial and Maritime Dispute between Nicaragua and Honduras in the Caribbean Sea (Nicaragua v. Honduras), Judgment. I.C. J. Reports 2007, para.117.

争端中存在“关键日期”的确定问题，[1]特别是就中日钓鱼岛主权争端和南沙群岛主权争端而言，更是如此。事实上关键日期通常仅仅存在于某些特别条约签署生效的日期，或者是领土占领的日期。[2]可见，稳定的关键日期确定的依据范畴比较小，而且关键日期因素在中国与周边国家海岛主权争端上更加复杂。以中日钓鱼岛主权争端为例，除了前述争端特点以外，还具有受到特定的国际背景因素影响、第三国的介入和干涉、“二战”时期背景下国际法的规则因素以及历史性权利等一系列复杂因素和棘手问题的影响，因此，假设中日钓鱼岛主权争端提交国际法院管辖来解决争议，国际法院适用有效控制规则所考量的诸多因素不可能与以往的海岛主权争端案完全一致，或是相似。这是因为：第一，中日钓鱼岛主权争端与其他海岛主权争端的具体情境存在极大的差异性。欲依赖于若干国际法院经典判例的借鉴或者启迪，很难解决中日钓鱼岛主权争端。第二，中日钓鱼岛主权争端涉及的国际条约和官方声明众多，而且涉案条约或具有公正性，或具有非正义性。[3]第三，依据国际法院的理论与实践，中日钓鱼岛主权争端中“关键日期”或是1895年，或是1972年，并且形成针锋相对的观点。[4]第四，中日钓鱼岛主权争端受制于第三国的态度，美国的介入和干预严重影响争端的解决。因此，海岛主权争端适用有效控制规则并非一定要将关键日期的确定纳入其中，虽然其与关键日期具有关联性。除此以外，即便在西方权威国际法文献里，论及领土（海岛）取得方式上，亦是将有效控制规则（sovereign activities，effectivités）、时际法（intertemporal law）以及关键日期（critical date）并列，而不是互相包容的。[5]但是，有效控制规则的适用与上述因素有密切的关联性。

因此，就中国的整体利益和长远利益而言，笔者认为，我们不应该拘泥

〔1〕 See Argentina/Chile 38 ILR，pp. 79-80.

〔2〕 See the Eastern Greenland case，PCIJ，Series A/B，No. 53，p.45.

〔3〕 这些条约或者声明包括1895年中日《马关条约》、1945年中美英《波茨坦公告》、1972年《冲绳归还协定》以及1972年中日建交公报等。

〔4〕 我国学者张卫彬论证了分别以1895年和1972年作为中日钓鱼岛主权争端中的“关键日期”的问题，并阐明了有效统治的证据可采性问题。参见张卫彬：《国际法院解决领土争端中的关键日期问题——中日钓鱼岛列屿争端关键日期确定的考察》，载《现代法学》2012年第3期。

〔5〕 See Malcolm N. Shaw. *International law*，fifth edition，Cambridge University Press，2003，p.433.

于传统有效控制规则中单方面看重“关键日期”确定之前的管理行为而忽视其后管理行为的理论与实践。这样，寻求打破或支配有效控制局面的重要证据——国内法的重要价值是显而易见的，即便是在所谓的“关键日期”（如果存在的话）之后的国内立法也是具有非常重要的价值和意义。[1]由此观之，理性地看待关键日期非常重要。我们应该在战略上高度重视有效控制规则的国际司法影响力和其合理性，同时，亦不盲从和盲目国际法院的所有海岛主权争端中的理论与实践，而是从作为海洋大国的高度出发，善于结合中国与周边国家的海岛主权争端的具体情况出发，具有敢于对传统领土法理论“说不”的气魄，从而构筑和完善适用有效控制规则的理论框架与实践构想。更何况，国际法院的海岛主权争端判例表明，关键日期的确定具有一定的人为因素，与裁判者的个人主观因素相关联。

根据笔者对西方领土法文献、国际法院的判例以及晚近以来我国学者的相关研究的考察，笔者以为适用有效控制规则是一个灵活和动态的过程，而其中可能涉及的关键日期的确定属于阶段性的历史产物。基于我国与周边国家海岛主权争端的具体情况而言，笔者建议，中国应该加强对享有历史主权的固有领土的有效控制，进一步彰显主权，宜淡化中日钓鱼岛主权争端中关键日期的确定。正是基于此，中国应该具有创设维护国家主权合法利益先例的理论勇气，更加合理公正适用有效控制规则。故此，强化历史性权利（historic title）可以为我国在当前采用有效控制的主权行为提供理论支持。因为国际法上的历史性权利应该存在一个权利取得、强化和稳固的历史过程，而其他国家的某些当前事实行为构成了对权利国历史性权利的干扰和最大威胁。[2]历史性权利与现实性因素是相互转化的，因此，我国应该高度重视海岛立法特别是有争议的海岛立法，强化特定海岛的立法产生的影响力，因为立法产生的影响力大于利用历史文献、考古资料以宣示主权所产生的影响力。

〔1〕 See the Chamber of the International Court in the Case Concerning the Land, Island and Maritime Frontier Dispute ICJ Reports, 1992, p.401.

〔2〕 参见王建廷:《历史性权利的法理基础与实证考察》，载《太平洋学报》2011年第3期。

第五节　适用有效控制规则凸显国内法因素的举措

一、我国涉海或者涉海岛的立法与争端考察

通常认为中国的海洋法律体系基本形成。海洋法律体系由体系前过渡到体系后阶段。体系后研究范式的构建要点是确立中国问题中心主义的法学研究趋向和立足中国场景寻找中国问题。[1]因此，我们不应该满足于领土法下有效控制原则的纯学理式解读，况且此种解读全然依赖于国际法院习惯做法或者西方海洋法学者的相关文献。根据我国对钓鱼岛、南沙群岛等享有主权的历史事实，以及对有关国家非法占有我国海岛等行动的持续反对，有效控制规则并不适用于钓鱼岛、南沙群岛等有关领土争端。但是为了防止有关国家利用有效控制原则，通过向无人岛移民等行为企图造成有效控制事实，我国应对有关争端海岛加强管理和控制，而对他国控制的无居民海岛采取措施。[2]

各国国内法下的海岛法律内涵和法律地位基本上遵循了《海洋法公约》第121条的界定。[3]就我国而言，通过法体系和目的解释，主要有《宪法》《领海及毗连区法》《专属经济区和大陆架法》《海洋环境保护法》《海域使用管理法》《海岛保护法》及大量的行政法规、地方法规、配套规章等规制海岛的开发与管理。就海岛主权争端而言，我国在不同的历史时期也有针对性地颁布了相关的法律以强化和宣示我国的主权。1970年中国政府声明："台湾省及其所属岛屿、包括钓鱼岛是中国的神圣领土，均不允许他人染指。"1992年全国人大通过《领海及毗连区法》，其中明确"中华人民共和国的陆地包括台湾及其钓鱼岛在内的附属各岛"。针对近年来日本启动的所谓"钓鱼岛国有化"等严重侵犯中国领土主权的行为，我国有关部门对钓鱼岛及其附属岛屿开展常态化监视监测，并且根据1992年《领海及毗连区法》，宣布中华人民共和国钓鱼岛及其附属岛屿的领海基线。上述法律群承担强烈的主权宣示功能，但是在规

〔1〕 参见陈甦：《体系前研究到体系后研究的范式转型》，载《法学研究》2011年第5期。

〔2〕 王秀梅：《白礁岛、中岩礁和南礁案的国际法解读》，载《东南亚研究》2009年第1期。

〔3〕 See Clive R. Symmons, *The Maritime Zones of Islands in International Law*, Martinus Nijhoff Publishers, 1979, p.20.

制海岛的保护与开发具体法律措施方面，则显得不足。

同时，如果顾及适用有效控制规则的可能性，则上述立法自然会涉及另外一个敏感的法律问题，即上述法律法规是否具有关键日期之前的行为属性而发挥宣示主权的功效呢？笔者认为，在海岛主权争端中无法或者没有必要确定所谓的"关键日期"的情形下，历史权利应该得到尊重，因为有效控制规则并非是独立的领土取得规则（方式）。在尊重历史权利的情况下，权利国应该积极行使"有效控制的主权行为"（by the sovereign exercise of effective control），因为彰显有效控制的主权行为（措施）的重要表征是"持续的和和平的"，[1]而在中日钓鱼岛主权争端的历史长河中，日本所采取的行为几乎是违反国际法的，是依赖武力强行占有钓鱼岛的强盗行为，因此不能构成有效控制。进而，笔者强烈认为，无论遵循历史权利，还是突破式或者个案式适用有效控制规则，我国应该进行战略性海岛立法，特别是特定海岛的立法。

中国近期为巩固先前享有的历史主权而采取的立法和行政管理等措施，具有历史的传承性，是对历史上我国相关海岛立法与管理活动的延续。史料记载，早在宋代，当局在澎湖建立了军营以军事统辖钓鱼岛列岛。明清两朝的地图均清晰标示钓鱼岛列岛为我国领土，且被划入军事海防管辖范围之内。[2]1722年清朝监察御史黄叔璥巡视台湾，并撰写《台湾使槎录》，有力体现了清朝的统治"痕迹"，体现了我国对钓鱼岛列岛所实施的有效统治。[3]在某种意义上，上述我国涉海涉岛法律，就是对我国海岛主权的"持续和和平"的立法表达。此外，依据我国相关法律，我国对钓鱼岛采取了巡航等维权行动，海洋执法实现了制度化和常态化，切实有效地宣示了中国的领土主权。

二、与适用有效控制规则契合的立法表达

我国需要重点保护与开发的岛屿数量非常之多，海岛立法的表达问题非常复杂。作为一部海岛专门立法，2010年施行的《海岛保护法》是我国海岛立

---

〔1〕 See Judge Huber, Island of Palmas case, 2 RIAA, pp. 829, 839 (1928).

〔2〕 参见张卫彬：《对钓鱼岛列岛主权归属及相关证据的辨析——基于日本学界及民间人士观点的考察》，载《东方法学》2012年第6期。

〔3〕 参见鞠德源：《钓鱼岛正名——钓鱼列岛的历史主权及国际法渊源》，昆仑出版社2006年版，第47页。

法史上具有里程碑式法律。虽然该法“从制度设计和具体内容而言，海岛保护法都不涉及海岛主权问题”，属于“在主权既定前提下的一部保护海岛生态的行政法”，但是该法从隐性上有助于解决海洋争端。因为该法我国的海岛执法提供了明确的国内法依据。另外，该法为发展海岛经济构建了制度保障。〔1〕

我国最终还是要立足于本国的客观国情和实际需要，选择适合自身特定的法体模式以及目标模式。从理解海岛主权争端适用有效控制规则的国内法进路看，我国既不能完全照搬美国的海岛立法模式，也不能全然遵从日本的海岛立法模式，而是针对中国海岛的资源开发、管理以及主权维护进行制度设计。

其一，海岛立法的顶层设计。我国尚无一部综合性海洋基本法，现行宪法中也无直接关于海洋和海岛事项的规定，导致我国海岛立法的顶层设计缺失。有学者经过考察世界各国的“海洋入宪”体例问题，认为我国宪法在海域立宪模式上可以选择授权法律规定的模式，在宪法中除概括宣告海域的归属外，将各种性质海域的具体范围授权其他法律规定。因为我国已经制定、颁布了《领海及毗连区法》《大陆架及专属经济区法》等专门的海洋法律，因此不存在补授权法律规定模式中因立法滞后而导致宪法虚置的问题。建议我国制定涉海规范时，可以现行《宪法》第9条中加入“海洋”一词，使我国维护海洋资源有法可依。〔2〕笔者以为，对我国海岛立法的顶层设计，为彻底构建海岛立法体系提供了根本纲领，也从根本上和宪法高度上为海岛主权争端适用有效控制规则获得了有力的证据支持。

其二，有选择进行特定海岛的专门立法设计。作为海洋大国，我国的海岛情境异常复杂。有学者认为，采用单行法模式，制定一部关于海岛的单行法来对海岛进行管理，既具有较强的针对性，又符合目前我国海岛的客观实际，是一种较为理想的选择。〔3〕对此，笔者并不完全认同。根据我国海岛开发与管理的具体情况，笔者认为，我国海岛立法除了顶层制度设计以外，在业已施行

〔1〕 参见http://war.163.com/09/1124/17/5OTD052000011MTO.html，2014年4月9日访问。

〔2〕 参见吴淞豫、祝捷：《“海洋入宪”模式比较研究》，载《环球法律评论》2010年第4期。

〔3〕 齐连明、张祥国、李晓冬：《国内外海岛保护与利用政策比较研究》，海洋出版社2013年版，第97页。

《海岛保护法》以外，特别建议我国应该就某些特殊用途海岛[1]进行专门立法，以法律形式明确、强化此类或者某一具体海岛的法律地位。[2]仅仅依赖《海岛保护法》不足以完成海岛立法所应该承载的历史使命。事实上，此种海岛立法例在某些海岛大国非常常见，美国和日本及存在此种立法例。针对某些和某个特定的海岛，如钓鱼岛和部分被外国侵占的南沙海岛，进行专门立法，其不仅可以以国内法形式宣示国家领土主权的存在，而且在海岛主权争端中为我国提供强有力的支持有效控制的证据。各国在争端海域实施巡航是一个国家执法的形式之一，如果没有采取有力的方式和行动，表达对钓鱼岛和南海诸岛的主权决心，则有可能在将来一旦面临司法解决争端时出现不利我国的证据。[3]在执法方面，由于现行海岛法律体系比较原则性和抽象性，实际操作性不强。因此，专门对特定海岛予以立法更为执法活动提供了法律根据。如果我国欲取得在南沙诸岛开发与管理上的主动与主导地位，弱化或者打断日本对钓鱼岛的实际控制而强化我国对该岛的有效控制，笔者建议分别对特定海岛专门立法，制订南沙诸岛开发战略计划，加强在钓鱼岛的立法、强化钓鱼岛的管理和开发，寓维权于开发中，敢于打断有关国家的有效控制。

上述两种比较宏观和初略的法律表达举措，无论在传统领土法有效控制规则视域下，还是在晚近国际法院相关判例适用有效控制规则中，[4]由于有效控制规则的适用对象通常属于无人海岛或领土（uninhabited territories and island），此类立法通常被赋予极强的证据效力。经过不断修订的有效控制规则虽然不稳定，但是绝大多数判例都有力地印证了国内法特别是专门针对特定海岛的立法是权衡适用有效控制规则的有价值的因素。正是从这个意义上看，其属于与适用有效控制规则契合的立法表达。

领土法的理论与实践不断变迁，这是由纷繁复杂的领土争端所使然。特别的是，海岛主权争端催生了领土法理论的推陈出新。虽然我国学者主流认

---

〔1〕 所谓特殊用途海岛，通常是领海基线所在海岛、国防用途海岛、海洋自然保护区内的海岛等具有特殊用途或者特殊保护价值的海岛。

〔2〕 我国《海岛保护法》充分认识到特殊用途海岛保护的重要性，该法第2条第3款、第36～39条分别重点规定了特殊用途海岛的保护。

〔3〕 参见黄德明、黄赟琴：《从白礁岛案看领土取得的有效控制原则》，载《暨南学报》（哲学社会科学版）2009年第5期。

〔4〕 See ICJ Reports, 1975, p.12; 59 ILR, p.14.

为有效控制原则不能作为独立的主权争端解决原则，但是探讨有效控制原则的适用具有裨益。在学术上，重视有效控制原则的研究自然是值得大家提倡的，是无可厚非的。特别是开辟新视角来审视和认知有效控制规则，更是具有理论意义和现实价值。但是，研究该理论的进路和角度不要受到西方海洋法学者的肘制，而是应该按照“中国问题”语境的研讨。自近50年以来国际法院所审批的案例或者仲裁海岛主权争端案观之，有效控制规则的法律内涵和构成要件越发成熟，而且具有成为国际习惯法从而升华为国际法渊源之一种的趋向。因此，从中国法语境来审视海岛争端下的有效控制规则，实属必要。

有学者担心适用有效控制规则以解决钓鱼岛和南海诸岛主权争端，因为该规则不利于中国领土主权的维护，导致我国在领土纠纷中处于不利地位。〔1〕笔者以为，如果我们暂时抛开适用有效控制规则对中国有关海岛争端是否有利或者不利的问题，那么，学者的此种学术倾向显然透视着这样的思维，即完全受制于对西方学者和国际法院的实践奉为典范的惯性认识。笔者认为，我们不会幼稚到对传统西方人所支配的领土法理论一概断然说“不”的程度，而且笔者也坚信，考察西方学者的经典学说或者重要国际法院的判例是值得提倡的，但是，笔者崇尚我国应该有足够的学术智慧和勇气对有效控制原则予以全新的解读，特别是展开“中国问题”导向的解读。无论如何，在有效控制规则理论与实践不断变迁或者诸如“关键日期”的确定及其作用不成熟的情形之下，强化争议海岛的国内立法无疑是加强我国对海岛控制能力的重要法律举措。从国内法的层面来认知有效控制原则，因为国际法与国内法之间的关系从来就是一个亘古未衰的学术话题。同时，此亦可以从国际法的财产权逻辑进路来得到佐证，更是从国际法体系中的“国内法”因素角度得出的结论。因此，海岛主权争端适用有效控制规则的国内法逻辑或者进路，显然为我们理性把握领土法下的有效控制规则提供了新的空间和视角。〔2〕

---

〔1〕 相关文献可以参见孙传香：《有效控制理论在国际法院的适用及我国的对策》，载《平顶山学院学报》2008年第6期；曲波：《有效控制原则在解决岛屿争端中的适用》，载《当代法学》2010年第1期；王秀梅：《领土争端中有效控制原则的适用及其限制》，载《河南财经政法大学学报》2012年第4期；周江、左雯洁：《论有效控制原则在南沙群岛争端中的不可实用性》，载《中国海商法研究》2013年第2期。

〔2〕 参见马得懿：《海岛主权争端适用有效控制规则的国内法逻辑》，载《法律科学》2014年第6期。

三、提升中国无居民海岛开发与管理水平的对策

法律是实践理性。法律对无居民海岛等海洋资源的关注日益强烈是人类日益意识到海洋资源对人类的重要性的结果。正如学者所指出的那样，海洋是地球上生命之源，只要考察人类文明史与海洋资源的关系，便可以洞察到海洋资源对人类文明的推进作用。人类对无居民海岛等海洋资源的价值日益高度重视，不仅使无居民海岛等海洋资源进入了私法的视野，而且环境法、国际法等公法对海洋资源的调整也日趋健全和丰富。无居民海岛并不是人们想象中的不屑一顾的荒岛。无居民海岛具有战略价值、经济资源价值、生态环境价值以及社会文化价值。同时，根据国际法，无居民海岛周边拥有一定范围的海域，这些海域往往蕴含着丰富的矿产资源和石油天然气资源。因此，寻求在海洋资源上设立权利来驱动海洋资源的利用机制是亟待解决的问题。法律本身不能创设财富，但可以通过确认和保护财产的规则来鼓励人们创造财富。

1982年《联合国海洋法公约》确立了岛屿制度。该公约对晚近国际海洋制度的形成产生了重大影响。法律从来都是对无居民海岛的规制高度重视。从法律上的“公有物”，到私法的积极介入，再到国际法规制的制定，无居民海岛法律制度可谓“生于斯而逝于斯”，完成了其一个周期性的“轮回”。从某种角度上看，无居民海岛使用权问题，并非法学上的新课题，而是一个不折不扣的老话题。但是，当我们启用某种研究范式审视无居民海岛使用权法律问题时，由于无居民海岛使用权法律属性使然，仍然强烈地感受得到该课题所隐含着的学术上的价值。

当前，国家高度重视海洋经济建设，无居民海岛的开发和利用越来越成为社会的热点。如何使无居民海岛使用者的权益得到保障，是我国海洋管理部门重点考虑的问题。依据《海岛保护法》，探索符合我国国情的、更加具有针对性和可操作性的无居民海岛管理体制的法律对策是非常必要的。笔者在认真调查和深入研究分析的基础上，对我国无居民海岛的权属、利用、流转以及保护等问题提出法律对策，以提升我国无居民海岛的开发与管理水平。

（一）充分总结和借鉴中外在管理无居民海岛方面的法治经验

早在我国《海岛保护法》施行之前，我国部分省区在探索无居民海岛开发与管理方面积累有益的地方性经验。早在若干年以前，浙江省便建立了无居

民海岛管理联席会议制度，以统筹开发与管理无居民海岛。建议国家海洋局在出台有关无居民海岛开发与管理措施时，应该认真总结我国有关地区在无居民海岛治理方面积累的经验。

同时，也要善于借鉴某些海洋国家在无居民海岛管理方面的先进做法。特别是参照马尔代夫无居民海岛经营管理模式，在我国特定类型的无居民海岛实施BOT模式下无居民海岛的开发与管理模式。建议在我国目前首批公布的176个可开发的无居民海岛名录中，选择适宜旅游开发的无居民海岛对外招商。为此，可以依托我国有关旅游、海洋行政部门成立无居民海岛开发项目公司，项目公司开展多渠道的融资，既可以吸收外资，也可以吸收我国的民营资本，将我国无居民海岛，出租给公司等经济主体开发经营。同时，在给予投资商宽松的投资经营环境的同时，也对海岛的开发实施严格的管理，以确保滨海旅游资源的生态不会因过度开发受到损害、不会破坏原有的地貌特征。[1]

（二）分阶段、多模式解决我国无居民海岛的权属冲突问题

我国《海岛保护法》第4条规定无居民海岛属于国家所有，国务院代表国家行使无居民海岛所有权。而我国部分地区的无居民海岛上的林地和土地曾根据有关法律法规已发放了土地证或林权证，实际权属为集体所有，两者之间的矛盾有可能带来相关的权属争议和纠纷。[2]目前，在我国浙江省温州已经发生了相关的纠纷。

为此，笔者谨慎地建议：第一，针对我国部分海岛具有国防功能和科研价值，建议有关机构坚决采取征收补偿的手段予以解决。征收补偿的程序、手段一定要透明、合法。第二，《海岛保护法》施行前经依法批准无居民海岛的开发项目，符合无居民海岛保护与利用规划的，可以继续利用，但应当按照该法规定和国家海洋局有关规定补办有关手续；不符合无居民海岛保护与利用规划的，应当停止利用，有关部门应当给予适当补偿。[3]

（三）建立无居民海岛储备制度

根据无居民海岛利用规划，无居民海岛的开发级别一般可以分为特别保

---

〔1〕 参见洪志翔、谢立峰、王海平、夏枫峰等：《舟山市无居民海岛保护与开发利用初探》，载《浙江海洋学院学报》（自然科学版）2007年第4期。

〔2〕 参见马得懿：《无居民海岛属于国家所有的法理分析》，载《海洋经济》2012年第2期。

〔3〕 参见《青岛市无居民海岛管理条例》，详见《山东省人民代表大会常务委员会公报》2008年12月8日。

护类、一般保护类以及适度利用类。鉴于无居民海岛使用制度的复杂性，建议我国逐步建立无居民海岛储备制度，即某些具有科研价值、具有历史文化遗址的无居民海岛，采取谨慎开发的做法，杜绝盲目开发，而是作为一种海洋资源予以储备起来，等到条件和时机成熟时另行研究开发和利用方案。《无居民海岛使用金征收使用管理办法》所针对的是无居民海岛出让的一般情况，而对于上述具有特殊价值的无居民海岛，应该采取特殊的开发政策。依据国家海洋局《关于编制省级海岛保护规划的若干意见》的规定，对于我国各级地方各种开发类型的无居民海岛予以分门别类，建立无居民海岛储备制度，使我国部分亟须得到保护的无居民海岛储备起来，带到条件成熟之际再进行开发。

（四）尝试无居民海岛使用权抵押贷款办法，解决无居民海岛开发的资金“瓶颈”

制约我国无居民海岛开发的重要“瓶颈”是资金缺口大。根据我国物权法基本原则和规定，建议我国有关机构应该进一步明确无居民海岛的物权属性和地位，建立无居民海岛价值评估的方法体系，探索开展无居民海岛使用权抵押贷款办法，积极吸引各类社会资金参与无居民海岛的开发。为此，可以由我国相关机构共同出台我国无居民海岛使用权抵押贷款办法。

无居民海岛使用权抵押贷款办法要明确其程序和要求：第一，无居民海岛使用权人需提出申请，并提交书面抵押贷款申请书、同意抵押的书面证明、《海岛使用权证书》原件及复印件等相关材料。第二，我国相关的金融机构要对申请人材料进行审查。第三，贷款人进行无居民海岛使用权抵押登记，签订抵押贷款合同，抵押合同自抵押登记之日起生效。第四，抵押人向登记机关缴清抵押期限内的无居民海岛使用金后，方可办理抵押贷款。第五，为了保障上述程序的顺畅，建议我国海洋行政部门要建立无居民海岛使用权流转平台，大力培育相关交易中介机构。

（五）明确我国可开发无居民海岛的开发利用时空顺序及其鼓励举措

根据国家海洋局近期出台的《无居民海岛使用申请审批试行办法》，我国海洋行政部门应该明确首批176个可开发利用的无居民海岛的开发利用时空顺序，防止随意开发。根据地理学、生态学和国土安全学的基本要求，我国每个无居民海岛自身蕴含开发的时空顺序的客观要求，特建议：第一，我国实行无居民海岛应当由远及近开发，远岸无居民海岛开发优先于近岸无居民海岛开发的政策。第二，建议对驻守远岸无居民海岛或者开发远岸无居民海岛、为维护国家权益做出贡献的单位和个人，我国海洋行政部门予以精神和物质的双重奖励。第三，以绿色GDP作为沿海地方政府考核标准，让沿海地方政府将开发无居民海岛的眼光从近岸无居民海岛转移到远岸无居民海岛。第四，实施边远无居民海岛支持计划。建议国家大力支持在我国一部分边远的无居民海岛实施支持计划，尽力维护和鼓励边远无居民海岛的开发活动。

第七章 总结、反思与展望——私法与国际法可通约性的初略认知

一、问题、困惑以及切入点:“无居民海岛使用权”

作为海洋属性和陆地属性兼备的特殊陆地区域,无居民海岛不仅具有多元的价值体系,而且其利用与保护实践亦诱发法理上的诸多问题与困惑。[1]究其根源,其中无居民海岛成为国际法和国内法竞相规制和调整对象是重要缘由之一。从立法例上审视,1982年《联合国海洋法公约》第121条和《海岛保护法》相关规定不仅引发了自然资源权属的争论、国家所有权与使用权的困惑,而且再次将作为私法体系下的无居民海岛权属问题展示在人们面前,需要我们探寻合理的路径以深入研究之。其中如何科学和合理地界定并认识“无居民海岛使用权”问题、是否存在国际法上的物权问题以及国际法与国内法的关系问题,都成为无居民海岛利用与保护的理论与实践中不可回避的课题。

然而,在传统的国际法视域或者传统的私法视野阐释无居民海岛的利用和保护的法理与实践,必然会产生困惑。在我国审议和讨论《海岛保护法》过程中,有学者认为在国际上为维护海岛权益提供私法救助的方式显得格外重要,无居民海岛的权属问题重点在所有权。因此尽量不要创设“无居民海岛使用

〔1〕 参见马得懿:《无居民海岛使用权阐释:海洋属性与海洋发展》,载《河北法学》2014年第7期。

权”的提法。在海岛保护立法时，国家安全和生态保护的目标要优于海岛开发的利用的经济利益，在权属上也需要坚持无居民海岛属于国家所有的规定。无居民海岛属于国家所有没有问题，但是在《海岛保护法》对此作出的规定不合适，要规定也应当由宪法或国际法作出规定。〔1〕显然，《海岛保护法》的立法表明了学者对此问题存在很大的误区或者争议。

上述争议或者观点隐含着国际法的法理或者私法的法理问题，其实更是昭示着一个前提性的问题，即国际法与私法的关系问题需要重新审视的必要性。很显然，私法与国际法的关系历来是一个传统的老问题。一元论与二元论（monism and dualism）成为人们耳熟能详的学说之余，其争论也逐渐沦为没有定论的学术产物。纵然有凯尔森等法学巨匠的鼎力贡献，一元论与二元论仍然是伯仲难分。一元论和二元论所关注的核心和焦点问题一直囿于国际法和国内法的“效力范围和位阶”问题，而淡化或者基本忽视了国际法与国内法之间的内在的联系属性。故此，国际法与国内法关系的理论之流变，一直未能为国家实践得到印证。显然，无论是一元论，还是二元论，都是历史阶段的产物。然而国际法庭在处理国际法问题时，往往参照一个或者多个国家的国内法。〔2〕国际法在界定其主体诸如国家的义务和责任往往要依赖于国内法，而且大量的国际条约被融入了特定国内法中的概念。〔3〕国际法与私法关系的理论漶漫不定。以往只是停留在理论上的探讨阶段显然不能满足丰富多彩的无居民海岛利用实践。因此，笔者在研究无居民海岛利用与开发的理论与实践课题过程中，将研究的视域限缩到国际法与国内法视域内，这样上述问题和困惑或许得以有机会重新认识。

传统国际法和国内法下私法的理论困惑远不止这些。国际法上海洋和海岛均为国家主权支配的物，然而海洋和海岛在私法上属于人类“公有物”或者“共有物”，依法理不得在这些共有物设置属于私权的物权。一个国家可以宣告某一岛屿属于其所有，但是这种意义上的“所有”，只是主权意义上的统治或者管理，并不是物权法上的所有。但是国际法也会使用物权法的原理来解

〔1〕 本书编写组：《中华人民共和国海岛保护法释义》，法律出版社2010年版，第240页。

〔2〕 See Jenks Clarence Wilfred, *The Prospects of International Adjudication*, London: Stevens, 1964, pp.547-603.

〔3〕 参见[英]伊恩·布朗利：《国际公法原理》，曾令良、余敏友译，法律出版社2007年版，第32页。

释其特别的占有关系。比如国家之间的“疆界”，依照国际法被确定为相邻国家之间“共有”。这一点就是按照物权法中的“共有关系”和“相邻关系”来予以理解的。[1]即便是国际上物权的理论是成熟和稳定的，但是，如何界定国际法是物权以及其与私法下的物权的关系如何，仍然属于一个令人棘手的课题。虽然国际法不过是“人们期望把国内现存的法律秩序扩大运用于国家间关系领域里去的各种努力所产生的结果”，[2]但是深入构架新时期的国际法与国内法之间关系的体系，需要一个新的契机和切入点。

无居民海岛利用与保护的实践所涌现的法律问题与困惑，印证了法律多中心性的新法理学思潮的生命力。20世纪90年代掀起的法律多中心性（legal poly centricity）的新法理学运动主张，法的非普遍性和同一法律制度下价值的非普遍性的观点，拒绝接受道德和法律问题的单一价值方法。但是法律的趋同化特点与法律的多中心性特点统一贯穿于现代法律的发展变化过程中，在法律渊源、法律部门、法价值、法的道德性和西方法学思想流派五方面，法律的多中心性和趋同化特点共存。[3]因此，无居民海岛利用和保护的实践，既有国际法问题也有私法问题。故此，在国际法和国内法关系的角度来重新审视无居民海岛利用与保护中的问题和法理困惑，不单单具有法理上的价值，而且也是对传统上国际法与私法关系理论的一种检视与重塑。由于社会生活的复杂性以及现实与理想的矛盾，有必要借助哲学的综合性视野和哲学思维的统摄力量，对社会现实进行批判性的思考，以揭示社会的根本矛盾和社会历史的未来发展趋势。[4]因此，本书尝试利用无居民海岛利用与保护的实证，在传统国际法与国内法关系理论的铺垫下，从科学哲学的高度来认知国际法与国内法的另类关系即突破“效力范畴和位阶”的理论束缚，这也是本书尝试重新理解国际法与国内法关系理论框架的切入点。

二、国际法与私法可通约性的提出及其基础

（一）国际法与私法可通约性的提出

面对上述问题与困惑，欲突破传统私法理论的框架，特别是突破国际法

〔1〕 孙宪忠：《中国物权法总论》，法律出版社2009年版，第94页。
〔2〕 参见古俊峰：《国际法对私法的移植简史》，载《研究生法学》2004年第3期。
〔3〕 银红武：《论法律的多中心性与趋同化》，载《衡阳师范学院学报》2009年第1期。
〔4〕 参见朱红文、冯周卓：《社会科学方法论研究的意义和视角》，载《求索》2003年第5期。

与私法关系的理论樊篱，必须构建一种合理的“范式”来重新寻求一种手段以破解困惑。范式一旦确定，则探讨无居民海岛利用与保护中的新问题便有了前提和基本框架，进而国际法与私法之间的新型关系便有了实证支持和基础。1962年库恩在《科学革命的结构》首次提出“范式”(paradigm)概念，并且使用了“不可通约性”(incommensurability)一词。处于不同范式的理论不能用具有共同意义的术语或词汇来表达，这些理论的内涵就不能直接进行比较。因为缺乏共享的、意义中立的词汇，使理论之间不具有逻辑联系，从而理论之间的比较是不可能的。这种意义的变化就造成了新旧范式或竞争范式同语义的不可通约性。[1]然而，库恩的“不可通约性”的提出，引发的争论远远超出其本人的预想，纵然其千方百计为其理论做出解释，但是库恩在“不可通约”问题上没有看到科学的新旧理论之间还有“可通约性”的一面，是“不可通约”与“可通约性”的辩证统一。由于只是承认新旧理论“不可通约性”的一个方面，他便在新旧理论之间设置了一条鸿沟。[2]据此，笔者足以认为，在前期国际法与国内法关系理论与实践的支持下，充分对“不可通约性”予以扬弃而不断吸收其思想之精华，可以演绎出“国际法与私法的可通约性”这一论断的可能。国际法与私法可通约性的基本内涵是，为了实现和追求法律目的或者政策，在淡化或者背离传统国际法与国内法的区别和关系理论约束的前提下，所形成的融私法理念和国际法理念于一体的某种法律范式、法律概念以及法律机制。实践是法律理性。笔者以为，很难给国际法与私法可通约性一个精准的定义，但是其基本内涵所彰显的法律功效在于化解法律实践中的困惑，其基本要义在于不再过分区分公法与私法、国际法与国内法之间的界分。因为在科学哲学的许多观点中，高度强化在同一领域内互相继承和互相对立的各种理论“说着不同的语言”，这也是库恩科学哲学中的一个基本概念，即范式，按照希腊文是“共同显示”之义，范式上是不可通约的。[3]在无居民海岛利用与保护实践中，存在传统法理下一系列的困惑和棘手问题，如无居民海岛使用权的法律属性、国际法上的物权等。在认可公法与私法划分和国际法与国内法

〔1〕 参见赵亮英:《库恩范式的不可通约性——从意义与指称的角度看》，载《重庆理工大学学报》(社会科学版)2011年第10期。

〔2〕 毛建儒:《论范式的不可通约性》，载《山西师范大学学报》(社会科学版)2012年第1期。

〔3〕 参见黄家裕、陈巍:《论范式不可通约性的根源》，载《河南师范大学学报》(哲学社会科学版)2011年第3期。

系不同法律体系的背景下，早期的文献通常以“私法对国际法的影响”“自然法对国际法的影响”以及“私法理念对国际法的影响”为手段来描述和阐释国际法与国内法的关系。然而，理解私法与国际法的关系，绝不是那么简单和直白；但是上述“影响论”为国际法与私法可通约性的形成提供了前提和基础。“国际法与私法的可通约性”以破解无居民海岛利用与保护中的法理困惑或者实践难题为契机，着力构建国际法与私法之间的可通约性机制，不再强化国际法与国内法体系和位阶的差异或者趋同，实质是对传统国际法与私法之间关系的突破。

（二）国际法与国内法可通约性的基础之一：“影响”论

1.自然法对国际法的影响

回眸自然法对国际法的影响问题，是一个老问题，亦是探讨国际法与国内法可通约性的缘起。中外相当多的文献重点研究了自然法对国际法的影响，换言之，国际法融入了浓浓的自然法因素。国际法与国内法的可通约性，不无与自然法对国际法的影响有一定的关联度。在久远年代，格劳秀斯便以万民法作为他创立国际法的坯胎，而且国际法强行规范的内容本身也符合自然法原则。国际法原则均系自然法原则转化而来。自然法存在于现行国际法之内，其性质实质上与它存在于现行国际法之外是一样的，所不同的是，后者是把一种超验的价值作为国际法的效力根据和评价标准，前者则是把这种价值直接输入实在国际法。[1]当私法制约政治程序时，私法必须被理解为社会的法律，作为市民社会的各种不同领域的法律。与此同时，私法必须将这些不同社会领域内在的规范性进行内化和反思。[2]

2.私法对国际法的影响

国际法与私法之间是一脉相承的关系，而且正是通过与国内私法的类比，国际法才从中明确了自己的逻辑结构，即国内私法是以法的主体、所有权、契约的约束性为其基本范畴的，与此对应，国际法也是以法的主体（国家）、主权（统治权）、条约的约束性为其基本范畴的。这是一个不容置辩的事实。罗马法曾经给予国际法以极大的影响。甚至连格劳秀斯最初在创立国际法时所使

〔1〕 参见张文彬：《论自然法对国际法的影响》，载《法学家》1993年第5/6期。

〔2〕 参见［德］贡塔·托依布纳、顾祝轩：《私法的社会学启蒙：对谈当代著名法学家托依布纳》，高薇译，载《交大法学》2013年第1期。

用的“国际法”一词，也不过是从罗马法上借用的一个名称。由此观之，研究罗马法与国际法之间的这种关系，是一个庞大的课题。〔1〕

首先，从国际法与私法相同的或对应的概念和规则出发，在主体、权利、行为三方面都强烈地表明了私法对国际法的影响和渗透。通过对相应概念的比较，我们很自然地发现国际法主体或国际法人格的理论，实际上可以恰到好处地类比私法中的自然人。其次，就“所有权与领土主权”而言，所有权的概念渊源和领土主权的产生与发展，〔2〕具有高度的借鉴性。事实上，国际法上“领土主权”的理论深深地打上了所有权的烙印。领土的取得和丧失的规则来自民法的影响清晰可见，国际法上的先占深受私法理论的影响；所有权领域的共有关系影响着海洋法和空间法上“人类共同财产原则”的形成。人们将国内法的概念、原则和规则、制度类推适用于国家间的关系，近代意义上的国际法才因此而得以确立。〔3〕

考察罗马法的历史，我们很容易知道一个常识，即私法公法的区分乃针对国内法而言，并不包括国际法在内。仅就国际法和公法相比较，国际法的调整对象是国际关系，而公法的调整对象则是国内关系的一种，即国家统治关系。法学界虽然普遍认为国际法属于公法，但却从无圆满的论证，故而实在难脱轻率臆断之嫌疑。私法虽然只是国内法的一个法域，但它却是国际法的基础。私法的原理和国际法的原理有着内在的一致性。〔4〕

3.私法理念植入国际法的范畴

国内法对国际法的形成和发展产生了重要影响。这种影响在很大程度上体现为私法对国际法的影响。私法理念是私法的内在本质与发展规律，以及人们对这一本质和规律的理性认识。私法对国际法的影响在很大程度上表现为私法理念对国际法的影响。私权神圣理念是私法理念的核心内容之一，其涵义是指私权应受到法律的充分保障。〔5〕

---

〔1〕 参见张文彬：《国家领土主权中的罗马法所有权观念》，载《比较法研究》1990年第4期。

〔2〕 参见李思璇：《评私法对国际法的影响》，载《武大国际法评论》2003年7月卷。

〔3〕 参见张文彬：《论私法对国际法的影响》，法律出版社2001年版，第162页。同时可以参见李思璇：《评私法对国际法的影响》，载《武大国际法评论》2003年7月卷。

〔4〕 孙文桢：《私法概念的比较研究——兼论私法的体系》，载《法学论坛》2011年第1期。

〔5〕 参见刘美希：《论私法理念对国际法的影响》，载《深圳大学学报》（人文社会科学版）2008年第2期。

（三）国际法与私法可通约性的基础之二：国际法的财产权逻辑

除了从历史角度考察自然法、私法甚至私法理念对国际法的形成所奠定的历史性基础以外，国际法的财产权逻辑进路更是印证了国际法与私法之间所固有的内在关联性。[1]有学者认为，财产权与主权的关系、财产权与国际和平及发展的关系、全球化背景下国际法实践的基本趋势，以及财产权内涵的确定性都表明，在理解国际法方面，财产权逻辑可以构成传统主权逻辑之外的另一进路。财产权的逻辑进路有助于国际社会借鉴国内成熟的财产权法律经验，以国际法基本宗旨为基本依据，解构并重构现行国际法财产权逻辑，以切实推动国际法治。[2]国际法的财产权进路，充分意识到国际法与私法之间的内在联系属性，是对传统国际法与国内法关系的新认识，具有时代意义。国际法的财产权逻辑预示着国际法的根基来源于私法下的相关理论与实践。具体而言之：

首先，国家主权的维护与财产权间存在密切的联系。从国家构成要件看，这些物质财富首先体现为领土。其次，主权与财产权之间具有通约性，从而使从财产权逻辑与主权逻辑的进路都可以揭示出国家行动的动力。这种通约性首先体现为近代国际法的产生受到私法，尤其罗马私法的深刻影响。[3]最后，财产权逻辑的进路有助于深化国际法的基本宗旨内在机理的理解。卢梭曾经极端但深刻地揭示了财产权与社会和平之间的关系。就国内法而言，各国普遍沿着以权利制约权利、以权利制约权力及以权力制约权利这三个路径建立起来的财产权制度足以确保国内社会的和平。就国际法而言，霍尔等人已经揭示了财产权与国家的诞生、存续与发展之间存在着密切联系。[4]国际法的财产权逻辑，其实质是向人们展示了新时期国际法与私法的新型关系的图景，更是国际法与私法可通约性的新发展。在国际法形成的初期，国际法与私法关系局限于“影响论”，而随着国际法理论与实践的不断发展，国际法的财产权逻辑创设了认识国际法与私法关系的另类视域，某种角度上属于国际法与私

---

〔1〕 参见马得懿：《海洋资源权属制度的多维解读》，载《北方法学》2013年第3期。

〔2〕 参见蔡从燕：《论国际法的财产权逻辑》，载《法律科学》2011年第1期。

〔3〕 劳特派特详细考察了私法制度对国际法的影响，比如所有权制度对领土制度的影响。有学者甚至认为国际公法实际上属于私法性质，甚至比国内私法还要私。这使主权被打上了深深的财产权烙印。

〔4〕 参见蔡从燕：《论国际法的财产权逻辑》，载《法律科学》2011年第1期。

法可通约性的发展。

(四)"影响论"和"财产权逻辑"的初略性

传统国际法理论下国际法与国内法的关系一直受制于一元论与二元论的纷争,其核心思想是国际法与国内法的效力和体系的孰优孰劣的定夺。国际社会法治理念和全球化的发展,一元论和二元论的价值往往只是桎梏于理论层面上,而其实践价值逐渐褪色。在无居民海岛利用与保护实践中,隐含着国际法与国内法中私法与行政法的关系问题,需要予以梳理。而上文提及的"影响论"和"财产权逻辑",实质是国内法与国际法可通约性一种比较初略的描述。在"影响论"和"财产权逻辑"视域下,从制度框架和财产权的进路系统地描述和总结了国际法与国内法之间的关联度。"影响论"和"财产权逻辑"以国际法与国内法之间的影响和移植为路径来构建二者的体系,应对某些实践中的问题,便显得力不从心甚至略显幼稚。这一点在无居民海岛开发与保护实践中尤为凸显。从此角度上看,"影响论"和"财产权逻辑"为国际法与国内法的可通约性的形成贡献了根基,但是其在阐释国际法与国内法关系范畴上略显得粗略。

三、国际法与私法可通约性简析:无居民海岛的使用与主权

国际法与私法可通约性经历了"影响论"和"财产权逻辑"的不断演化,愈发具有稳定的内涵和框架。特别是无居民海岛利用与保护的实践,为国际法与私法的可通约性提供了实践经验和契机,其在无居民海岛利用与保护中发挥着重要的功效。

显然,无居民海岛属于海洋自然资源类型之一。由于自然资源的类型各异,引发准物权理论的不断反思。在私法和准物权体系之下,无居民海岛使用权的属性界定面临一定的合理性与法理上的困惑,可谓喜忧参半。故此,在准物权框架下审视无居民海岛使用权无疑具有不周全性。正基于此,有学者将无居民海岛使用权置于海洋"公物"属性视域内展开探讨。美国人马汉在其经典名著《海军战略》中认为,无居民海岛不仅构成一个主权国家的陆地领土,而且在国家汲取财富、控制海洋以及发展海权等方面具有不可替代的战略作用。在界定无居民海岛使用权权属性质的基础上,勾勒出无居民海岛使用机制,特别是融入了民众的海洋意识和国家海权能力的无居民海岛利用机制,

将是我国《海岛保护法》实施后应该关注的重要课题。[1]这样，无居民海岛使用权融入海洋属性是必要的。

国际法与私法之间是一脉相承的关系，通过两种体系的发展脉络的对比，两中体系间存在很强的共融性。[2]无居民海岛使用权的阐释进程，同时也是领悟和印证财产权和国家主权的可通约性的过程。这是因为，财产权也蕴含着权力，这是因为财产权不仅体现为人对物的关系，也体现为人与人之间的关系。此种理念为我们理解无居民海岛使用权的属性提供了强有力的逻辑支撑。这也是无居民海岛的自然属性和社会属性所决定的。无居民海岛在开发利用中，将国家主权、海权发展的理念融入无居民海岛的利用制度中，是国家主权与财产权的通约性的表现。[3]

由此观之，无居民海岛使用权可以简单地诠释为一种兼具私权和公权色彩的权利。无居民海岛使用权的创设，一方面丰富了传统的物权法理论体系，另一方面亦时刻反思和检讨着海洋资源权属制度。对无居民海岛使用权法律属性理论范畴的系统研究，在丰富和发展海洋资源权属和利用法律理论的同时，亦可以激发相关理论的研究热情，诸如国家所有权理论，海洋自然资源使用权理论以及准物权理论等。[4]

四、私法与国际法可通约性的检视、反思与展望

无居民海岛的利用与主权问题，自然可以在多维的法理视角予以展开。在前文考证各国无居民海岛使用与保护以及主权维护的理论与实践中，激发了无居民海岛法律问题的方方面面。经过考证自然法和私法对国际法的影响、私法理念对国际法的影响以及国际法的财产权逻辑和进路，国际法与私法可通约性的框架基本成型。国际法与私法可通性的价值之一在于在阐释无居民海岛使用权法律属性上的简约性和便捷性，而不需依赖于传统的私法与公

---

〔1〕 参见马得懿:《无居民海岛使用权阐释：海洋属性与海洋发展》，载《河北法学》2014年第7期。

〔2〕 笔者查证相关资料后认为，所谓可通约性，并非法学意义上的概念，财产权和国家主权的可通约性可以用来描述两者之间的某种契合度或者关联度。

〔3〕 参见马得懿:《海洋资源权属制度的多维解读》，载《北方法学》2013年第3期。

〔4〕 参见马得懿:《无居民海岛使用权阐释：海洋属性与海权发展》，载《河北法学》2014年第7期。

法、国际法与物权法的僵固的界分来十分勉强地阐释无居民海岛使用权。

故此，国际法与私法可通约性下的无居民海岛使用权的法律属性自然在自然资源权属、维系国家领土（海岛）主权甚至环境保护维度上发挥其法学概念的基础功效，进而有效地规避了传统法学理论公法与私法的束缚，从而从容地为无居民海岛的利用、保护以及主权维护提供法律工具。从该角度看，罗马法下公法与私法的界分虽然至今具有重要的意义，但是在无居民海岛开发与保护实践则有些无能为力了。与此同时，国际法与私法关系下的“一元论”和“二元论”同样面临着各式的理论困惑与病垢。

然而，绝不能高估国际法与私法可通约性的理论能量。国际法与私法可通约性的理论资源来源于无居民海岛的利用、保护以及主权维护实践，其理论框架尚未成熟，没有形成稳定的理论体系。故此，国际法与私法可通约性需要实践的进一步验证和实证检视。但是，无论如何，国际法与私法的可通约性在自然资源的利用开发、海岛的主权维护方面阐释了其体系的合理性与可行性，为某些特定领域的法律关系提供了调整机制。

参考文献

[1]刘容子、齐连明:《我国无居民海岛价值体系研究》,海洋出版社2006年版。

[2]谭柏平:《自然资源物权质疑》,载《首都师范大学学报》(社会科学版)2009年第3期。

[3]崔建远:《再论界定准物权客体的思维模式及方法》,载《法学研究》2011年第5期。

[4]张翔:《海洋的"公物"属性与海域用益物权制度构建》,载《法律科学》2012年第6期。

[5]Clive Schofield, The Trouble with Island: The Definition and Role of Islands and Rocks in Maritime Boundary Delimitation. Seoung-Yong Hong, John M.Van Dyke. Maritime Boundary Disputes, Settlement Processes, and the Law of the Sea.Leiden: Martinus Nijhoff Publishers, 2009, p.345.

[6]崔建远:《准物权研究》,法律出版社2006年版。

[7]左平良:《我国资源物权立法的生态伦理考量》,载《伦理学研究》2006年第5期。

[8]崔金星:《环境财产权制度构建理论研究》,载《河北法学》2012年第6期。

[9]钭晓东:《论社会变迁与环境法律规则运行模式的演进》,载《河北法学》2008年第3期。

[10]税兵:《自然资源国家所有权双阶构造说》,载《法学研究》2013年第4期。

[11]巩固:《自然资源国家所有权公权说》,载《法学研究》2013年第4期。

[12]王轶:《民法价值判断问题的实体性论证规则》,载《中国社会科学》2004年第6期。

[13]叶榅平:《我国自然资源物权化的二元立法模式选择》,载《上海财经大学学报》2013年第1期。

[14]徐涤宇:《物权法定主义和物权立法》,载《法商研究》2002年第5期。

[15]马俊驹:《国家所有权的基本理论和立法结构探讨》,载《中国法学》2011年第4期。

[16]刘新华:《论海岛对国家发展海权的战略意义》,载《中国海洋大学学报》(社会科学版)2007年第4期。

[17]陈甦:《体系前研究到体系后研究的范式转型》,载《法学研究》2011年第5期。

[18]孙宪忠:《中国物权法总论》(第2版),法律出版社2009年版。

[19]唐纳德·J.布莱克:《法律的运作行为》唐越、苏力译,中国政法大学出版社2004年版。

[20]张德华、冯梁、颜家坤:《中华民族海洋意识影响因素探》,载《世界经济政治论坛》2009年第3期。

[21]曹正汉:《地权界定中的法律、习俗与政治力量——对珠江三角洲滩涂纠纷案例的研究》,载张曙光:《中国制度变迁的案例研究》(第6集),中国财政经济出版社2008年版。

[22]庄国土:《中国海洋意识发展反思》,载《厦门大学学报》(哲学社会科学版)2012年第1期。

[23] Douglas E. Litowiz, Postmodern Philosophy and Law, University Press of Kansas, 1997, 90.

[24]蔡从燕:《论国际法的财产权逻辑进路》,载《法律科学》2011年第1期。

[25] Bing Bing JIA. A Preliminary Study of the Isle of Kolbeinsey. Nordic Journal of International Law, 1997, (66): 301-318.

[26] J.M.阿姆斯特朗、P.C.莱特:《美国海洋管理》,海洋出版社1998年版。

[27]梅宏、王霄:《美国海岛的管理与立法》,载《中国海洋报》2011年5月20日,第4版。

[28]Blaine Rogers, Raising the Bar: The Commonwealth of The Northern Mariana Islands, the Public Land Trusst, and a Heightened Standard of Fiduciary Duty, Asian-Pacific Law and Policy Journal, 2006(2): 345-355.

[29]刘洪滨、倪国江:《加拿大海洋事务研究》,海洋出版社2011年版。

[30]Biliana Cicin-Sain and Robert W.Knecht:《美国海洋政策的未来——新世纪的选择》,张耀光、韩增林译,海洋出版社2010年版。

[31]李卓阳:《欧盟的海洋管理工作》,载《中国海洋报》2007年1月26日,第4版。

[32]王琪:《海洋管理从理念到制度》,海洋出版社2007年版。

[33][美]马汉:《海军战略》,蔡鸿干、田长吉译,商务出版社2003年版。

[34][加]E.M.鲍基斯:《海洋管理与联合国》,海洋出版社1996年版。

[35]郭院:《海岛法律制度比较研究》,中国海洋大学出版社2006年版。

[36]国家海洋局:《中国海洋21世纪议程》,海洋出版社1996年版。

[37]Robert Kolb, Case Law on Equitable Maritime Delimitation.The Hague: Martinus Nijhoff Publishers, 2003, pp.151-152.

[38]李长群:《我国南海无居民海岛行政建制的研究》,中国海洋大学2012年版。

[39]巩固:《自然资源国家所有权公权说》,载《法学研究》2013年第4期。

[40]赵红梅:《无居民海岛使用权的法律属性》,载《中国海洋报》2010年3月19日。

[41][法]孟德斯鸠:《论法的精神》(上册),张雁深译,商务印书馆1995年版。

[42]张惠荣:《海域使用权属管理与执法对策》,海洋出版社2009年版。

[43]赵建东:《创新海岛管理制度的有益尝试》,载《中国海洋报》2011年6月21日。

[44]程功舜:《无居民海岛使用权若干问题分析》,载《海洋开发与管理》2010年第1期。

[45] 王森、袁栋:《无居民海岛使用权转让问题探讨》,载《中国海洋大学学报》(社会科学版) 2007年第3期。

[46] 常鹏翱:《物权法的展开与反思》,法律出版社版2007年版。

[47] 闫雪玲:《自然资源使用权流转的法律问题研究》,石家庄经济学院2010年版。

[48] 崔建远:《准物权研究》,法律出版社2003年版。

[49] 曲波:《有效控制原则在解决岛屿争端中的适用》,载《当代法学》2010年第1期。

[50] 伍鹏:《马尔代夫和舟山群岛旅游开发比较研究》,载《渔业经济研究》2006年第3期。

[51] 李仁真:《国际金融法》(第3版),武汉大学出版社2011年版。

[52] Holmston B, Triol J.Modeling Aggregate Liquidity, The American Economic Review, 1996, 86(2): 187-191.

[53] 马彪、石磊:《不确定社会效益下BOT项目的政府补贴和保证金》,载《中国管理学年会——管理科学与工程分会场论文集》2010年。

[54] Diamond D.. Debt Maturity Structure and Liquidity Risk.Quarterly Journal of Economics, 1991, 106(3): 709-737.

[55] Y.Roland. G.Federalism and the Soft Budget Constraints, American Economic Review, 1998, 88(5): 1143-1162.

[56] 李靖宇、任洨燕:《论中国海洋经济开发的金融战略投放导向》,载《海洋经济》2011年第5期。

[57] 王琪、许文燕:《中国无居民海岛开发的历史进程与趋势研究》,载《海洋经济》2011年第7期。

[58] 熊松平:《BOT项目资产所有权归属问题研究》,大连理工大学2008年版。

[59] 杨义菊:《无居民海岛开发的时空顺序》,载《海洋开发与管理》2011年第11期。

[60] 汪国青、汪由由、吕志君:《"有效控制"原则在领土与海事争端中的适用动向——以国际法院"领土与海事争端案"为例》,载《比较法研究》2013年第6期。

[61]高之国、贾宇、张海文:《国际海洋法问题研究》,海洋出版社2011年版。

[62]宋岩:《国际法院在领土争端中对有效控制规则的最新适用——评2012年尼加拉瓜诉哥伦比亚"领土和海洋争端案"》,载《国际论坛》2013年第2期。

[63]S. Rosenne, The Law and Practice of the International Court(1920-2005), 4th ed, Martnus Nijhoff Publishers, 2006, p.1243.

[64]古祖雪:《国际法体系的结构》,载《政法论坛》2007年第6期。

[65]杨泽伟:《国际法析论》(第3版),中国人民大学出版社2012年版。

[66]G. I. Tunkin, Theory of International Law, London, 1974.

[67]张海文、李海清:《联合国海洋法公约释义集》,海洋出版社2006年版。

[68]周鲠生《国际法》(下册),商务印书馆1983年版。

[69][英]詹宁斯瓦茨:《奥本海国际法》(第1卷),王铁崖等译,中国大百科全书出版社1995年版。

[70][英]尹恩·布朗利:《国际公法原理》,曾令良、余敏友等译,法律出版社2007年版。

[71]贾少学:《国际法与国内法关系之争的时代危机——对一元论和二元论进路的反思》,载《法制与社会发展》2009年第2期。

[72]陶凯元:《国际法与国内法关系的再认识——凯尔森国际法学思想述评》,载《暨南学报》(社会学报)1999年第1期。

[73]何志鹏:《国际法的哲学之维:内涵、功能与路径》,载《法学家》2010年第6期。

[74]张卫彬:《国际法院解决领土争端中的证据问题研究》,华东政法大学博士学位论文,2011年5月。

[75]孙传香:《国际法进化论》,载《湖北经济学院学报》2009年第2期。

[76]王赞:《破坏海底电缆、管道罪国内法化研究》,载《学术论坛》2013年第1期。

[77]吴淞豫、祝捷:《"海洋入宪"模式比较研究》,载《环球法律评论》2010年第4期。

[78]齐连明、张祥国、李晓冬:《国内外海岛保护与利用政策比较研究》,海洋出版社2013年版。

[79]王勇、管征峰:《五十年年来中国对国际法院诉讼管辖权的态度之述评》,载《华东政法学院学报》2002年第3期。

[80]张卫彬:《论国际法院的三重性分级判案规则》,载《世界经济与政治》2011年第5期。

[81]Malcolm N. Shaw. International law, fifth edition, Cambridge University Press, 2003, p.431.

[82]Robin. Rolf, Churchill, The Greenland –Jan Mayen Case and its significance for the international law of maritime boundary delimitation, 9 the international Journal of Maritime and Coastal Law, 1994, p.54.

[83]Clive R. Symmons, The Maritime Zones of Islands in International Law, Martinus Nijhoff Publishers, 1979, p.20.

[84]王秀梅:《白礁岛、中岩礁和南礁案的国际法解读》,载《东南亚研究》2009年第1期。

[85]黄德明、黄赟琴:《从白礁岛案看领土取得的有效控制原则》,载《暨南学报》(哲学社会科学版)2009年第5期。

[86]马得懿:《无居民海岛使用权阐释:海洋属性与海洋发展》,载《河北法学》2014年第7期。

[87]本书编写组:《中华人民共和国海岛保护法释义》,法律出版社2010年版。

[88]张文彬:《比较法与国际法》,载《比较法研究》1994年第3期、第4期。

[89]银红武:《论法律的多中心性与趋同化》,载《衡阳师范学院学报》2009年第1期。

[90]朱红文:《社会科学方法论》,科学出版社2002年版。

[91]赵亮英:《库恩范式的不可通约性——从意义与指称的角度看》,载《重庆理工大学学报》(社会科学版)2011年第10期。

[92]毛建儒:《论范式的不可通约性》,载《山西师范大学学报》(社会科学版)2012年第1期。

[93]黄家裕、陈巍:《论范式不可通约性的根源》,载《河南师范大学学报》(哲学社会科学版)2011年第3期。

[94]张文彬:《论自然法对国际法的影响》,载《法学家》1993年第5期、第6期。

[95][德]贡塔·托依布纳、顾祝轩:《私法的社会学启蒙:对谈当代著名法学家托依布纳》,高薇译,载《交大法学》2013年第1期。

[96]张文彬:《国家领土主权中的罗马法所有权观念》,载《比较法研究》1990年第4期。

[97]张文彬:《论私法对国际法的影响》,法律出版社2001年版。

[98]孙文桢:《私法概念的比较研究——兼论私法的体系》,载《法学论坛》2011年第1期。

[99]刘美希:《论私法理念对国际法的影响》,载《深圳大学学报》(人文社会科学版)2008年第2期。

[100]赵宗金、尹永超:《我国海洋意识的历史变迁和类型分析》,载《临沂大学学报》2012年第4期。

[101]何兆斌:《试论海洋意识》,载《学术论坛》1998年第2期。

[102]王赛时:《唐朝人的海洋意识与海洋活动》,载《唐史论丛》(第8辑)2006年卷。

[103]张磊:《国内海洋意识的研究与相关思考》,载《闽西职业技术学院学报》2014年第1期。

[104]郑有国:《黑格尔"海洋文化"阐释》,载《闽商文化研究》2013年第1期。

[105]张文木:《论中国海权》(第2版),海洋出版社2010年版。

[106]徐祥民、宋福敏:《我国的海洋利益与海洋战略定位》,载《中国海洋大学学报》(社会科学版)2013年第1期。

[107]石家铸:《海权与中国》,上海三联书店2008年版。

[108]金永明:《论中国海洋强国战略的内涵与法律制度》,载《南洋问题研究》2014年第1期。

[109]曹文振、原瑞:《我国海洋强国建设中提供公民海洋意识的路径探索》,载《经营管理者》2014年第2期。

[110] 何东:《日本海洋海疆管理机制及其最新发展动态》, 载《浙江社会科学》2014年第7期。

[111] 修斌:《透视日本海洋战略:历史考察与现实应对》, 载《南开日本研究》2013年卷。

[112] James R. Holmes, Andrew C. Winner and Toshi Yoshihara. Indian Naval Strategy in the Twenty-first Century, London and New York: Routledge, 2009, p.64.

[113] 何奇松:《北约海洋战略及其对中国海洋安全的影响》, 载《国际安全研究》2014年第4期。

[114] 潘新春、邓俊英、张继承:《海洋管理哲学:基本原则、价值目标及实现途径》, 载《太平洋学报》2013年第11期。

[115] 卜祥伟、熊铁基:《试论秦汉社会的海神信仰与海洋意识》, 载《兰州学刊》2013年第9期。

[116] 尹建强:《试析汉武帝的海洋意识》, 载《广西教育》2014年第8期。

[117] 黄晶:《论林希元的海洋意识》, 载《闽南师范大学学报》(哲学社会科学版)2014年第3期。

[118] 饶咬成:《中国的海洋意识与海权现状》, 载《郧阳师范高等专科学校学报》2005年第5期。

[119] 李珊、秦龙:《中国公众海洋意识体系初探——基于大连7·16油管爆炸事件网民意见的分析》, 载《大连海事大学学报》(社会科学版)2010年第6期。

[120] Thomas M. Kane, Chinese Grand Strategy and Maritime Power. London: Frank Gass Publishers, 2002, pp.1-13.

[121] Austin. Chinese Ocean Frontier: International Law, Military Force and National Development. Carberra: Allen & unwin Australia Pty Ltd., 1998, pp. 297-326.

[122] 马得懿:《海岛主权争端适用有效控制规则的国内法逻辑》, 载《法律科学》2014年第6期。

[123] 侯典芹:《从海洋政策的演变看韩国的海洋意识》, 载《中国海洋大学学报》(社会科学版)2014年第4期。

[124] 于向东:《越南全面海洋战略的形成述略》,载《当代亚太》2008年第5期。

[125] 石家铸:《海权与中国》,上海三联书店2008年版。

[126] 赵宗金:《海洋文化与海洋意识的关系研究》,载《中国海洋大学学报》(社会科学版)2013年第5期。

[127] 崔凤、陈默:《论海洋强国战略建设的文化基础》,载《上海行政学院学报》2014年第4期。

[128] 郑永年:《中国的海洋地缘政治与陆地地缘政治》,载《外交评论》2014年第1期。

代后记——海洋意识的内涵、体系与演化路径*

一、海洋意识的复杂性

海洋意识的理论与实践变迁昭示着海洋意识的复杂性。在人类日益意识到海洋与人类关系的重要价值的同时，催生了海洋社会科学的发展，诸如海洋文化、海洋意识、海洋战略成为人们关注的学术主题。[1]然而，作为体系宏大、多元与包容的海洋文明，其发达程度与否的标准之一是海洋意识的强烈与淡薄。从此角度看，海洋意识问题构成海洋社会科学领域的核心问题之一。[2]作为具有强烈社会属性、历史属性、政治属性乃至民族文化属性的海洋意识，其内涵与体系范畴是变动的，在不同的历史阶段，人们对其认识水平具有差异。然而，历史表明，一个民族和国家的海洋意识的有无与强弱，直接体现该民族和国家认识海洋、经略海洋和亲近海洋的水准。

经过不断演绎，海洋意识的界定逐渐成形。一般地，人们对于海洋意识的界定，包括其内涵和体系的认知通常是以海洋为载体的描述。一个国家、民族对海洋的开发、利用和对海洋权益的争取和维护，在很大程度上取决于他们的海洋意识状况。[3]人们日渐形成了海洋意识的共识，即所谓海洋意识，是指人们在长期的海洋实践活动过程中所形成的，对于海洋的自然规律、战略价值作

---

* 代后记是笔者对于无居民海岛使用权这一课题的深入思考而作。更详尽内容可以参见马得懿：《海洋意识的内涵、体系与演化路径》，载《上海行政学院学报》2015年第4期。

〔1〕 根据有关学者的研究，研究海洋社会学是应对海洋世纪的需要、构建和谐海洋社会的需要以及海洋科学发展的需要。海洋社会学研究的体系宏大而且具有包容性，其应该囊括了海洋社区、海洋组织、海洋文化、海洋政治社会、海洋宗教、海洋民俗、海洋生态以及海洋政策。参见张开城：《海洋社会学研究亟待加强》，载《经济研究导刊》2011年第4期。

〔2〕 人们将海洋意识界分为海洋权益意识、海洋战略意识、海洋安全意识、海洋教育意识、海洋参与意识、海洋开发意识和海洋保护意识。

〔3〕 参见喇全恒：《中国海洋意识确立沿革》，载《西北成人教育学报》2013年第5期。

用的反映和认知。我国的海洋意识经历了传统海洋意识、近现代海洋意识和现代海洋意识三个阶段。[1]该观点代表了我国学者对于海洋意识的基本认识。各国高度意识到培育海洋意识在实施海洋战略中的重要功效，然而，如何认定一个国家或者民族具有强烈的海洋意识的问题，并不是非此即彼的问题，即具有其复杂性。随着海洋意识的理论与实践的不断发展，海洋意识的内涵与体系亦逐渐蜕变与升华，而日渐形成了海洋意识的不同演化阶段，经过不同历史阶段的日益积累而不断深化。

二、海洋意识正解：突破以海洋为载体的内涵

海洋意识并不是一个封闭的体系。一旦海洋意识与国家海洋战略、海洋文化以及国家与民族命运结合，传统意义上的海洋意识可以轻易被赋予多重的内涵与符号。海洋意识既是隐性的，又是显性的。海洋意识是一个国家和民族海洋事业建设的决定性因素。一个国家征服海洋建设海洋进程中，海洋意识的因素起到决定性因素。从学术史观之，我国学者有关海洋意识由肤浅到深入，关注范畴与视角由传统到革新，形成了一个历史阶段性海洋意识认知体系。早期探讨海洋意识的文献多将海洋意识置于哲学范畴下的意识这一前提而展开，从意识的认识论角度阐释海洋意识的内涵与体系框架。[2]而后受到历史上若干重要海洋事件的影响，以及我国大规模开发与管理海洋的实践深入，我国学者主要从人海关系、历史以及对策等角度系统地研究我国海洋意识的现状和发展趋向。[3]我国学者通常认为海洋意识是中国从海洋大国走向海洋强国的关键，海洋意识包括丰富的海洋文化属性。[4]另外海洋意识是否必然与海洋有关系呢？换言之，是否一个典型的陆地文化的国家全然不能成为海洋强国，一个沿海国家必然是海洋强国呢？这不仅是一个如何正确诠释海洋文化和海洋意识的问题，而且也是一个历史性的事实问题。从历史上黑格尔倡

---

〔1〕 赵宗金、尹永超：《我国海洋意识的历史变迁和类型分析》，载《临沂大学学报》2012年第4期。

〔2〕 诸如何兆斌：《试论海洋意识》，载《学术论坛》1998年第2期；林木：《中华民族需牢固树立起经略海洋的意识——1998年国际海洋年的畅想》，载《发展》1998年第1期。

〔3〕 诸如王赛时：《唐朝人的海洋意识与海洋活动》，载《唐史论丛》(第8辑)2006年卷；陈自强：《论吴朴的海洋意识》，载《漳州师范学院学报》(哲学社会科学版)2008年第3期。

〔4〕 参见张磊：《国内海洋意识的研究与相关思考》，载《闽西职业技术学院学报》2014年第1期。

导的海洋文化观来看，此问题似乎已经得到了明释。

海洋活动并不一定对所有海边民族都会产生影响，世界上诸多国家与大海近在咫尺，但其孕育的不是或者主要不是海洋文化。在黑格尔看来，海洋因素对一个民族的精神影响是有限度的。一个民族靠不靠海在黑格尔看来并不重要，一个民族精神的内核是否自觉地追求自由的本质，是最为关键的。海洋文化在黑格尔的观念表述中是一个民族的海上航海活动对民族精神产生的影响。[1]黑格尔强调的是大海激发了人类的"自由思想和行动"。在一个民族的复兴与崛起之时，我们当然不能继续依靠外部力量，我们必须寻找自己民族内部的文化精神，重新唤醒一直受到压抑的海洋精神。让我们的民族再次融入全球化进程中，追寻我们祖先追求自由贸易搏击海洋的豪迈。[2]按照此种逻辑推断下去，海洋意识已经形成了脱离以海洋为唯一载体的意识模式，由低级阶段升华为高级阶段。所谓海洋意识的高级阶段，注定是脱离了以海洋为载体的海洋意识体系，而是上升为具有国际视野的一种国与国之间比较优势的意识形态。海洋意识的高级阶段更加关注海洋"彼岸"的情境，不仅仅囿于海洋本身，而是更加开阔、包容和具有前瞻性的意识体系。

由此，笔者认为，当前给予海洋意识一个科学的界定，必须要突破以海洋为唯一载体的海洋意识的束缚。这亦是海洋意识的正解。由此，当我们论及海洋意识，我们的关注的焦点不再是海洋开发、管理与保护的问题，而是具有海洋战略色彩的问题。关于海洋意识的深度解读，当首推美国海洋战略家家艾尔佛雷德·塞耶·马汉。马汉发表了一系列被誉为美国海军圣经的著作，集中而且系统地阐释了海权的理论。从马汉的海权思想体系来看，欧美海权思想更多地侧重于力量、控制和霸权。即使是欧美一些国家在为自己的海洋权利而非权力而斗争的时候，他们更多的是从控制海洋而非从捍卫本国海洋权利的角度看问题。马汉认为，国家的强大、繁荣和商业贸易与国家制海权息息相关。美国要想成为强国，就必须抛弃"大陆主义"，在世界贸易方面采取更富于进取性和竞争性的政策。[3]经过马汉的系统阐释和研究，海洋及其衍生出的海洋意识，自然被各国视为国家战略——海洋战略。就中国而言，有学者认

---

〔1〕 郑有国:《黑格尔"海洋文化"阐释》，载《闽商文化研究》2013年第1期。

〔2〕 同上。

〔3〕 参见张文木:《论中国海权》(第2版)，海洋出版社2010年版，第21页。

为中国在海洋上存在主权利益、空间利益、安全利益、资源利益、交通利益、科学研究利益、环境利益、统一祖国、国家地位和国家角色等重大海洋利益。它们的重要性决定了我国的海洋战略一定是作为国家战略的战略。[1]或许这是从另外一种角度审视海洋意识的正解。

三、海洋意识的体系构架：历史与地域的比较

以海洋意识高级阶段的视角审视和考察海洋意识体系的构建问题，将是一个比较复杂的问题。这是因为，海洋意识强烈的国家并非是沿海国家，世界历史和地理表明，并非所有沿海国家的海洋意识都是发达的或者强烈的。这或许也是因为海洋意识的体系是一个与海洋文化、海洋经济、海洋环境以及海洋安全等诸多问题互为关联的开放性体系。将海洋意识的历史脉络和地域差异进行系统的比较研究，有助于我们比较全面和辩证地认知作为一个体系的海洋意识。当我们呼吁增强海洋意识时，倘若只是停留在口号上，那将是可悲的。因为，海洋意识不属于一个虚幻的概念或者范畴，从历史脉络和地缘差异上，可以深刻感悟到这一点。

当我们回眸中国的近代史，积贫积弱、饱受外强凌弱的中华民族之所以落后挨打，原因之一是海权孱弱，并且人们一直认为中国的海洋意识淡薄。而当我们聚焦现实，我国的海洋疆土被周边国家侵占，我国海洋资源被某些国家恣意开发；更为让我们痛心和不安的是，由于我们的海洋立法不健全或者海洋执法能力有限，我国相当部分的海岛开发曾经出现无偿、无度和无序的乱象。当马航客机失联后，同胞生死未卜，既定的海域搜寻救助计划因为海上搜寻救助合作机制的不足，而导致海上人命救助合作无法有效及时展开。或许，有人将这一切都归结为中国的海洋意识比较淡薄所致，进而导致中国的海权能力有限。笔者以为，将这些问题全然地归结为海洋意识问题并不尽合理。因为历史上的中国的海洋意识并非如此不值得一提。至少历史上我们有郑和下西洋的辉煌与壮举；秦汉统一以降，中国历代王朝积极推进海洋政治空间，中央权威由陆地向海洋领域拓展。权威史料显示，继秦始皇不断东巡以后，汉武帝时期亦一度表现出征服海洋的决心和勇气。虽然汉武帝征服大海的初衷在于

---

〔1〕 参见徐祥民、宋福敏：《我国的海洋利益与海洋战略定位》，载《中国海洋大学学报》（社会科学版）2013年第1期。

"如海求仙人",但是其也流露出帝王的海洋意识。这也一定程度上激发了当时民间探索海洋、开发海洋与征服海洋的热情。即便我国明清两朝历史上存在"不许片板下海"的禁海令,但是从历史长河中可以得出中国历史上并不乏海洋意识传统。然而,中国的海洋意识内涵、存在形态、体系以及发展轨迹,与西方的海洋意识迥异。这种天然的差异性在民族文化、宗教形态、地缘政治以及意识形态上都得到了表征。

近代中国的海权沦丧,终究导致落后挨打。一般地,中国属于"地锁国家"(land-locked power)。中原王朝从黄河流域向四周扩张,所到之处都是陆地。这导致历代王朝所注重的也都是陆地地缘政治。中国从未面临来自海洋的真正威胁,所有的威胁都来自陆地。中国国防安全的重点自然也是侧重于陆地。中国在明朝开始受到来自海上的威胁,同时期中国也具备成为海洋国家的能力。然而,中国失去了成为海洋大国的最好机遇。到了晚清,真正面临海洋的"敌人",中国却已无能力成为海洋国家了。在19世纪,随着英国人的到来中国才开始意识到海洋国家的强大。[1]

近代中国历史的惨痛教训,让中国人意识到海洋意识的重要性。然而,历史再次嘲弄了人们,中国在20世纪60年代至90年代没有从国家战略上经略海洋问题,导致今天中国面临着东海问题和复杂的南海问题的挑战。近期,中国日益意识到海洋战略对于国家重要性。海洋开发有利于维护国家的海洋权益,有利于将法律权利转化为实际利益,有利于在国际海运新秩序形成中争取主动地位。海洋开发进程与国家现代化发展进程相一致,与国家经济发达程度相一致。海洋开发是当代大国普遍的战略选择。[2]自从2002年提出"实施海洋开发"的任务以来,我国先后明确和丰富了海洋战略的内涵和具体内容以及目标。从官方文件来看,先后出现了"应重视海洋资源开发与保护""促进海洋经济发展""合理开发和利用海洋资源""发展海洋经济"以及"推进海洋经济发展"。[3]从上述措辞和表述看,我国逐渐认识到开发与管理海洋资源的战略性,而且也蕴含着海洋战略的政治性和外交属性。我国高度重视海洋问题的战略性,不仅是对历史经验和教学的总结和吸取,而且更是一种具有前瞻

---

〔1〕 郑永年:《中国的海洋地缘政治与陆地地缘政治》,载《外交评论》2014年第1期。

〔2〕 参见石家铸:《海权与中国》,上海三联书店2008年版、第202页。

〔3〕 参见近年来我国的各级官方海洋发展规划文件。

性的战略选择。中国海洋战略的基本特征是发展海洋经济、发展海洋科技、优化海洋生态环境、构建海洋制度及体系的高级人才队伍以及建设海上国防力量。[1]当然在建设海洋强国的同时明确我国不能搞海上霸权，而应该建设海洋强国的和平性、互利性、合作性以及安全性。抛开历史脉络的因素，当我们考察海洋意识在不同地域的发展情境时，其向我们提供了海洋意识体系的另一幅图景。而在攫取海洋商业利益进程中，传统海洋国家无一不重视海洋意识的培育。

日本作为一个岛国，海洋意识非常强烈，将“海洋强国”作为国家的基本国策，甚至将“我们只有阳光、空气和海洋”写入教科书。[2]日本人的海洋意识值得一提。日本是个传统的海洋大国，非常重视海洋的开发利用以及对海洋合理有效的管理。日本内阁会议通过了新《海洋基本计划》，进一步明确了实现新型海洋国家的海洋管理目标，并举积极通过第二个《海洋基本计划》，把实现新型海洋国家作为2013年至2018年日本政府海洋工作的重点。作为新型海洋国家，日本认识到不仅需要在立法领域积极参与国际海洋游戏规则制定，并且认为更重要的是通过执法活动来引导海洋秩序的发展与形成。为此，日本政府对海洋法公约未予规定的海上执法部分作了充分研究。[3]日本的海洋意识的强化，不仅深入到日本民族的风俗习惯之中，而且特别注重通过立法行动来固化和深化海洋意识的重要价值。冷战后的日本海洋战略，经历了从“海洋国家论”到“新的海洋立国”战略的确立过程。近年来日本的海洋战略呈现出海洋意识更加强烈，海洋认识更加多元，海洋观念更加外向，海洋战略日益清晰，海洋法律逐步健全，海洋管理体制更趋完备，海洋涉外活动更加积极，海洋战略规划更加具体，海洋权益争夺更趋强势的基本趋向。日本海洋战略及其规划是一个整体，各个部分有着非常密切的联系。其中，除了海洋经济问题之外，海洋安全问题和海洋能源资源问题常常占据十分重要的位置，也往往形成中日之间竞争和矛盾的焦点，需要我们给予更多的关注。[4]可见，日本是一个海洋意识强烈而且融入该民族血液之中。

---

〔1〕 参见金永明：《论中国海洋强国战略的内涵与法律制度》，载《南洋问题研究》2014年第1期。

〔2〕 曹文振、原瑞：《我国海洋强国建设中提供公民海洋意识的路径探索》，载《经营管理者》2014年第2期。

〔3〕 何东：《日本海洋海疆管理机制及其最新发展动态》，载《浙江社会科学》2014年第7期。

〔4〕 参见修斌：《透视日本海洋战略：历史考察与现实应对》，载《南开日本研究》2013年卷。

那么作为兼具海洋大国和陆地大国的印度呢？2004年印度海军正式出版了《印度海军学说》，该文件在评估印度洋海洋局势的基础上认为印度面临着日益严重的“海上威胁”。旋即，该海洋战略文件被不断修订，于2007年推出了《自由使用海洋：印度海洋军事战略》，并且明确强化了海洋意识（maritime domain awareness）[1]近期印度举全国之力发展海洋国防力量，即是强化海洋意识的具体行动和体现。

作为海洋强国的美国，其海洋政策演变中始终面临着矛盾，如海上强国与沿海国家权力之间的矛盾、国际主义与单边主义之间的矛盾、海洋资源开发与环境保护之间的矛盾以及海洋资源联邦政府管理体制与地方州政府管理体制之间的矛盾等。[2]为了化解上述矛盾，美国通过构建强化的综合海洋管理体制来化解或平衡矛盾，较好解决了海洋管理中各个重大课题。这得益于美国具有深厚的海洋意识，亦是美国长期以来深受马汉海权论思想熏陶的结果。美国海洋意识的法治化途径，在海洋立法上亦得到反映。自从第二次世界大战结束以降，美国在海洋领域的国际立法中一直处于领导地位，其主导了众多海洋立法，并且积极推行海洋立法的法律输出主义。[3]除了积极推行美国的海洋法律之外，美国通过建设强大的海上军事力量来保障美国的海外利益。

海洋意识的战略价值不仅体现在一个国家的海洋政策和海洋立法中，而且其也深入渗透到区域性国际组织中。作为最古老的全球公域的海洋，承载着世界的安全与繁荣的重任。在海洋安全面临巨大的诸如海洋环境恶化、海盗肆虐、新兴国家海军快速发展等挑战下，北大西洋公约组织（NATO）通过了“联盟海洋战略”。北约海洋战略赋予其海军承担“集体安全与威慑”“危机管理”“合作安全”和“海上安全”的核心使命。[4]显然，这亦是重视海洋意识的重要体现。

由此观之，通过历史脉络与地缘差异性的比较，海洋意识的体系呈现出多

---

〔1〕 James R. Holmes, Andrew C. Winner and Toshi Yoshihara. Indian Naval Strategy in the Twenty-first Century, London and New York：Routledge, 2009, p.64.

〔2〕 See Biliana Cicin-Sain and Robert W. Knecht. The Future of U.S. Ocean Policy——Choices for the New Century. Island Press, Suite 300, 1718, 2000, p.13.

〔3〕 如联合国海洋法历次大会，1972年《伦敦公约》以及1973/1978年《船舶防止污染国际公约》等。

〔4〕 参见何奇松：《北约海洋战略及其对中国海洋安全的影响》，载《国际安全研究》2014年第4期。

元的属性，因为不同的历史阶段和不同的政治地缘而表现出不同的体系特征。尽管海洋意识因为历史因素和地缘因素的不同而异，但是海洋意识的共性是海洋意识是人类经略海洋的核心，是人类实施海洋战略成败的关键所在。海洋意识是海洋强国战略制定和实施的重要精神基础和保障。海洋意识能够给国民性格带来良性影响，历史上国民性格对国家海权的发展一直产生重要影响，而国家海权的发展亦潜移默化反作用于国民性格。[1]因此，没有海洋的可持续存在就没有人类的可持续发展，海洋与人类具有同等重要的价值。[2]在正确诠释海洋意识的体系的基础上，我们要善于利用各种知识手段来审视和管理海洋意识体系，唯此，才能构建起认知海洋意识的路径。

四、海洋意识演化路径：觉醒、增强与法治引领

海洋意识觉醒与增强的问题是一个颇为复杂的问题。这是因为海洋意识的内涵与体系具有时代感与地缘属性，同时其亦为历史产物。除此以外，海洋意识与海洋战略息息相关。今天，我们决不能轻言我国的海洋意识不强，海洋立法不健全。然而，培育和增强我国海洋意识的“中国问题”是大量存在的，这其中不仅有理论上的争鸣，更有由于历史的、现实的因素所形成的法律上的可操作性等问题。这需要我们在“体系后研究范式”下认真审视海洋意识问题。[3]

（一）海洋意识的“中国问题”：传统与觉醒

正如前文所述，显然我国具有悠久的海洋意识传统，只是在海洋意识法治化进程上具有值得深入研究和探讨的必要性。在我国海洋历史长河中，自始于秦汉时期的海神信仰活动，便彰显了强烈的海洋意识。海神信仰是人们对海洋神灵崇拜的产物，秦汉时期在继承先秦海神信仰活动的基础上丰富和发展了海神信仰的内容和形式，使秦汉社会的海神信仰出现了人格化、世俗化、社会化的新特点。随着海神信仰的发展，秦汉社会的海洋意识也出现了新的变化，以海洋控制为主题的海洋政治观得以践行，而海洋文化观的发展进

---

〔1〕 参见曹文振、原瑞：《我国海洋强国建设中提高公民海洋意识的路径探索》，载《经营管理者》2014年第5期。

〔2〕 参见潘新春、邓俊英、张继承：《海洋管理哲学：基本原则、价值目标及实现途径》，载《太平洋学报》2013年第11期。

〔3〕 参见马得懿：《海洋资源权属制度的多维解读》，载《北方法学》2013年第3期。

一步拓展了海洋意识的范畴。至此，海神信仰与海洋意识已经融入秦汉社会中，成为其社会生活的重要组成部分。[1]可见早在秦汉时期，中国的海洋意识便自发地融到海神信仰之中。特别是早在秦代对海洋的控制和占有欲便应该明显而且具有政治性，为社会上层所认可。中国的海洋意识源远流长，横贯历史。

中华民族对海洋的探索，远古时代海洋意识的形成和发展中，不断开启具有时代特征的海洋探索之路，展开了多次大规模的航海活动。这必然导致了当时海洋意识在皇权层面的强化，进而盛行于民间。[2]当历史车轮滚滚向前，青史留名的郑和下西洋所彰显的海洋意识存在学术史的各种争议。但是郑和船队所表达的明朝时期海洋意识，则不可质否。根据学者的相关研究，郑和下西洋具有海洋意识并树立海权思想分不开，并且开始关注当时的海洋危机和海洋安全。这自然是中国海洋意识文化的积淀。这其实也彰显了中国具有深厚的海洋意识文化传统，轻易地否则中国的海洋意识传统是对历史的背叛。

我们不能一味地沉醉于中国久远的海洋意识的传统魅力。当中国数次失去成为海洋大国的历史机遇之后，中国便沦为西方海洋强国宰割的对象。虽然历史上中国沿海地区不乏海洋意识强烈的人士，如明代著名理学家林希元，具有开明的海洋意识。[3]然而有一种因素是中外海洋意识的法治化程度与模式迥异，特别是海洋意识法治化进程中的现实意义存在极大差异。中国的郑和下西洋壮举不能否认中国明王朝具有强烈的海洋意识，然而郑和下西洋的壮举只是为宣传大明王朝“皇恩浩荡”（虽然民间野史也有另外的说法），但在攫取海外利益方面则显得差强人意。而西方人的历次远航似乎都有不菲的收获，或者发现美洲大陆，或者开辟海外殖民地，或者征服另一民族。从海洋意识学说来审视，亦存在差异。19世纪后半叶美国人马汉鼓吹海权的战略思想，详尽地阐释了其海权对于一个民族国家的重要性。而同时期的中国海洋学者却鲜有此等意识，而只是被动地抵御外来海洋强权的入侵。

---

〔1〕 卜祥伟、熊铁基：《试论秦汉社会的海神信仰与海洋意识》，载《兰州学刊》2013年第9期。

〔2〕 尹建强：《试析汉武帝的海洋意识》，载《广西教育》2014年第8期。

〔3〕 参见黄晶：《论林希元的海洋意识》，载《闽南师范大学学报》（哲学社会科学版）2014年第3期。

回顾历史，正是因为中国人对浩瀚波涛的熟视无睹、“大海潮音”的充耳不闻，所以面对来自于海上的灾难茫然失措，徒叹“三千年未有之奇变”。[1]因此，等待我们的是海洋意识的觉醒。经过近现代的不断斗争，中国的海洋意识觉醒，催生了中国海洋战略的成型，在经略海洋、管理海洋以及维护权益方面发挥了强大的核心功效。近期我国发生数次沿海地区海洋严重污染事件。从这些海洋危机事件中，我们可以从一定角度展开海洋意识的探究和审视。沿海地区居民的海洋意识主要体现在与自身利益密切相关的各类微观层面的意识中，如海产品安全意识、海域环境污染意识等。这些层面的意识既体现了沿海居民的海洋意识的觉醒现状，又突出了意识体系中的法律缺失问题。[2]

21世纪中国的海洋安全战略构想、祖国的和平统一，都将与海洋意识问题有关联度。毛泽东说：“任何过程如果有多数矛盾存在的话，其中必定有一种是主要的，起着领导的、决定的作用，其他则处于次要和服从的地位。因此，捉住了这个主要矛盾，一切问题就迎刃而解了。”[3]中国东部海区的主要矛盾决定中国的海洋安全战略任务，战略任务决定战略布局。一般来说，国家的海外利益拓展是任何一个国家海洋战略的基本目标，国家防务由此便出现了保卫国家“边界安全”和“安全边界”两重任务。[4]经过传承海洋意识和海洋意识的不断觉醒，当今的中国海洋意识的内涵、体系以及范畴越发成熟和稳定，形成了符合中国国情的海洋意识体系。中国的海洋意识的觉醒和增强，是历史的选择，亦得到别国的尊重。英国人托马斯·凯恩在《中国的大战略与海上力量》一书中认为中国尽管不是岛国，但是对其命运有重要影响的国家都可以通过海洋达到中国的海岸，因此，海权对于中国来说不仅决定其能否实现潜在的全球强国地位，同样对经济发展和政治稳定等最重要的目标实现都具有重要意义。[5]澳大利益学者格雷·奥斯汀在1998年出版的专著中认为，阐释中国

---

〔1〕 参见饶咬成：《中国的海洋意识与海权现状》，载《郧阳师范高等专科学校学报》2005年第5期。

〔2〕 李珊、秦龙：《中国公众海洋意识体系初探——基于大连7·16油管爆炸事件网民意见的分析》，载《大连海事大学学报》（社会科学版）2010年第6期。

〔3〕 参见李锦坤：《论毛泽东战略思想的特色》，载《天津社会科学》2003年第3期。

〔4〕 参见张文木：《论中国海权》（第2版），海洋出版社2010年版，第184页。

〔5〕 Thomas M. Kane, Chinese Grand Strategy and Maritime Power. London: Frank Gass Publishers, 2002, pp.1-13.同时参见石家铸：《海权与中国》，复旦大学2006年博士学位论文。

海上主权主张，海洋争端问题，中国对海洋能源的需要。中国依赖于一个和平的海洋环境、保持同这些地区和国家的良好政治经济关系具有特殊重要性，但也不排除动用武力和军事力量的姿态。中国的政策是由国际形势、国内现代化和亚太长期外交目标所决定的。[1]中国海洋意识的觉醒乃至成熟，自然深深地打上了中国的痕迹，然而，中国海洋意识的觉醒和增强的路径，可以在借鉴和吸收他国的经验中得到强化。

（二）相关国家增强海洋意识的举措：海洋意识的法治引领

海洋意识的演化路径必然由觉醒、增强发展到法治化。国际法与国内法具有千丝万缕的联系。就国际法下的领土法而言，国际法院的实践表明了适用有效控制规则中国内法因素的决定性和核心地位。显然，上述基本认知是从制约有效控制规则适用的诸多因素的简单比较中而获得的。其实，在考察国际法院近期的实践基础上，我们将更加深刻意识到国内法在适用有效控制规则上的核心地位。[2]一个国家开发管理海洋的实践与政策，反映了该国特定历史阶段的海洋意识。而海洋意识的状况则可以通过该国的海洋立法得到彰显。从国际立法看，1982年《联合国海洋法公约》从国际公约形式确立了世界范围内海洋秩序与海域法律地位，众多国家批准或者参加了该国际公约。公约的立法精神集中反映了各国的海洋意识，其对世界海洋利益格局的确立产生了深远影响。从国内法看，海洋国家无一不重视通过建立和完善海洋立法的手段和模式来强化国际海洋权益的保障体系，宣示本国的海洋意识和利益。我们暂且抛开传统的海洋大国和海洋强国诸如美国、英国、加拿大以及日本不谈，就我国周边诸多国家而言，近年来高度重视海洋强国的建设，其重要的经验之一就是强化海洋意识和推行海洋意识的法治化路径。

韩国早期根据1982年《联合国海洋法公约》，宣布了200海里专属经济区，这反映了韩国人对海洋意识逐渐增加而不断加强海洋立法的意向和决心。自从20世纪50年代以降，韩国先后颁布并施行了《关于毗连区海域主权的总统

〔1〕 Austin. Chinese Ocean Frontier: International Law, Military Force and National Development. Carberra: Allen & unwin Australia Pty Ltd., 1998, pp. 297-326.同时参见石家铸：《海权与中国》，复旦大学2006年博士学位论文。

〔2〕 参见马得懿：《海岛主权争端适用有效控制规则的国内法逻辑》，载《法律科学》2014年第6期。

声明》《渔业资源保护法》《专属经济区法》《海洋韩国21世纪》《第二次海洋水产发展基本规划》《海洋污染防治法》以及《海洋环境保护综合规划》。韩国人的海洋意识比较强烈，这得益于韩国海洋立法和贸易立国的主流和主导思想的确立，更得益于韩国人对海洋开发、利用、管理以及保护寄托于完善的国内立法，以构建完善的海洋法群来维护与巩固韩国的海洋权益。[1]韩国在不断强化本国国内立法的同时，也特别注重将国际海洋法转化为国内法，或者利用国际海洋法规则使韩国的海洋权益最大化。由于海洋国际法是各国妥协和折中的产物，具有一定程度的模糊性，充分利用1982年联合国海洋法公约以获得更多的海洋利益。这一切的实现是通过海洋立法、海洋执法来实现的。

历史上的越南并不十分重视海洋问题，多年以来越南没有形成稳定的海洋战略目标。近期以来越南通过了《至2020年海洋战略规划》，并且越南很早便重视加强海洋资源和岛屿立法。1997年越南发表了《关于领海、毗连区、专属经济区及大陆架的声明》，而后于1982年发表《关于确定领海宽度基线的声明》，1994年越南通过了《关于批准1982年联合国海洋法公约的决议》。在加强海洋立法的同时，在海洋执法机构建设方面，越南先后成立了海军部和沿海海岸防卫局等海洋执法力量和执法机构。越南的海洋政策目标比较鲜明，注重全面深入而且务实的海洋战略政策，极力渲染和巩固越南的民族倾向性海洋意识于海洋立法、执法与机构建设之中。越南长期以来形成目标是“兼顾当前和未来的全面的海洋政策”[2]，由于历史的、战争的以及地缘的诸多因素，导致越南意识到控制海洋和开发海洋的战略性，特别是通过海洋意识的法治化来实现。

除此以外，笔者考察了更为广泛的中国周边国家在强化海洋意识方面的举措。这些国家的海洋意识或强或弱，但是这些国家在海洋意识的觉醒和增强中具有共性，即非常重视采用海洋立法的方式来实现海洋意识的增强。（见下表）

---

〔1〕 参见侯典芹：《从海洋政策的演变看韩国的海洋意识》，载《中国海洋大学学报》（社会科学版）2014年第4期。

〔2〕 于向东：《越南全面海洋战略的形成述略》，载《当代亚太》2008年第5期。

我国周边国家海洋立法概要表〔1〕

	海洋立法（海洋意识的彰显）	内容
越南	1977年5月12日《关于领海、毗邻区、专属经济区和大陆架的声明》	
	1982年11月12日《关于越南领海基线的声明》	
	1994年通过《联合国海洋法公约》	
菲律宾	1955年3月7日提出群岛水域概念 1961年6月17日通过《关于确立菲律宾领海基线的法案》	
	1968年3月20日《大陆架宣言》	
	1968年9月18日公布《领海基线和基点》	宣布沙巴为菲律宾领土
	1973年1月17日菲律宾共和国宪法历史水域确认	
	1978年6月11日《菲律宾1596号总统法令》	宣布中国南沙群岛大部分称为“卡拉延群岛”，宣布为菲律宾领土
	1984年2月27日通过《联合国海洋法公约》	
马来西亚	1966年7月28日通过《大陆架法》	宣布其大陆架外缘为200米等深线或容许开发的深度
	1969年8月2日通过《第7号紧急法令》	宣布马来西亚的领海为12海里
	1979年12月21日公布一张1：150万大陆架地图	将中国南沙群岛南部划入其大陆架范围
	1980年4月25日宣布建立200海里专属经济区	
	1982年2月25日《印度尼西亚—马来西亚领海领空协定》	
	1984年12月14日《专属经济水域法》	
文莱	1988年10月宣布领海宽度为12海里	
	建立200海里专属经济区	

〔1〕 本表数据来源于石家铸《海权与中国》（上海三联书店2008年版）有关东南亚国家海洋立法资料，笔者根据研究的需要进行了必要取舍，相关详尽资料请参见该书第102～104页。

续表

	海洋立法（海洋意识的彰显）	内容
印度尼西亚	1939年通过《领海宣言》	宣布了3海里领海
	1957年12月13日《群岛水域宣言》	
	1960年2月18日通过《群岛国家宣言》	
	1969年2月27日《海洋范围声明》	
	1973年6月6日通过《大陆架法》	
	1980年3月21日《关于印度尼西亚专属经济区宣言》	200海里专属经济区宣言
	1980年9月30日通过《1980年宣言的专属经济水域和外国渔船作业条件》	
	1982年2月25日《印度尼西亚—马来西亚领海领空协定》	
	1983年9月30日《200海里经济水域法》	
	1984年印尼议会批准《联合国海洋法公约》	
新加坡	1965年独立后宣布领海宽度为3海里	根据1878年英国统治时的《领水管制法令》
	1964年4月29日宣布专属海区为12海里	
	1994年新加坡议会批准《联合国海洋法公约》	

上述国家的海洋立法很大程度上基于维护本国的海洋权益需要，但是客观上上述海洋立法群在增强本国的海洋意识方面具有巨大的潜移默化的作用，而且实践表明，完善和强化海洋立法在增强海洋意识上更加具有效果。

（三）中国海洋意识的法治之维

海洋意识是一个国家和民族海洋事业建设是否成功的决定性因素，一个国家征服海洋、建设海洋强国进程中，海洋意识的因素起到至关重要的作用。当今众多国家出台了海洋战略，都认识到公众的海洋意识培养的重要性，但是对于海洋意识的构成却缺乏应有的有效分析和表达。[1]联合国第三次海洋法会议的直接需求是由于传统的海洋法被侵害而引起的。传统的海洋法受到接踵

〔1〕 赵宗金：《海洋文化与海洋意识的关系研究》，载《中国海洋大学学报》（社会科学版）2013年第5期。

而来的新的国际行为者和新技术的双重冲击，改变了传统海洋利用（渔业和运输）、引进了若干新的利用（海底采矿、海洋能开发、人工岛屿的建造等）。[1]海洋立法的完善过程，某种意义上亦是海洋意识增强的历程。

在国际法框架和其他海洋国家立法的启迪下，毫无疑问，中国海洋意识的增强在于法治化的进路是否有效。海洋意识的法治化进程，不仅是完善顶层设计的问题，而且也是通过立法构建海洋文化氛围和软环境的过程。因为海洋强国建设是一项长期的、持久性的战略，需要在全民族建立起坚实的文化基础作为保障，这种文化基础所包含的主要内容有海洋意识的提升、海洋知识的普及、海洋文化遗产的发掘与保护、海洋教育的加强、海洋技术的创新、海洋生态文明的建设、海洋文化产业的壮大等。鉴于目前我国社会公众对于海洋的认识程度较低，海洋强国建设的文化基础薄弱，亟待从这样几个方面采取措施来夯实海洋强国建设的文化基础：做好顶层设计、制定《全国海洋文化建设纲要》、加强教育与科技投入、加强海洋生态文明示范区建设、发展海洋文化产业等。[2]故此，在强化中国海洋意识的法治化进程上，完善海洋法体系是当务之急，认真研究我国的海洋入宪、海洋基本法以及涉海法律法规的设计与论证。由于立法乃一项十分艰苦的社会工程，这其中涉及"体系后研究范式"的运用、立法技术以及其他诸多因素的问题，因此，完善我国的海洋立法务必要针对我国的国情和"海情"，而不能不加甄别地移植外国法律或者生硬照搬照抄他国的相关立法。

五、结论

增强中国的海洋意识绝不能虚位。然而，"中国学习其他海洋大国的经验，并不是要重复其他国家成为海洋国家的路径。中国必须探索自己成为海洋大国的道路。今天的全球化环境已经为海洋地缘政治提供了全然不同的条件。[3]全球化表明各国之间贸易以及海洋地缘的重要性。如果说在海洋地缘政治时代，谁控制了海洋，谁就控制了世界；那么在金融全球化时代，谁控制了

---

〔1〕参见［加］E.M.鲍基斯：《海洋管理与联合国》，海洋出版社1996年版，第3页。

〔2〕参见崔凤、陈默：《论海洋强国战略建设的文化基础》，载《上海行政学院学报》2014年第4期。

〔3〕参见郑永年：《中国迈向海洋大国不容易》，载《党政论坛》（干部文摘）2014年第2期。

金融，谁就控制了世界。贸易和金融经济至少对中国来说同样重要，而且金融经济的未来具有越来越大的不确定性。诸如此类新出现的要素表明，中国要明了自己目前所处的世界地缘政治新环境，从而把自己塑造成为一个新型的海洋大国。”[1]就海洋意识具有的阶段性属性而言，即海洋意识由低级阶段向高级阶段演化，当前必须思考的一个重要课题是，中国如何把自己塑造成一个新型的海洋大国？这显然是一个与中国的发展息息相关的战略问题。简单地说，欲将中国塑造成一个新型的海洋大国，必须深刻思考：第一，海洋意识的高级阶段的内涵及其体系；第二，在新时期中国如何平衡海洋地缘政治与陆地地缘政治；第三，法治引领海洋意识的目标、方式以及途径。

〔1〕 郑永年：《中国的海洋地缘政治与陆地地缘政治》，载《外交评论》2014年第1期。

图书在版编目(CIP)数据

无居民海岛使用权研究 / 马得懿著.—北京：法律出版社，2017
(华东政法大学65周年校庆文丛)
ISBN 978-7-5197-1316-4

Ⅰ.①无… Ⅱ.①马… Ⅲ.①岛—土地使用权—研究—中国 Ⅳ.①D922.294.4

中国版本图书馆CIP数据核字(2017)第213530号

无居民海岛使用权研究
WUJUMIN HAIDAO SHIYONGQUAN YANJIU

马得懿 著

策划编辑 黄琳佳
责任编辑 黄琳佳
装帧设计 汪奇峰

出版 法律出版社
总发行 中国法律图书有限公司
经销 新华书店
印刷 固安华明印业有限公司
责任校对 杨锦华
责任印制 陶 松

编辑统筹 学术·对外出版分社
开本 720毫米×960毫米 1/16
印张 13.25
字数 204千
版本 2017年10月第1版
印次 2017年10月第1次印刷

法律出版社 / 北京市丰台区莲花池西里7号(100073)
网址 / www.lawpress.com.cn
投稿邮箱 / info@lawpress.com.cn
举报维权邮箱 / jbwq@lawpress.com.cn
销售热线 / 010-63939792
咨询电话 / 010-63939796

中国法律图书有限公司 / 北京市丰台区莲花池西里7号(100073)
全国各地中法图分、子公司销售电话：
统一销售客服 / 400-660-6393
第一法律书店 / 010-63939781/9782
西安分公司 / 029-85330678
重庆分公司 / 023-67453036
上海分公司 / 021-62071639/1636
深圳分公司 / 0755-83072995

书号：ISBN 978-7-5197-1316-4
定价：45.00元